道氏理論

想學技術分析的人必備的第一本書

羅伯特‧雷亞 Robert Rhea◎著

呂佩憶◎譯

THE
DOW THEORY

CONTENTS...目錄

前　言

本書對道氏理論的卓越貢獻

休・班克羅夫特（Hugh Bancroft），
1932年5月21日，波士頓

　　所謂的道氏理論，其實是已故的查爾斯・道（Charles H. Dow）以及威廉・彼得・漢彌爾頓（William Peter Hamilton）兩人市場智慧的結晶。

　　道是道瓊公司（Dow Jones & Company）的創辦人之一，該公司除了提供全國性的金融新聞服務外，還出版了《華爾街日報》（*The Wall Street Journal*），他是該報的第一任編輯。

　　漢彌爾頓花了二十年的時間，直到1929年去世為止，將這份報紙編輯得十分出色。他在早年擔任記者時，就與道氏有著密切的關聯。很難想像，三十多年前，道氏就提出了一個全新的想法，認為在個股波動的背後，始終存在著整個市場的趨勢。在那之前，思考此類問題的人們普遍認為，股票價格的波動是個別獨立且互不關聯的，完全取決於特定公司的情況，以及選擇交易各種特定股票的投機者當時的態度。

漢彌爾頓提出了他所謂道氏理論的「意義」。對漢彌爾頓來說，股市是商業的晴雨表，也是經常預測未來可能趨勢的晴雨表。他在閱讀這個晴雨表方面，發展出非凡的技巧，不時在《華爾街日報》上以題為〈價格走勢〉的社論，發表他的閱讀內容及其理由。

道氏對市場的理論，只有發表在 1900 年至 1902 年之間的一些社論中。而漢彌爾頓則於 1922 年，出版了《股市晴雨表》（*The Stock Market Barometer*）一書——根據道氏的價格走勢理論，所提出的價值預測研究。這本書和他的眾多社論，就是道氏理論的原始資料來源。

本書作者雷亞先生，在仔細研究了道氏和漢彌爾頓的著作（有兩百五十二篇社論需要分析）後，以服務散戶投資人與投機者的形式，全面地介紹道氏理論，做出了寶貴的貢獻。

作者序

預測股票走勢唯一合理的方法

羅伯特・雷亞（Robert Rhea），
1932年3月10日，科羅拉多州，科羅拉多泉市

除非我堅信，道氏理論是預測股市走勢唯一合理可靠的方法，否則我無法證明自己有資格寫一本關於道氏理論的書。

當一個人像我一樣長年臥病在床，就很少有機會進行學習和研究，除非我將之視為一種特權，用來彌補其他更幸運的人所享受的快樂，否則很容易就會感到人生了無生趣。

過去十多年來，我的生意都是在床上進行的，唯一娛樂就是研究商業經濟學，特別是商業和股市趨勢；而道氏理論或純粹的運氣，使我在1921年恰當的時機買了一些股票，同時使我在1929年的股市高峰期間，沒有持有任何股票。此外，也許是道氏理論，也許是運氣，我在股市崩潰後的兩年進行了小規模的空頭交易。因此，我的研究帶來了回報，如果我能夠解釋我試圖實踐的理論，也許能幫助其他人。無論如何，我希望能幫助到其他人。

為了我自己和一群認真的市場研究者朋友，我著手製作了一套道瓊每日股票指數的線圖，同時也呈現了每日股票交易情況。由於少量印刷成本過高，因此我印刷了相當多的線圖並販售。我一開賣之後，馬上就有相當多的需求，我在介紹頁上附帶了一些關於道氏理論以及已故《華爾街日報》編輯漢彌爾頓的文字，這帶來了一個意外的副產品：我收到了五百多封詢問信件。因此，我撰寫這本書，是為了提供來信者我對該理論研究的收穫，而且其中許多位來信者，現在都是我的朋友了。

　　毫無疑問，批評者可以在本書的用詞和架構上找到許多缺點。許多人可能會不同意本書所得出的結論和選擇的定義，但是有些讀者可能會理解，身為作家的我會有一定的局限，並在閱讀本書時找到一些對他們交易有所幫助的內容。本書就是為了他們而寫的。

　　我在此要向班克羅夫特先生表示感謝，感謝他撰寫前言，並允許我使用他所經營的《華爾街日報》和《霸榮周刊》（Barron's）中出現的道瓊每日股票指數以及編輯資料，這些都是了不起的金融刊物。

第一章

道氏理論的演進

道是美國最大財經通訊社——道瓊公司的創辦人，也是《華爾街日報》的擁有者之一，他一直擔任該報的編輯，直至1902年過世。在他生命的最後幾年，他撰寫了一些關於股票投機的社論，提出他如何觀察股市反覆出現的特徵，這是他留下的唯一紀錄。這些是根據道瓊指數中，對鐵路和工業股的每日平均價格變化所得到的觀察結果[1]。

道氏並未將他的股市觀察結果命名為「道氏理論」（Dow theory）。這是由他的朋友尼爾森（S. A. Nelson）所命名的，他於1902年撰寫了《股票投機原理》（*The ABC of Stock Speculation*），是他首先嘗試以實用的方式解釋道氏理論。

---

[1] 直到1929年底，道瓊才開始計算公用事業平均指數，該指數一直追溯到那一年的年初。

THE DOW THEORY

技術分析世紀經典——道氏理論

今天，許多股市贏家相信，**道瓊鐵路與工業指數每日變動的影響，是至今被設計出來最可靠的價格和商業趨勢指標，人們通常將從指數變化所得到的推論稱為「道氏理論」。**

直到1897年，道瓊公司只保留一個股票指數，但在那一年的年初，鐵路和工業股開始分別計算平均值。在道氏寫作期間，兩種指數最多只有五年的資料可供研究，而他能夠在如此短的時間內，根據雙指數這種有用的價格變動理論建立起基本原理，的確是很了不起。雖然他的一些結論後來被證明是錯誤的，但在他過世二十八年後，當用市場走勢進行測試時，基本面卻被證明是合理的。

漢彌爾頓曾為道氏工作，他偶爾撰寫社論預測，以研究和解釋道氏理論。他的觀察和預測普遍被證明為準確，因此很快就成為《華爾街日報》最受歡迎的專欄之一，直到他於1929年12月去世為止。

1922年，漢彌爾頓寫了《股市晴雨表》一書[2]，他在這本書中更詳細地解釋道氏理論，更甚於社論評論的範圍。這本書在當年非常暢銷，同時也引發了一場爭議。引起這種爭議的主要原因之一是，那些聲稱有能力透過詳盡的統計研究來預測股市趨勢的人，普遍不願意承認道氏理論的有用性。這些批評者通常完全不了解這個有價值且可行的理論背後的原則。

2　英國經濟學家是最早承認《股市晴雨表》價值的人之一，認為這是對股票市場投機主題的寶貴貢獻，從1928年漢彌爾頓入選成為皇家統計學會院士這件事，就可以確定。

自1902年以來，汽車的發展和道氏理論的發展有一定的相似之處。工程師後來為1902年的汽車提升了動力、增加可拆卸式的輪框、電燈、自動啟動器和其他必要的改進，最終為我們提供了可靠且方便的運輸工具。漢彌爾頓在1902年至1929年間，則是以類似的方式測試並改進道氏理論，幾年下來累積愈來愈多平均值紀錄，為我們提供了一種定義明確且異常可靠的方法，以預測股票價格和商業活動的趨勢。

將過去大量的績效紀錄放在一起，並制定一個預測趨勢的可靠指數，這並不是一件好事。這種方法的問題在於，這些方法處理的是過去，而且在很大程度上必須要以「歷史會重演」的假設為基礎。然後，在這樣的指數被認定有價值之前，必須根據多年的實際測試。而道氏理論經得起這樣的考驗。

道氏理論提供了一種可自我調整的預測方法，其有效性已經逐年被證明，持續了三十多年。證據在於漢彌爾頓那些年成功地應用這個理論，他在《華爾街日報》上發表的社論，其預測的準確性無庸置疑。遺憾的是他太過謙虛，沒有集結出版這些證據明確的預言，來證明他對道氏理論應用的合理性。

這本書將道氏理論簡化為一本手冊，讓想作為投機輔助工具的人使用，作者本身的原創內容或想法相對較少。漢彌爾頓關於指數含義的所有創作都已被蒐集起來仔細研究，本書則盡可能使用他的原文，宛如其相關評論的剪貼簿，以利研究指數的人進行分類和安排。除非另外說明，否則所有引文皆來自漢彌爾頓在《華爾街日報》或《霸榮周刊》上的文章。篇幅有些

龐大的附錄，則收錄了1903年至1929年間每篇社論全文。因此，作者對於漢彌爾頓評論的解釋，讀者若有任何質疑，都可以閱讀原始評論的文本，並得出自己的結論。

研究道氏理論的人，透過仔細研究附錄中的每篇文章，可以某種程度上熟練到足以預測指數走勢。然而，在嘗試做這樣的研究之前，應該獲取道瓊平均指數的價格表[3]。此外，必須為學習者提供正確繪製的鐵路和工業股指數每日價格變動線圖，如果也顯示成交量就更有用了[4]。漢彌爾頓在總結證據和得出結論時，會反覆利用市場活動。另外還要補充一點，繪製自己的線圖更可以好好研究價格走勢。

想要從附錄提供的材料中獲得最大利益的人，應該先仔細閱讀他的完整寫作內容。這將顯示，在最初的十年，漢彌爾頓已經發展出後來作品中清晰的表達方式。他總是簡明扼要地陳述自己的觀點，只不過也許在早年時寫得太過簡單了。在後來的幾年，他顯然發現道氏理論的研究者需要更詳細的解釋。無論如何，在他擔任編輯的最後二十年，他的推論得到了更充分和清晰的推理。因此讀者可能會發現，最好從1910年開始研究預測，然後繼續研究下去，如果想要的話，再去閱讀早期的資料。當讀者得到相當的知識後，就可以進行更詳細的研究，並轉化為投機的利潤。

3　*The Dow-Jones Averages and The Barron's Averages*; Barron's Book Department, Boston.

4　Rhea, *Dow-Jones Daily Stock Averages and Sales*; Barron's Book Department, Boston.

幾年前，我們在做算術問題的時候，可以翻到書後面的解答，來確認計算是否正確。在學習掌握指數的含義時，這種方法也很合理。我們建議讀者從附錄的預測中選擇一個日期，將對應的日期放在線圖上，並蓋住該日期之後的線圖資料，讓線圖中露出的部分可能代表漢彌爾頓預測之前的情況。然後研究線圖，並做出預測及寫下原因。稍後可以將之與漢彌爾頓的評論互相比較，並將兩種預測的成果視覺化。

道氏理論的實用性逐年提高。當然，與道氏僅使用幾年的資料相比，我們可以利用三十五年的資料對這個主題進行更全面的研究，而二十年後使用這些資料的人，將比我們現在得到更大的優勢。道氏總是避免做出明確的預測，他的謹慎可能是因為他幾乎沒有證據可以證明理論是合理的。一段時間下來，漢彌爾頓的精確度不斷提高，雖然他在1926年的確犯下一個嚴重的錯誤，這一點我們將在稍後解釋。然而，這個錯誤確實完善了道氏理論的一般實用性，因為這證明理論並非絕對可靠，這是漢彌爾頓在每次正確預測的那幾年經常強調的事實。

道氏理論的基本概念很簡單，而且完全是實證的，完全是根據他對道瓊指數的研究，而道瓊指數正是他發起的。他從未試著定義他的理論，能在1900年到1902年在《華爾街日報》上，於一系列關於股票投機的社論中提出他的觀察，他就很滿足了。以這些文章為基礎，漢彌爾頓後來透過對股票市場走勢進行預測，以實際的方式應用道氏的觀察結果，結果幾年後，他的社論文章既被用於預測未來市場趨勢，又使他的許多讀者

技術分析世紀經典——道氏理論

熟練地根據道氏理論理解指數含義。

因為道氏就這個問題寫得太少,而漢彌爾頓又寫得太多,而且道氏從來不敢用他的觀察來對股市趨勢做出明確的預測,而漢彌爾頓則有勇氣嘗試這麼做,所以本書並不試圖檢驗道氏的研究。然而,我們應該永遠記住,漢彌爾頓所根據的理論基礎,是由他的前人所發展起來的,他也從未讓讀者忘記這件事。在漢彌爾頓的預測之前,經常出現這樣的句子:「關於已故的查爾斯·道,從道瓊指數中解讀股市走勢的著名方法。」

人們還應該記住一點,《華爾街日報》從未自貶身價,成為發送小道消息的媒體,漢彌爾頓是一位偉大的編輯,而不是專業的「投顧老師」,而且他每次看到指數對未來趨勢的明確暗示時,都不會試圖撰寫預測。此外,他的頭腦清楚,當然也經常注意其他即時的議題,所以他既沒有時間、也沒有意願專注於研究指數走勢。此外,我們一定知道,有時他相當厭惡不道德的諮詢服務機構使用他的預測,結果他有很長一段時間都拒絕針對價格變化的推論發表意見。

漢彌爾頓對指數這個預測媒介的有效性,展現出完全的信任,但他也認識到該理論的明顯局限。以下引用他二十五年來的社論中的部分內容:

對指數的研究是根據「道氏理論」,這是本報的創辦人,已故的查爾斯·道所提出的理論。發表這個理論的書籍似乎已絕版,但簡而言之是這樣的:在任何大盤中,同時存在著

動作、反應和交互作用這三個明確的動作。最明顯的是每日波動；第二種是較短的走勢，典型的特徵是牛市中拉回，或是在超賣的熊市中急遽的復甦；第三種則是主要的走勢，決定幾個月內的趨勢，或市場真正的動向。

研究指數的人要將這些事實牢記在心，並預設廣泛的結論對每日波動來說完全沒有用，而用於次級走勢則會誤導投資人，但是應用於市場的主要走勢上可能會有益處，對於整體商業活動具有真正的預測價值。我們可以說，在充分考慮到這些事實的情況下，本專欄不時刊登對股價走勢的研究（特別是在戰前的幾年），通常是正確的次數遠多於錯誤的次數，而且大多數情況下，當分析偏離了道氏明智和科學的規則時才會出錯。（1919 年 8 月 8 日）

熱心的讀者會問，透過分析工業和鐵路指數先前的走勢，來估計股票市場趨勢的方法，是否並非實證經驗？當然是，但並非完全如此，而且這個方法絕對不是江湖騙術。從大量紀錄中得出的任何結論，都可能面臨這樣的質疑，但它奠基於方法的科學準確性。

這揭示了高度的人性化和明顯的局限性。但正因如此，我們可以誠實地說，它的預測品質是商業紀錄所無法比擬的。（《股市晴雨表》）

一些研究的人要求……道氏的三種市場運動理論具有一定程度的數學甚至是圖形準確性，但道氏理論既不具備這一點，也不需要具備。（1922年11月3日）

批評者當然可以在股市中找到一些走勢，無法由道氏理論這個股市晴雨表準確預測，特別是次級運動。那又如何？他們要求如此準確的工具，但這是不可能存在的，而且以人類目前的道德發展程度，沒有任何人應該擁有這種萬能的工具。毀滅這個世界的方法之一，就是讓那些善良無私的利他主義者，從造物者手中接管地球。

股市晴雨表並不完美，或者更準確地說，這門解讀股市的科學仍未成熟，距離完美還很遠。

氣象局發布的氣象資訊很有價值，但他們不會去預測乾熱的夏季或溫和的冬季。我們從個人經驗中就能知道，紐約一月的天氣會很冷，而七月的天氣會很熱。

無論是倫敦股票交易所，還是巴黎股票交易所，或者是柏林股票交易所，支配股價走勢的規律都放諸四海皆準。更進一步說，即使所有的交易所和美國自己的交易所全都毀壞，支配股價走勢的規律也依然存在且有效。隨著自由資本市場的重新建立，這些規律又會重新產生作用，並且會自然發生。就我所

知，倫敦的金融出版品中，還沒有一個能與道瓊股價指數相提並論的指數紀錄。假如倫敦股市存在對應的資料，利用這個指數進行預測，會和對紐約股市的預測一樣有效。

道氏理論不重視循環性或系統性，也不在意是否有趣、推測是否有根據，或是否符合潮流。只要是可以利用的，道氏理論都會從中汲取有用的內容，以及所有可以蒐集的資訊和資料。股市的運動反映出所有的知識。

道氏理論注重務實原則，這個假說是建立在人類的本性上。經濟情勢一片大好的時候，人們會敢於冒險，而之後經濟大蕭條來臨，人們又會為冒險而後悔。在經歷過黑暗與恐慌之後，勞工會更加珍惜自己的薪資，並且從自己微薄的所得中撥出部分儲蓄。資本家在這種時候，也會更傾向於利潤低但是回報快的投資。

已故美國參議員斯普納（Spooner）在閱讀《華爾街日報》的一篇社論時說道：「傾聽市場冷酷無情的判決吧！」他見識到了市場判決的冷酷無情。因為這個判決毫無疑問是根據所有的事實證據，即使這些證據並不是由證人有意識且有意願提供的。（《股市晴雨表》）

第二章

預測股市的晴雨表

　　記錄漲潮退潮本來就是船長該做的事，道瓊股價指數的紀錄對股票交易者來說也一樣不可或缺。但是過去三十五年來，股價指數的走勢一直難以被研究分析，直到這些歷史紀錄被簡化為走勢圖的形式。更形象地來說，股價指數的單日走勢圖對於股票交易者的重要性，就如同航海圖對於航海者一樣。但是航海者也覺得對於航行安全來說，晴雨表是必不可少的設備。道氏和漢彌爾頓提供了一個可以預測股市天氣是晴天、雷雨，還是不變的晴雨表，這個晴雨表就叫作「道氏理論」。具備正確理解道氏理論這個股市晴雨表的能力，對於股票交易者來說，就像船長在航行中必須理解晴雨表一樣重要。

　　對想要利用道氏理論預測股票價格走勢和經濟趨勢的學習者來說，道瓊工業和鐵路股票的平均收盤價，以及紐約股票交易所的日成交量，就是他們所需的所有資料。

作者會在本章中定義一些術語，並把道氏理論的內容進行分類，在過去這被證明是非常有益處的。無論是道氏還是漢彌爾頓，都未曾確切地對道氏理論的內容做過明確的定義，但現在可能是時候做這件事情了。作者在承擔這個艱鉅的任務之前，已經有過十多年利用股價指數進行股票交易的經驗，並且長期研究道氏和漢彌爾頓的文章，也與美國各地的研究者對此進行過觀點和經驗的交流，他們之中有許多人在股市交易上都相當成功。除此之外，為了分析股價指數走勢，作者還仔細繪製了上百張股市線圖，將漢彌爾頓對於價格走勢的所有判斷，與股市走勢圖進行了對照分析。實際上，為了解釋道氏理論，作者為整理道氏理論所做的努力已經長達十多年——如今的道氏理論已經不是1902年他過世時的道氏理論了，而是由漢彌爾頓對道氏理論進行應用和提煉後所發展出來的。

由於定義理論的每個部分都一定會有例外，因此最好的方法就是研究指數的線圖並找到例外情況，不然如果假設理論絕對不會錯，可能會在市場操作中受到誤導。經過一段合理的時間後，這種研究肯定會讓交易者發展出解讀指數的能力，這種能力就代表了獲利，但必然還是會犯錯，因為閱讀指數本身就是一門經驗科學。這有點像外科手術，一個好的外科醫生有時也會診斷錯誤。

運用道氏理論進行股市投機時，最大的危險可能在於：新手可能會因為運氣好，成功做出幾次正確的預測，便自以為已經完全掌握了打敗大盤的必勝之道，因此錯誤解讀股市。更糟

糟的情況可能是：新手在一個錯誤的時間，碰巧矇對了正確的答案。上面提到的任何一種情況發生時，犯錯的人通常都會怪道氏理論，但其實是因為交易者沒有耐心學習道氏理論而導致的結果。

道氏理論各部分的內容和本書定義的術語，都會在後續的章節中詳細說明。如果其中有些問題令人困惑，讀者應該要知道，道氏理論就像代數一樣，不是大概閱讀一下教科書就可以精通的。

道氏理論的重要假設

想要成功運用道氏理論進行股市投機，讀者應該先毫不懷疑地認同下面這些假設：

人為操縱：平均股價指數的日間波動是可以進行人為操縱的，次級走勢在某種程度上也可以受到人為操縱的影響，但股市的主要走勢是絕對不可能被人為操縱的。

股價指數反映一切：道瓊鐵路和工業指數每天價格的波動，反映了每一位金融市場參與者所有的希望、失望和市場預測。因此，股價指數中預言了尚未發生的事件將會產生的影響（除了不可抗力之外）。即使發生火災或地震這樣的天災人禍，股價指數也會反映出事件的影響。

道氏理論並非絕對正確：道氏理論並非百分之百戰勝大盤

的不敗之道。想要成功地將道氏理論當成推測輔助工具來使用，就需要認真研究，而且證據的總結必須是公正的。絕不能讓願望凌駕於思想。

如果不能把道氏理論的這些基本假設當成數學公理那樣接受，那麼讀者在後面的學習過程中就難免會感到困惑不解，甚至會造成誤導。

將道氏理論濃縮成明確的公理，是一個非常困難的任務，但是這個理論是在1925年完成的。隨後的研究以及這些定理在交易操作中的應用，並沒有顯示這些公理應該要改變。

道氏理論的三種走勢：有三種走勢組成了股價指數，這三種走勢可能存在於同一時間。第一個也最重要的是主要走勢，也就是整個股市向上或者向下的走勢，也就是人們俗稱的牛市或者熊市，可以持續數年之久。第二個，也是最容易讓人困惑的次級走勢，在牛市中次級走勢顯示為回調下跌，在熊市中的次級走勢展現的是反彈行情。這種走勢通常會持續三周甚至數月。第三個是股價指數的日間波動，這個走勢的重要性不大。

主要走勢：主要走勢代表了整個股市的整體趨勢，也就是人們熟知的牛市或者熊市，持續的時間從幾個月到幾年不等。只有正確判定主要走勢，投機才會成功。目前還沒有發現任何方法，可以預測一個主要走勢持續的時間。

主要熊市：主要熊市是由長期整體向下的走勢和重要的反彈所組成的。產生熊市的原因包括各種負面的經濟因素，只有股票價格徹底反映了這些最糟糕的因素，熊市才能夠正式終

技術分析世紀經典——道氏理論

結。熊市主要由三個階段構成：第一階段，在股價高漲時購入的股票失去獲利希望；第二階段，面對經濟和企業獲利下滑，眾人開始拋售股票；第三階段，連優質企業的股票也被大肆拋售，股票的實際價值被無視，人們急著把手中至少一部分的資產變現。

主要牛市：主要牛市是由整體向上的走勢和次級回跌所組成的。牛市的平均持續時間可以長達兩年以上。在牛市期間，由於經濟環境改善回暖，帶動投資和投機活動，促使股票成交量增大，推動股票價格大幅攀升。牛市主要由三個階段構成：第一階段，人們對未來經濟好轉的信心恢復；第二階段，股票價格充分展現上市公司的獲利狀況有所改善；第三階段，通膨升高、市場熱衷投機，此時股票價格的飆漲靠的是投資人的熱情和希望，而不是企業的經營狀況。

次級走勢：為了便於討論，我們把在牛市中的重大回跌，或者在熊市中的重大反彈，稱為次級走勢。次級走勢通常的持續時間是三周到好幾個月。當這些次級走勢進行價格回跌時，通常會回跌到前一次主要走勢價格變化幅度的33％到66％。這些反應經常被錯誤地假設為主要趨勢的變化，因為牛市的第一階段與熊市中被證明可能僅是次要反應的走勢一致，而在牛市達到高峰之後情況則相反。

每日波動：只用一天的平均股價指數走勢來預測，難免會造成誤導。單日指數走勢除了形成「盤整區間」之外，沒有什麼價值。但是每日的走勢都必須記錄和研究，因為每日走勢

形成的一系列線圖，最終將發展成易於識別、具有預測價值的模式。

兩個股價指數應當相互印證：必須同時考慮鐵路和工業股指數走勢，兩種指數應該互相印證。只有在這種前提下，才有可能針對股票市場得出可靠的結論。假如只是憑著其中一個指數做出判斷，而沒有與另一個指數互相印證，最終得到的判斷幾乎肯定會產生誤導。

判斷趨勢：假如股市上漲時反覆超越前期的高點，而在下跌時又總在前期的低點之上，那麼市場的趨勢就是牛市。反過來說，假如股市上漲時無法超越前期的高點，而在下跌時又總會突破前次的低點之下，那麼市場的趨勢就是熊市。用這個方法得出的推論，對於評估次級走勢非常有用，對於預測主要趨勢的恢復、持續或變化也非常重要。為了方便討論，上漲或下跌的定義是，單日或多日的走勢導致方向反轉超過其中一個指數的3%。這種走勢應得到兩個指數方向上的相互印證，但是兩個指數的相互印證並不一定發生在同一天。

盤整區間：持續兩到三周或更長時間的價格變動，在這段期間，兩條指數線的變化都在大約5%的範圍內波動。這種走勢顯示的不是買盤就是賣壓。同時上漲超過區間的極限，表示買盤並預期有更高的價格；相反地，同時跌破區間代表賣壓，後續的價格肯定會下跌。從一個指數的區間變化中得出的結論，若沒有得到另一個指數的印證，通常會被證明並不正確。

成交量與價格走勢的關係：當市場處於超買時，會表現出

上漲無力的情形，而在下跌中表現得動力十足；反過來說，當市場處於超賣時，就會表現出下跌無力的情形，而在上升時表現得動力十足。牛市會在過度活躍的時期結束，並在交易相對清淡的時候開始。

雙重頂和雙重底：在價格走勢的預測中，「雙重頂」和「雙重底」沒有太大的價值，而且已被證明造成的錯誤比正確的時候還要多。

個股：交易熱絡的個股和發行量大的美國大型企業股票，通常會與指數同步漲跌。但是部分個股在市場中的表現，與由多個公司所構成的指數趨勢，還是會有所不同。

第三章

股市中的人為操縱

指數的日常變動是可能被操縱的，次級回跌受到這種影響的程度很有限，而主要趨勢永遠無法被操縱。

漢彌爾頓經常討論股票市場人為操縱的話題。很多人不同意他的觀點，認為人為操縱是主要走勢中一個可以忽略不計的因素，但應該永遠記住的是其觀點的背景——他非常了解華爾街的資深人士，而且一生都在積累與金融議題有關的知識。

以下評論是從他的許多社論中隨機選取的，這提供了令人信服的證據，顯示他對操縱問題的看法沒有改變：

一次操縱幾支股票，而且對整體走勢提供完全錯誤的觀點，這是有可能的。但是不可能操縱所有股票，使二十隻交易熱絡股票的指數顯示出足夠顯著的變化，從中推論市場的走勢。（1908 年 11 月 28 日）

任何人都會承認，雖然操縱日常市場走勢是可能的，而且短期波動受到這種影響的程度相當有限，但是即使所有的大戶加在一起，也無法操縱整體市場的走勢。（1909 年 2 月 26 日）

市場本身比所有「大戶」和「內線」加起來還要大。（1922 年 5 月 8 日）

最大的誤解之一，也是最不利於股市晴雨表實用性的誤解之一，就是認為人為操縱可以偽造具有權威性和指導性的股票市場走勢。作者所宣稱的權威地位，全都來自二十二年來深入研究華爾街，以及非常熟悉倫敦證券交易所、巴黎證券交易所，甚至 1895 年約翰尼斯堡的黃金股瘋狂投機市場。但是，在這些經歷中，他完全想不起來有哪一次重大的市場走勢，其動力是來自人為操縱。

如果這些討論未能顯示所有主要牛市和熊市，在其發展過程和結束之前都已被一般商業事實證明是正確的，那麼這些討論就毫無意義。在主要波動的最後階段，投機或清算的情況可能都會變得過多。（《股市晴雨表》）

除了美國財政部和聯準會加在一起，否則任何力量都無法有效地操縱四十支交易熱絡的股票，或使股價產生顯著的改變。（1923 年 4 月 27 日）

普通的業餘交易者相信，股票市場的趨勢是由某種神祕的「力量」所引導，除了沒有耐心之外，這種信念是其投資虧損最主要的因素。這種人熱衷於聽小道消息；他會勤奮地閱讀報紙的小道消息，尋找在他看來可能會改變市場趨勢的新聞。但他似乎沒有發現，當真正重要的新聞被刊登出來時，早已反映在市場的基本趨勢中了。

小麥或棉花價格的波動，確實可能會影響股價的每日走勢。此外，有時報紙頭條包含被散戶解讀為看漲或看跌的新聞，他們集體湧入買進或賣出，進而在短期內影響或「操縱」市場。專業投機者總是準備好透過「布局」來影響市場的波動，而散戶則只能膽怯地「布局」一些股票；然後，當散戶決定增加持股時，專業人士已經開始出貨並且反應結束，主要走勢則再度恢復。令人懷疑的是，這些拉回的走勢中，是否有許多只是因為報紙頭條所引起的，除非當時市場不是超買就是超賣——「技術狀況」對財經新聞記者來說是如此重要。

毫無疑問，那些相信主要趨勢可以操縱的人，只要研究這個主題幾天，就會知道這是不可能發生的。例如，根據報導，1929年9月1日，在紐約證券交易所上市的所有股票總市值超過890億美元。想像一下，需要花多少錢才能把價值這麼高的東西壓低10％！

技術分析世紀經典——道氏理論

第四章

指數反映一切

　　道瓊鐵路和工業指數每日收盤價的波動，提供的是一個綜合指數，其中包含所有了解金融問題的人的希望、失望和知識，以及即將因此發生的事件（不包括天災）的影響，這些總會適度反映在道瓊的波動中。道瓊可以迅速地為火災和地震等災難的效應，進行價值估算。

　　每當一群研究市場的人聚在一起時，其中某些人幾乎總是會開始辯論，股價是否已反映了個人投機者未預見的事件。所有了解道氏理論的人都知道這是事實；這是將道氏理論成功應用於交易和投資的基本原則，不承認道氏理論的人，最好不要在投資股市的時候運用道氏理論。

　　但作者幾乎不須對此發表任何評論，因為道氏和漢彌爾頓在這個主題上的想法，都呈現在其三十年來清晰合理的社論摘錄之中。

可以說，股票市場絕對反映了每個人對國家商業活動的了解。向農民銷售農具、汽車和化肥的公司，比農民更了解他們自己的狀況。在美國上市的公司，遵守其嚴格的上市要求，幾乎涉及該國生產和消費的所有產品——煤炭、焦炭、鐵礦砂、生鐵、鋼坯和手錶彈簧，而且他們所有的知識都正確地反映在證券價格上。所有銀行都知道這些商品的交換，以及其生產和行銷的融資都反映在股票價格中，這些價格依據其對知識的貢獻大小進行調整。（1921年10月4日）

指數會反映交易熱絡和清淡、好消息和壞消息、農作物收成的預測和政治情勢的可能性，而最終的結果就是指數。正是這一點使指數如此具有研究價值，並且可以了解以任何其他方式無法獲得的未來市場走勢。（1912年5月2日）

只看表面的觀察者經常因為股市沒有對突然和重要的發展做出反應，卻似乎受到了難以追蹤的莫名力量影響而感到震驚。無論是有意識還是無意識，價格的波動反映的不是過去，而是未來。當即將發生的事件產生影響時，會反映在紐約證交所。（1911年3月27日）

股市晴雨表是公正不偏袒的，因為構成它的每一筆買賣交易都是個人行為。股市晴雨表反映的結果，是由參與股票交易

THE DOW THEORY 技術分析世紀經典——道氏理論

者的願望、衝動和希望的互相均衡所產生。國家的整體經濟必須正確地把每個人的意見全都統一反映出來，這並不像是一個不負責任、互相爭論的團體，比較像是互相傾聽的陪審團，每個陪審員都要參與尋找所謂對「市場的無情判決」，律師和法官無法告訴他們這麼多東西。（1926年3月29日）

股票市場的交易並不是建立在眾所周知的事情上，而是建立在那些消息最靈通者的預測上。股票市場價格的每一次變動，總能夠在未來得到反映。而對於人們口中經常提到的操縱行為，在股票市場運動中反而微不足道。（1913年1月20日）

以下摘錄道氏於1901年所寫的一篇評論文章：

股市並不是一個在風中四處飄忽的氣球。股市的價格在整體上反映了深謀遠慮且消息靈通的人士，對股票價值的思考和判斷，同時反映了他們期望股票在不久的將來會達到的價值。優秀的股票交易者不只會考慮一支股票的價格會不會升高，而會考慮他們打算購買的股票，其價值能否在六個月後吸引更多的投資者和投機者，並讓他們願意以比現在高出10％甚至20％的價位購買。（1901年7月20日）

人們對所有事情的任何了解，就算與金融市場沒有直接關聯，也會變成資訊流入華爾街；而股票市場則是以自身的價格

波動，展現出得到這些資訊後的價值變化。（1929年5月29日）

有一件事無論說多少次都有必要，那就是股票市場在根據意外事件進行調整時，這些走勢（例如次級走勢）並不是根據當時的現有情況做出反應，而是根據市場上所有的集體智慧對未來展望的判斷。（1922年9月25日）

投機預期著商業的發展。（《股市晴雨表》）

在牛市持續近六年之後，1927年春季出現了這樣的評論：

指數顯示商業活動可能會保持其規模和特點，比最有效的行業望遠鏡所能看到更早了好幾個月。（1927年4月23日）

1921年，股市一度非常接近低點的底部，對於為什麼指數已經達到價格的最低點，卻沒有因為當時的不利形勢而下跌，漢彌爾頓的解釋如下：

當股市發生意外事件而造成金融恐慌，但是歷史卻顯示，股市極少受到突發事件的衝擊。現在所有的股市利空因素已為人周知，人們也全都意識到利空有多麼嚴重。但是股市交易不是以人們已知的事實為基礎，而是建立在專業人士針對未來幾個月所做出的預測分析之上。（1921年10月4日）

國家的商業活動發展狀況,可以解釋過去每一次股市的下跌走勢。(1926年3月8日)

值得注意的是,當股市在長期上漲期間從非常高的價位出現急遽的拉回時,總是有一些特定的原因吸引了大眾的想像力,通常不是頭條新聞所說的原因。(1927年8月15日)

華爾街經常說一句話:「當一則新聞發布出來的時候,股價早就已經做出反應了。」股票持有者和精明的投機者們,在交易的時候並不是根據人們已知的事情做出判斷,而是根據他們自己獲得的資訊,或是對未來的成功預測。我們經常會發現:在股市整體已經出現長達六個月的跌勢後,實體經濟才開始出現明顯的萎縮跡象;或是預期未來六個月內整體商業活動會有所改善,但情況尚不明顯時,股市就已經整體上揚了。(1906年6月29日)

股票市場投機的本身可以刺激經濟發展。這是從另一個層面來說,股市是經濟的晴雨表。股票市場的變化不是根據當時的新聞報導,而是根據投資界對前景的預期和判斷。(1922年5月22日)

一位偉大的美國金融家曾經對漢彌爾頓說:「假如我能獲得股市走勢中反映的一半資訊,相信我就會擁有華爾街無人匹

敵的優勢。」

　　當然，樹不會長到天上去。但是對於股市來說，除了不可預知的意外事件，股市確實能夠反映一切的資訊。這當然並不代表股市能預測舊金山會發生大地震，或是北太平洋某個地方會有災難，對於它是否提前反映了市場對世界大戰的預期，以及長期熊市實際爆發之前就已經在某種程度上反映了這些因素，也有不同的看法。（1927 年 7 月 15 日）

　　可以把華爾街看作是包含了人們所有關於經濟已知事件的「大水庫」。這是完全正確的看法。股市指數所反映的內容，超過了任何個人所能知道的一切，也超過了最富裕的大戶全部加總所能操縱的範圍，這就是支持這個看法的最佳明證。（1927 年 10 月 4 日）

　　人們在學習道氏理論時絕對必須相信，指數能夠預測未來將要發生的事件，並且能對這些事進行反映和評估，這是最重要的一點。對於想在股市中獲利的投機者來說，道氏理論這個觀點的意義非常重要。

　　1931 年股市所經歷的長期暴跌，是證明道氏理論這一觀點的最好例子。當年指數下跌的幅度創下歷史紀錄。在那段時期，由於英國放棄了金本位制、銀行倒閉、鐵路破產，預計會有巨額財政赤字，提高稅收的必要性大為提高，股票市場一直

在反映和消化這些嚴重的國際問題。到了六月,下跌的腳步在一次典型的次級走勢後停了下來,日常的空頭回補和投資人的非理性買盤止住了這次暴跌,而這完全是因為新聞媒體的樂觀態度、政治贊助的廣告,還有胡佛政府(Hoover)延期償付措施的消息,使大眾受到了影響。

到了10月,熊市的主要走勢再次被打斷。這次的原因是紐約股票交易所實施了一項新措施以限制賣空,引發了空頭回補的行動。與此同時,一個深諳管理技巧的投機集團,讓小麥期貨價格出現了一個快速轉向的投機性漲勢。全國的新聞媒體都歡呼雀躍,把這個單純的投機行為,當成他們一直期待的期貨下跌趨勢中的轉折點,就像釣魚一樣,大量的小魚咬住魚餌,而這個短暫反彈的次級走勢,就一如往常快速結束了。

於是熊市又無情地回來了,並且衝出了新低。實際上,如果之前的小麥沒有發生投機性漲勢,市場也依然會發生反彈的次級走勢。即使在商品期貨上找不到反彈的理由,人們也會在其他地方找到能造成這一次反彈的事件。「指數是無情的,它反映的是每個人對經濟情勢的認知和預判。」

就算反覆引述同樣的話,可能會讓人覺得很囉唆,但是知道指數具有反映未來的能力,對於讀者來說是非常重要的:

我們在這裡經常要對指數走勢進行說明:股價指數反映一切,包括成交量、總體環境、股利、利率、政治等等。正因為是平均股價指數,所以它對可能對影響市場的各種因素並沒有

任何偏見。（1912年3月7日）

這是假設指數消除了一切個別的考慮因素，包括政治、資金、農作物——除了意外事件的可能性以外。（1912年4月5日）

當一個大型製造商看壞經濟發展的前景時，他就會出售手中的股票，以保證自己的資金充裕，而他只是千萬個賣出者當中的一個而已。在他和其他人看出經濟不景氣的徵兆之前，股市已經處於跌勢很長一段時間了。（1924年7月15日）

股票市場反映了各種事實，而其中每一個事實只有少數人能夠了解……如果那關乎自己的生意。（1924年7月15日）

股市晴雨表會考慮利率、煉鐵爐的運作、農作物預估產量、穀物價格、銀行清算、商業庫存、政治前景、國際貿易、銀行儲蓄、工資、鐵路貨運量及各式各樣的其他東西。交易熱絡股票的指數，會公正地反映市場中的所有事物，其中任何一個因素都無法掌控整個市場的走勢。（1924年7月15日）

股票市場提前預見了第一次世界大戰，這一點從1914年早期的股市晴雨表中，可以明顯看出。（1925年3月16日）

在這些研究裡面，我們寧可選擇忽略國家的經濟總量、貿

易狀況、農作物狀況、政治前景，和其他可能影響股市每單波動的因素，這些因素對股票市場的短期波動，通常只有微不足道的影響，而對市場的主要走勢則無法產生任何作用。透過長期研究指數，我們可以知道指數反映了所有因素，而且如果忽略那些極其短暫的影響，就可以把指數當成非常值得信賴的投資指南。（1911年7月14日）

第五章

道氏理論並非萬能

道氏理論並非百分之百能戰勝股市的不敗之道。只有透過認真學習和研究，如實地蒐集資訊和證據，才能從道氏理論中獲得投機的成果。絕對不能讓自己的期望凌駕理論。

要講清楚道氏理論的操作方法，需要大量的歸納和總結，現在還很難做到這一點。不過，比起定義其他實踐性的學問，定義道氏理論要容易得多。外科醫生寫出幾條簡單的手術說明，就能讓一位銀行家，去幫一個經紀人做闌尾切除手術嗎？這是完全不可能的。原因是外科是一門實踐性的學問，它所依賴的是在實踐中一次又一次進行手術的經驗。成功地駕駛飛機著陸也是一門實踐的學問，一位技術嫻熟的優秀飛行員，可以很輕易地列出一些簡單的著陸說明，其他飛行員也都可以理解。但是假如讓我們的銀行家按照這些說明，試著駕駛飛機著陸，結果恐怕只會被抬上救護車，送離事故現場。

技術分析世紀經典──道氏理論

為什麼呢？也許只是因為銀行家在駕駛的時候，無法完全領會這些著陸說明，不知道在逆風條件下，飛機著陸需要放下哪一側的機翼板。然而，銀行家可以寫出決定債券殖利率的幾條簡單說明，而讓醫生、飛行員或者經紀人根據他的說明，找出正確的答案。原因就在於數學是精確的科學，而在精確的科學中，只有一個答案是正確的。道氏理論是一種實踐的學問，它並非總是正確無誤。但是，道氏理論如果能運用得當，就會產生非常有用的效果，而想運用得當，就必須堅持認真研究和學習。

漢彌爾頓寫道：「股市晴雨表並非完美無缺，或者更準確地說，這門解讀股市的科學仍未成熟，離完美的程度還有一段很長的距離。」

股價指數的學習者，常常會把他們的願望強加在對股市的預判之上。他們在股市已經上揚了一大段才進場買股票，假如因為碰巧遇上大的次級拉回走勢，而損失了部分獲利，他們就會把責任全都推到道氏理論身上。這些學習者自以為他們是遵循著指數進行交易，因為他們是按照手上的線圖做出判斷。但是這張圖通常就只是一張工業指數線圖，加上他們精心標示的神祕阻力線。他們的損失並不是道氏理論造成的，因為道氏理論所說的在牛市中買入，是指在股市經歷過劇烈的下跌，而跌勢已經顯示疲態的時候，或者在股市已經開始顯示出反彈上漲的動力時。

此外還有一些道氏理論的學習者，堅持要把道氏理論用於

分析每日的波動，結果自然損失慘重。還有另外一種道氏理論的學習者，堅持要把成交量、利率等資料和道氏理論混在一起，這些資料來自國家中雖然地位重要，但是提供的數據毫無價值的統計部門。這些交易者就像專業天氣預報員一樣要靠運氣，但大多運氣都不太好。假如這些交易者真正理解道氏理論，就應該明白一個基本的原理：**股價指數已經充分客觀地反映和評估了所有的統計資訊。**

人們常常會問到一個問題：「假如正確地理解了道氏理論，並藉此發現了恰當的交易時機，交易獲利的機率有多大？」作者認為，任何具有一般市場認知和足夠耐心的交易者，假如能夠耐心研究道氏理論，並對股價指數進行分析，在經歷一個完整牛市或者熊市之後，他的交易中應該至少每十次就有七次獲利，而且每一次成功交易的獲利，會大於因為沒有把握時機而造成的虧損。有些交易者長期的成功率還會比上面所講的要好。這些交易者在一年之內的交易次數很少會超過四、五次，他們並不會一直盯著報價機的螢幕做交易，而是專注於股票市場上重大的走勢，並不去關心那些小波動的得失。

凡是理解股市走勢的人都知道，道氏理論雖然也會出錯，但其可信度依然勝過最優秀股市交易員的市場預測能力。運用道氏理論進行交易的人都明白，導致交易損失的往往不是過度相信道氏理論，而是因為對道氏理論不夠信任。

假如一個交易員透過分析股價指數進行預測並交易，但卻出現了重大虧損，那麼就是誤解了訊號，不然就是理論有誤，

但是這種情況很少發生。在這種情況下，交易者應該接受虧損並退出市場，直到訊號變得容易解讀，然後再次嘗試。

一些投機者，尤其是那些更適合稱為賭徒的投機者，執著於讀出不存在也不可能存在的股價指數走勢每日波動規律，這種企圖虛幻且無益。

只要是思路清晰的人，都應該明白這樣一個道理：假如道氏理論是永遠正確的不敗之道，或者讓人永遠能對股市走勢做出正確預測，那麼股票市場中的投機行為，恐怕很快就會徹底消失。

把次級走勢當成主要走勢的失誤

1926年，漢彌爾頓在分析平均股價指數時，就犯了一個重大錯誤，把牛市中的次級回跌當成了熊市。道氏理論的學習者不妨分析一下1925年秋季後一整年的股票價格走勢圖，因為這是運用道氏理論時，特別容易犯的典型錯誤。在作者看來，漢彌爾頓似乎認為市場應該要出現熊市了，他的主觀判斷嚴重誤導了他對股市晴雨表的解讀——他過於信任自己的判斷，對自己的理論則信任不足。

這一輪牛市從1923年的夏末開始，並在1924年全年以常見的方式發展著。從1925年的3月下旬一直到1926年的2月26日，股市持續的上升走勢幾乎沒有發生拉回，令人振奮不已。從這次的上升幅度和持續時間就可以判斷，後面緊隨的次級拉

回走勢幅度會非常大。只要簡單分析一下1897年到1926年的股價指數走勢圖，就可以發現當時正在進行中的牛市，在持續時間上已經和其他牛市相當了，此外，我們還能看出當時的工業指數打破了歷史最高紀錄，而且資金也很緊。即便是一個忠實信奉道氏理論的人，在分析出以上資訊後，也會很容易被個人的主觀判斷所誤導，對指數的走勢做出錯誤的預測，以為這一輪牛市應該快要結束了。

探尋導致漢彌爾頓錯把次級走勢當成熊市的原因，是一個有趣的過程。1925年10月5日，漢彌爾頓指出，二十支工業股[5]的殖利率均在4%以下，這時「人們是根據股票的發展潛力和內心的願望來買入股票，而不是根據股票所體現出的實際價值」。漢彌爾頓還指出：「不管怎樣進行分析，我們都能從指數中解讀出這樣一個判斷：雖然牛市的力量依然強大，但現在應該開始擔心熊市了。」只要完整讀過漢彌爾頓的這篇評論，每個人都可以清楚地了解到，漢彌爾頓認為熊市即將到來，但是從當時指數的走勢上，完全找不到任何支撐他看法的證據。

在文章的結尾，漢彌爾頓說道：「這一次似乎是古老的『雙重頂』理論有用的時候，假如收盤價能上升到9月19日或9月23日的高點附近，兩個股價指數就都會開始下跌。」這個判斷是非常奇怪的，因為漢彌爾頓自己曾經說過「雙重頂」和「雙重底」這兩個理論從來就沒有被證實過。

5　工業股的名單直到 1928 年 10 月，才增至目前總計八十支個股。

1925年11月9日，漢彌爾頓以下面的話為股市評論作結：「到現在為止，從道瓊股票指數得出的所有結論，都顯示股票市場依然處於牛市中，只是有一些次級走勢該出現了，但是還看不到熊市的影子。」但是在同一篇文章的其他段落，漢彌爾頓又寫道：「在某個時候，也許就是明年，在投資和投機方面會出現明顯的資金短缺，而股票市場將會第一個反映出來。當全國都因為繁榮和希望不斷膨脹而振奮時，就會形成一個下跌的主要走勢。」

因此很明顯，熊市是漢彌爾頓個人的看法，而他密切關注著指數，以期能確認他的預測，這樣假設是合乎情理的。

1925年11月19日，在股市發生了劇烈的拉回之後，漢彌爾頓再一次提醒讀者們注意觀察「雙重頂」的出現，那樣就可能表示股市主要上升趨勢的結束。但是，到了1925年12月17日，漢彌爾頓完全根據道氏理論，對價格走勢寫出了清晰明確的解釋：「從1923年10月開始的牛市趨勢，依舊處於市場的主導地位，同時這一次工業股中典型的次級拉回還未完成。」然而，漢彌爾頓警告說應該密切留意指數。這顯示儘管從道氏理論看來並非如此，他還是認為股價太高了。

1926年1月26日，工業股指數出現了引人注目的「雙重頂」，但是卻沒有得到鐵路股價指數的確認。漢彌爾頓曾經多次警告讀者，單從一個指數走勢得出的結論，若沒有得到另一個指數的確認，幾乎會誤導讀者。

1926年2月15日，「雙重頂」再次被提及，漢彌爾頓推

測，如果沒有突破前高就開始下跌，那麼可能就顯示熊市來臨了。3月5日，相對於各自的高點，工業股價指數只下跌了大約12點、鐵路指數下跌了7點時，漢彌爾頓宣稱：「根據對過去二十五年股市走勢的研究，（2月15日）清晰地顯示出牛市已經結束了。」

3月8日，漢彌爾頓又引人注目地在市場接近頂端時，宣布了市場的反轉，依據是重要的「雙重頂」反轉：「有一點似乎已非常清楚了，那就是在未來不確定的時間裡，股市的主要走勢會是下跌。」

4月12日，就在那個被錯誤地稱為熊市的次級拉回低點過後兩周多，漢彌爾頓繼續提出他稍早所做的預測，在文章的結尾陳述：「我肯定不會撤回七周前價格走勢的研究文章中所得出的結論。」

瀏覽一下價格運動的走勢圖，就會看出漢彌爾頓這最後的熊市預測，正是出現在股價準備走入後來於1929年結束的牛市的上升波段。上述討論的這類錯誤，對於投機者而言會導致災難性的結果，那些相信熊市預測的追隨者們，有許多在當時都遭受了巨大的損失。簡而言之，導致這種錯誤的原因，很明顯是漢彌爾頓過於信任本身的判斷，而不夠信任指數所造成的。漢彌爾頓利用「雙重頂」的概念，讓股價指數符合他的觀點。這是漢彌爾頓唯一利用「雙重頂」概念的一次，結果卻導致他犯下大錯。

他忽視或不願看到的另一個事實，是工業股價指數已經上

升了47.08點，鐵路股價指數也上升了20.14點，而這個過程中並沒有重要的次級拉回走勢。根據漢彌爾頓對道氏理論的闡述，長期上升波段的正常拉回範圍是40％到60％之間。按照這個標準，工業指數回跌26.88點，鐵路指數回跌10.71點，分別是55％和53％。漢彌爾頓所說的「熊市」，其實只不過是正常的次級回跌而已。如果他能認真地應用道氏理論，絕對不會把拉回當成反轉。

第六章

道氏理論的三種走勢

　　有三種走勢組成了指數，這三種走勢可能存在於同一時間。其中排在首位也是最重要的，是主要走勢，也就是整個股市向上或者向下的走勢，也就是人們俗稱的牛市或者熊市，可以持續數年之久。第二也是最容易令人困惑的，是次級走勢，在牛市中次級走勢展現為拉回的跌勢，在熊市中的次級走勢則是反彈行情。這種走勢通常會持續三周甚至好幾個月。第三種走勢是指數的每日波動，這是一種不太重要的走勢。

　　每一位汽車駕駛都會記得在上第一堂駕駛課時，在腦袋、手和腳之間發生的混亂狀態。教練會坐在身邊，堅持要求把觀察路況、腳離開油門踩剎車這些動作連貫起來，並且同時完成。但是隨著經驗累積，使用油門和剎車已經成了一種近似反射的動作，觀察路況的習慣也是慢慢養成的。學習者在第一次嘗試理解道氏的三種價格走勢時，可能也會存在相似的混亂。

但是遲早有一天，他們對三種走勢的識別和認識，會幾乎成為反射性的心理和視覺過程。回跌的次級走勢對市場趨勢造成的暫時改變，對於市場的效果就像是剎車對汽車的作用一樣：都是對走勢超速的抑制。對於造成汽車減速和加速的油門，可以與股市的單日波動互相對照，在某些交易日，單日波動會與基本趨勢和次級走勢的方向相同；而在另一些交易日，則會呈現相反的方向。

這三種走勢會在以後的章節詳加討論。由於對每一種走勢的透徹理解非常重要，明智的方式是在這裡先引用一些漢彌爾頓的言論：

我們應謹記道氏理論。股市有三種走勢，就是股市整體上升或下跌的波段，歷時一到三年；次級拉回或反彈，歷時可能從幾天到幾周不等；最後則是股市的單日波動。這三種走勢同時存在，就像向前移動的海浪會後退，後續的波浪也會更進一步湧向海岸。我們也許可以這樣說，股市的次級走勢會使強而有力的主要走勢中斷一段時間，不過，就算我們設法抵抗，自然的法則依舊占據主導地位。（《股市晴雨表》）

另一次，漢彌爾頓對三種走勢做了如下解釋：

整體的市場走勢，無論上升或下跌，持續時間也許長達好幾年之久，很少有少於一年的；然後是短期的市場波段，歷

時一到三個月不等。這兩種走勢會同步進行，而且還會相互牴觸。這兩種走勢又進一步因日間波動複雜化，而單日波動是水手在困難的水域航行時，需要考慮的第三種水流。（1909年2月26日）

二十五年前，這三種走勢是被這樣敘述的：

市場中有三種走勢同時發生。第一種走勢是每日走勢，主要由交易員操作的結果造成，可以稱為第三級走勢；第二種走勢通常持續二十到六十天，反映了市場投機情緒的漲落，又稱為第二級走勢。第三種走勢是股市最重要的走勢，通常會持續數年，走勢的原因是股票價格相對其內在價值的調整，通常稱之為主要走勢。（1904年9月17日）

道氏的「理論」是對市場多年的觀察，認為市場同時有三種走勢。首先是最為關鍵的主要走勢，會持續一年或更久；第二是偶爾發生的熊市反彈或是牛市下跌；第三種走勢就是股市的每日波動。（1914年4月16日）

第七章

市場上的主要走勢

　　主要走勢代表了股市的整體趨勢，也就是人們熟知的牛市或是熊市，持續的時間從幾個月到幾年不等。只有正確判定主要走勢的趨勢，投機才會成功。目前還沒有發現任何方法可以預測主要趨勢會持續多久，但是：

　　主要波動的長度和範圍，大大增加了晴雨表的預測值。沒有規則可以準確顯示多少點足以構成重大的轉變，就像沒有一條規則可以定義一個走勢所預測的商業活動擴張或蕭條的程度一樣。（1924 年 3 月 10 日）

　　批評道氏理論的人有時抱怨，道氏理論要是有用的話，就應該能事先預測市場會漲跌到什麼程度，以及需要多少時間才能實現。

這種說法就好像是，我們應該要能夠向氣象局提出訴求，知道哪一天的幾點會有多大的暴風雪，以及想知道熱浪的精確時間。但是，天氣預報就像道氏理論一樣，完全是由實踐所主導，還沒有到完美的程度，而且可能永遠也不會達到。但是我們卻習慣了接受天氣預報、知道預報的局限性，也非常感謝這門預報的科學對即將到來的暴風雨和其他天氣變化所給予的警告。我們對道氏理論也應該是這樣的態度才對。

解讀指數的新手很容易誤把主要走勢中大的次級走勢，當成市場的主要走勢發生轉變。這種時候正確地解讀市場通常很困難，即使是專家亦然，但是如果能認真學習研究，學習者就會培養出發現變化的能力。如果新手對市場心懷疑問，就應該待在場外，直到每日指數的形態繪出清楚明確的機會後再進行交易。

對於這種有時存在於每一位交易者內心合理的疑問，漢彌爾頓的下列敘述做出了最好的解釋：

永遠要記住，股市中有一股主流，和無數的支流、漩渦和死水，其中任何一個都可能被誤認為是一天、一周甚至是更長期的主流。股市是一個晴雨表，沒有任何走勢是沒有意義的。這種含義有時一直要到走勢持續了很久之後才被揭露，而且通常根本不為人所知；但我們確實可以說，只要完整地了解走勢的來源，每一個走勢都是合理的。（1906年6月29日）

THE DOW THEORY

技術分析世紀經典——道氏理論

第八章

主要熊市

　　主要熊市是由長期整體向下的走勢和重要的反彈所組成。產生熊市的原因包括各種負面的經濟因素，只有股票價格徹底反映了這些最糟糕的因素，熊市才會正式結束。熊市主要由三個階段構成：第一階段，在高價買進的股票喪失了獲利希望；第二階段，面對經濟蕭條和企業盈利減少，眾人開始拋售股票；第三階段，不論股價多少，就連優質企業的股票也被大肆拋售，人們急著把手中至少一部分的資產變現。

　　漢彌爾頓曾在1921年說過，過去的二十五年，牛市的平均持續期間是二十五個月，而熊市期間是十七個月。換句話說，熊市的平均持續時間，大約是牛市平均時間的70％。

　　熊市大概可以分為三個階段：第一階段是對前期牛市最後衝刺的希望破滅；第二階段反映出獲利能力下降和效益的降低；第三階段是投資人為支付生活開銷，被迫賣出手中的股

票。這三個階段都是由股市的次級回跌所區分，而這時的次級
走勢常常被誤認為牛市的開始。但是對懂道氏理論的人來說，
他們很少被這樣的次級走勢所迷惑。

對於紐約股票交易所的交易來說，全日股票成交量在熊市
所占的比重，比在牛市時期小得多。成交量曲線趨於平緩，顯
示了熊市可能結束。

漢彌爾頓經常講一句華爾街古老的座右銘：「絕不要在低
迷的市場裡放空」，但是在熊市時，這並不是個好忠告。漢彌
爾頓注意到在熊市中的賣出時機，正是在劇烈反彈之後成交量
枯竭之時，後續顯著的跌勢顯示出，熊市會繼續進行。他經常
闡述的觀點如下：

在華爾街最常引用的一句老話，就是告誡人們絕不要在低
迷的市場裡放空。這句忠告也許對的時候比錯的時候多，但是
對於長期持續的熊市波段，它就一定是錯的。在這樣的熊市波
段中，趨勢的特點是上漲時交易變得清淡，而下跌時交易變得
活躍。（1909 年 5 月 21 日）

以下是1921年的文章摘錄，有些內容值得牢記：

根據道氏的古老理論，在熊市中的次級反彈突然又迅速，
尤其是在市場恐慌性的下跌後，這樣的情況更為顯著。這樣的
測試不是在底部，而是一定條件下市場上漲之後的表現，此時

股市會很容易形成賣出和超賣。在市場底部時，市場情緒總是極度悲觀，而當電梯服務員也開始談論他的「放空部位」時，專業人士們就開始「背叛」大眾的情緒了。

如指數在過去許多年所顯示的，熊市中的次級反彈具有驚人的一致性，次級反彈都是在狹幅盤整區間形成之後發生，而這個區間是徹底檢驗股民的吸貨能力。在發生嚴重的跌勢時，總是會有大量的買盤支撐，並為了避免手上持股過多無法變現，而在反彈時逐步賣出。股票的跌勢大部分被空頭回補和逢低買進所抵銷，但是如果買盤的吸貨力道不足，股價還是會進一步緩跌，而且通常會創新低。（1921年6月23日）

經指數證實的長期經驗告訴我們，在持續時間超過一年或更長期的牛市走勢中，對比偶爾發生的迅速拉回走勢，上升的過程顯得比較緩慢。同樣地，在熊市中，反彈的速度也會很快。（1910年3月19日）

在這時，理解在下跌或上漲的市場中運作的基本原理是很重要的。

在熊市中，好股票和不好的股票都一樣會下跌，因為人們總會出售那些以一定的價格肯定賣得出去的股票，以保護手中不管用什麼價格都賣不掉的股票。在經濟嚴重蕭條時期，從未投機的人不得不把很好的股票從保險櫃中拿出來，只要有人出

價就賣。因為無論蒙受多大損失，這種股票還是能換成現金，而為了生存，人們需要現金。這些人創造了這種「以防萬一」基金，結果「萬一」真的發生了。也許他們寧可出售房屋和其他財產，但是卻沒有人願意出錢買。也許他們以前用壽險借款買股票，結果迫使保險公司為獲取保險單貸款的資金，貶值出售一些有價證券。

也許這些人耗盡了銀行戶頭裡的餘額，迫使銀行賣出其有價證券以維持現金儲備。這樣就形成了惡性循環，迫使優質的有價證券在沒有足夠買家的市場上出售。換句話說，供給和需求法則在發揮作用，當供給量大於需求量時，價格必然會下跌。有些讀者看了許多傑出的諮詢服務公司給的投資建議，會感到奇怪是很正常的，他們不理解為什麼這些公司所雇用的經濟分析師，會忽視和不理解熊市波段這麼重要的階段。

是什麼原因讓長期下跌的走勢不再下跌呢？《股市晴雨表》對牛市和熊市形成的整個循環提供了很好的解釋：

現在我們一覺醒來，發現我們的收入超過了花費，賺錢變得更容易，空氣中瀰漫著投機的氣息。我們從經濟的低迷和蕭條時期，進入了真正的活躍階段。投機活動在高利率、工資提高和其他常見的徵兆中逐漸發展。在經歷過幾年的好日子後，鏈條中最薄弱的環節承受著過度的拉力。然後經濟崩潰，在股市和商品市場的價格出現了蕭條的預兆，隨後是飆高的失業率。這種時候，通常銀行的儲蓄存款會增加，但是完全沒有資

金可用於投資。

漢彌爾頓告訴我們，不要試著利用道氏理論去預測熊市的低點交易日：「股市晴雨表無法告知任何人，熊市轉向牛市的絕對轉折處在哪裡。」

1921年9月18日，當指數從熊市的低點上漲了不到5點時，漢彌爾頓在《霸榮周刊》的一篇文章中寫道：

目前市場的走勢面臨有關的實例和檢驗。有人向我挑戰，要求我提供股市晴雨表預測價值的證據。由於歐洲金融陷入混亂、棉花產量太低、通貨緊縮產生不確定性、我們的立法者和稅務人員毫無原則地進行投機、戰後的通貨膨脹，諸如失業、煤礦工和鐵路工領不到多少薪資等等，這些不利因素都籠罩在現在的國家經濟上，但是股市卻已經表現得彷彿已經看到一些利多因素。一直有人說，這次從1919年10月底11月初開始的熊市，在1921年的6月20日創下低點，當時二十支工業股指數是64.90點，二十支鐵路股指數是65.52點。

然後在幾天之後的《華爾街日報》上，他的評論又寫道：

不只一位記者在本報撰文，提醒讀者注意這令人不滿的狀況，並由此發出疑問，為什麼針對9月21日的指數走勢研究，認為股市價格似乎正在為進入長期上升的牛市做好準備？能列

出的所有理由都是悲觀的論調，例如：德國的企業倒閉、鐵路運輸的價格和工資、關稅和稅收的不確定性，還有遲鈍的國會沒有考慮這些事情的常識。對這個問題的回答是，股票市場已經反映了所有資訊，股市所包含的資訊來源，比任何一個評論者所能掌握的資訊來源都要大得多。（1921年10月4日）

根據上述這些預測，作者當時就買進了一些股票和債券，後來成功讓我擁有資金，買下一處住宅和用於商業投資。而商業投資的獲利可以讓你享受舒適的生活，或是在政府醫院中退伍軍人聯絡站的病房裡度日。這些成功的預測，激發了後來許多年很多人對指數的研究學習，使得追尋原本看得到卻摸不著的東西，成了引人入勝又能帶來獲利的消遣。

1921年的深秋，漢彌爾頓收到一封信，詢問他推斷的理由。漢彌爾頓解釋，成交量少、市場橫向整理，市場對壞消息的漠視以及不再反彈拉回，這些全都顯示最糟糕的時刻已經過去，同時，漢彌爾頓認為指數的每日走勢特徵證明了他的推斷。

本章最後面的線圖，是在研究熊市底部平均值的特徵時繪製的。把九個熊市的終止順序排列在一起，每日走勢按比例繪製，所以每個時期每條線的低點為100；因此，價格上漲的範圍將自動轉換成高於低點的百分比。

然後根據這些時期的成交量，來思考這種排列。結果發現，這九個熊市中有七個結束時的谷底，持續時間從六十至九十天不等，其中每條指數在平均價格約3%的範圍內移動，

但是兩個指數不一定會同時移動。在另外兩個熊市，該價格範圍約為5％。

在其中六個低谷中，成交量在低點出現之前的幾個月內穩定減少，但在其他三個時期，假設交易極其平淡，以此為指標可能會產生誤導。

已有很多文章寫過關於熊市結束時的「雙重底」。確實，「雙重底」現象有時會在熊市的底部發生，但是假如把「雙重底」當成一個判斷的指標，就幾乎一定會出錯。那些不斷提出「雙重底」的人並沒有考慮到在熊市中，不是底部的地方也會有很多「雙重底」出現。仔細察看熊市中出現的所有「雙重底」就會發現，有一些「雙重底」確實是在價格的低點發生，但卻不是熊市的結束。這時候，指數的走勢有更大的作用，當一個指數的低點沒有得到另一個指數的印證時，對可能發生趨勢的變化有很重要的輔助價值，甚至具有決定性的意義。

預測下跌趨勢的價格走勢，似乎比預測上升趨勢的價格走勢要容易一點。至少，在市場探底，肯定要比抓準市場的頭部容易一點。

研究指數的人如果能在價格從低點上漲10％之內抓到市場的底部，確實很走運。但是，在上漲20％之前，對於所有熟悉道氏理論應用的人來說，趨勢變化其實非常明顯。

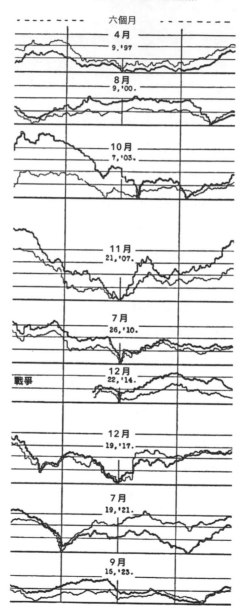

道瓊每日指數
九次熊市的六個月谷底

比例尺：最低點為100

粗線：工業指數　細線：鐵路指數

六個月

4 月
9, '97

8 月
9, '00.

10 月
7, '03.

11 月
21, '07.

7 月
26, '10.

戰爭

12 月
22, '14.

12 月
19, '17.

7 月
19, '21.

9 月
15, '23.

THE DOW THEORY

技術分析世紀經典——道氏理論

第九章

主要牛市

　　主要牛市是由整體向上的走勢和顯著的拉回所組成。牛市的平均持續時間可以長達兩年以上。在這段時期，由於經濟環境改善帶動投資和投機活動，促使股票成交量增大，推動股票價格大幅攀升。牛市主要是由三個階段構成：第一階段是人們恢復對未來經濟好轉的信心；第二階段，股票價格充分反映上市公司的獲利狀況有所改善；第三階段是通膨率升高，市場熱衷於投機，此時股票價格的飆漲，則是因為投資人的希望和預期。

　　道氏理論只是一個運用常識的方法，透過對所記錄的道瓊鐵路和工業指數的每日價格波動所做的研究，得出對未來市場趨勢的有用推理。在金融投機的冒險生涯中，如果能透徹了解道氏理論，那麼在熊市結束和大牛市形成時就會很有用。

　　漢彌爾頓似乎很善於抓到市場的底部，他總是說，比起在

上升波段摸頭，探底要來得容易得多。漢彌爾頓在金融方面的智慧，無疑是他成功的主要原因之一。但是的確有一些能力稍差的人，即使沒有什麼特殊的知識，只是正確地理解如何應用指數，就能在正確的時候成功應用道氏理論。

如何找到安全的進場時機

在寫牛市和熊市時一定要記住一件事，在市場中，牛市第一階段與熊市最後的次級反彈之間的區別並不明顯，只有經過一段時間的驗證之後才能確定。同樣地，對於熊市的第一階段，首先應該看作可能是牛市的次級拉回。所以，只要討論熊市的結束，就一定要包含隨後發生的牛市走勢。在前一章中，我們討論過熊市結束時的典型現象，這裡只需要再次指出，在熊市的結束時期，市場似乎不再受到進一步的壞消息和悲觀情緒的影響。

而且，在劇烈下跌之後，市場似乎失去了反彈的能力，而表現出市場已經達到一種均衡狀態，投機活動處於低潮。賣方對價格的壓力無法產生作用，但是還沒有出現足夠的需求以抬高價格。市場因缺乏股民的大量參與而變得低迷。悲觀盛行，公司沒有配發股利，一些地位重要的公司出現財務困難，還會伴隨明顯的政治動盪。因為這些情況，股市會走出一條盤整區間。

然後，在這個區間確定會向上突破時，鐵路和工業指數的單日波動就會顯示出確定的趨勢性，上升波動的底部會逐步拉

THE DOW THEORY

技術分析世紀經典——道氏理論

抬，而隨後的下跌也不會跌破先前低點。只有在這時候而不是在之前，一個投機買進的位置才會明顯地顯示出來。這個時候需要耐心，如果在價格大幅上升之後，出現大幅度的拉回，而這個拉回沒有跌破熊市的低點，後續的一系列上升波段卻突破了熊市前一次的主要反彈高點，這時候就是股市比較安全的進場時機了。

有些讀者也許會問，為什麼1930年春季的次級反彈，表示的不是熊市的結束和新牛市的開始？其中一個答案是，學習指數的人都知道，牛市不會以激烈的反彈為開端。此外，在熊市的初始階段，下跌後反彈25%，甚至100%，都並非沒有先例。關於牛市的開始，已經有許多文章討論過了。

以下摘錄的文字，討論的是牛市從很低的基礎開始上漲：

前一次的熊市，已經使股價遠低於被承認的內在價值，這是因為股票交易所在某個價格能供給市場，而其他市場卻完全消失了。這是股市晴雨表的部分效應，股市絕對是第一個感受到普遍賣壓。

牛市的第一階段，是股票回歸其公認價值的階段。牛市的第二階段，通常是最長的階段，隨著整體商業環境的改善，市場對這些價值進行調整，這裡也最容易頻繁見到期間最長、最能使人受騙的次級拉回。牛市的第三階段，大眾的信心不僅反映了股票的現有價值，還反映了對未來可能性的期望。（1923

年6月25日）

下面這一段話指出，在漫長緩慢的上升過程中需要耐心，並且在健全的牛市中需要勇氣面對猛烈的次級拉回：

從指數中得到驗證，多年的經驗顯示廣泛的牛市運動，持續一年或更長時間，相較於偶爾顯著的拉回，上升的速度看起來相對緩慢。同樣地，在熊市中，猛烈的反彈也是正常的。（1910年3月19日）

華爾街基金公司的業務，就是以低於其真實價值或在合理的時間內低於未來實際價值的價格購買股票，最終以更高的市場水準出售。如果這些擁有投資管理知識的人，具有在這方面使用智慧和技能的能力，那麼他們所做的，就像是商人在不景氣導致原物料價格低迷時，購買大量棉布等棉質商品一樣。

商人預期以後可以在上漲市場中，出售他購買的產品。當華爾街的基金公司認為股票價格遠低於內在價值，考量過前景和獲利能力後，就開始低調地買進。漸漸地，大眾意識到股票價格不再下跌，並且發現悲觀的態度使股票價格降得太低，這時股民開始進場，優質股票的供應量減少、價格上升，進而確立了牛市。然而，漢彌爾頓提醒我們，主要趨勢的逆轉絕對不是突然發生的，因為：

促使主要類別產生大規模上升或下跌走勢的條件,實際上幾乎不會在一夜之間改變,無論第一次復甦看起來有多鼓舞人心。(1910年7月29日)

這段關於道氏理論的討論,目的在於界定其對交易者的實用性,而非將之作為商業預測工具。作者並不打算試圖改進漢彌爾頓的傑出著作《股市晴雨表》,該書的目的在於解釋指數的變動可以當成商業的晴雨表,但那些學習將理論應用於投機的人,同時也會發現到,可以將道氏理論的實用性,當作可靠的商業活動趨勢指標。

漢彌爾頓承認在抓市場的頂部時通常會遇到困難:

正確地預測市場的頂部比底部要難很多。在經過長期的熊市之後,指數和實際營收反映的價值之間、股利和資金價值之間的背離,會很明顯地顯現。但是,在經過長期上升之後,許多股票仍會在其內在的價值範圍內買賣。有很多還沒有被反映的可能性。還有也許是因為環境的複雜性,或是更實際來說,是由於晴雨表對未來總體的憧憬和預期的穩定,市場價格會在距離頂部很小的範圍內,不定期地波動。確實可以說有這樣的例子,市場在距離頂部很近的區間範圍內波動了近一年,然後才劇烈地下跌形成熊市。(1926年2月15日)

精確地預測主要走勢的頂部,已經超出了所有晴雨表的能

力範圍。當缺乏過度的市場投機時，更增加了預測的難度。
（1923年6月13日）

　　漢彌爾頓的意思是，若沒有了過度的投機活動，即使是一個合格的指數學習者，也會很容易以為一個下跌走勢，只不過是牛市的次級拉回而已，但是後來卻被證實是熊市的第一次下跌。

　　漢彌爾頓喜歡用華爾街的格言，來明確表達他的觀點。一次在接近市場頂部的指數討論中，漢彌爾頓寫道：「華爾街經驗豐富的交易員說，連電梯服務員和擦鞋童都在問有沒有牛市推薦個股時，這就是該賣出股票去釣魚的時候了。」在許多牛市接近尾聲時，漢彌爾頓經常警告他的讀者說：「樹木不會長到天上去。」

　　在1929年春季牛市的最後一次上漲之前，漢彌爾頓承認從指數看，毫無疑問牛市仍在繼續攀升，但是他明確地警告讀者，要把股市的利潤落袋為安，趕快離場。漢彌爾頓寫道：

　　應該問問自己，人們是不是以比價值高出許多的價位購買股票，是不是根據自己的期望而購買股票，而且已經等得不耐煩了。(1929年4月5日)

　　在1909年股市達到最高點的前幾天，漢彌爾頓呼籲：

　　絕對不要忘記，雖然國家經濟空前繁榮，但是股市的價格

不會永遠上升。對於一個至少部分基於過度膨脹而創出歷史新高的上升走勢，當其頭部太過沉重而發生市場崩潰時，通常是不可避免的市場反應。（1909年8月24日）

漢彌爾頓曾多次表達他的信念：

即使經濟情勢依然被看好，市場最終會轉向（下跌），而且經濟不久也會轉向。（1922年4月6日）

1929年經濟學家指出，牛市終結之前，經濟就已經衰退了。也許這是真的，但是比起給其他市場的壓力鍋施加的壓力，牛市給股市這個壓力鍋施加了更大的壓力。

不管是否能證明股市在預測1929年經濟的轉向上具有可靠性，毫無疑問的是，股市在10月的確給出了股票價格趨勢已經反轉的證據。那些有足夠能力應用道氏理論、學會成功交易次級走勢的投資人，就會在9月份將手上的股票賣出。許多人的確這麼做了。而沒有賣出的人，後來只能懊悔沒有更信任道氏理論，更甚於自己的判斷。

從1897年開始的道瓊指數全部牛市紀錄來看，最簡單易懂的，就是指數在1929年出現的頂部反轉。

所有通膨常見的跡象都出現了。股票成交量超大；經紀人貸款創新高，而且經常創新高；短期利息非常高，使得許多公司都發現有利可圖而把庫存變現，然後把所得現金注入華爾街

以牟取暴利；有很多不光彩的聯合投機活動；繳納交易手續費的辦公室外掛著「只有站位」的牌子；績優股分配的股利比最好的債券還要差；不論其內在的價值和獲利能力如何，價值不佳的垃圾股，股價也漲翻天。

整個國家都處在股票狂熱的投機中。交易老手回憶起那幾個月，想著自己怎麼會如同被「新時代」的觀念麻痺了一樣，在必然的股市崩盤中被套牢。那些明智的銀行家本來可以讓投機者傾聽他們的意見而解救危機，但卻被當成鼓吹破壞的壞傢伙而被聲浪淹沒；而另外一些在歷史上被列為「詐騙犯」的銀行家，在當時卻被吹捧為超人。

雖然有這麼多的市場騷動，道氏理論也沒有動搖。在1929年春天，指數顯示股票的供給和需求相等，這就是說有重要的勢力在大量賣出手中的股票，而另一股勢力則是在吸收市場上的股票。然後指數又宣告買方的力量已經超過了賣方的力量，兩種指數都創出新高，股票市場在攀升的途中愉快地向上跳躍著。道氏理論指出壓力鍋裡已經有了足夠的蒸汽，來推動股票價格再次上揚。

在5月12日到6月5日，股市出現了很像顯著下跌的走勢，但是事實上，成交量在股票上升時趨於增加，而在股票價格下跌時卻在減少。道氏理論對這種現象的解釋，顯示這次的走勢，不過是牛市中的次級拉回而已。

牛市的高點出現在1929年9月3日。從9月3日到10月4日，又發生了一次價格下跌，看來似乎只是又一次牛市中的拉

技術分析世紀經典——道氏理論

回。但是，隨後在10月5日發生的上升走勢中，股票的成交量降低了，而且在隨後的八個交易日中，學習道氏理論的人都能從走勢圖中看出，在市場這個壓力鍋裡的蒸汽，已經不足以推動價格的進一步上升，因為在股價上升時，其成交量卻在持續降低，市場的回升只達到了較低程度的熊市反彈而已。

這麼一來，對於研究道氏理論的人來說，已經有了明確的出貨信號，就是在工業指數350點時出貨，這個價位離最高點相差不到10％！而對於那些沒有出貨的人，市場每天都給出更為強烈的警告，因為成交量隨著股價的下跌而不斷增加。而在10月20日結束的那一周，市場終於跌破了10月4日的價格低點，對於讀懂指數的人來說，股市已經毫無疑問地進入熊市了。

漢彌爾頓筆下對市場主要走勢變化的最後一次預測，就是宣布1929年9月開始的大熊市到來。隨著指數的形態每天都在顯現，漢彌爾頓對此有種很明顯的不祥之感。他在1929年9月23日《霸榮周刊》上研究價格走勢的文章，表示指數形成了一條盤整區間。1929年10月21日，《霸榮周刊》提醒，那時為止的一系列上升和下降波動充滿熊市的味道。1929年10月25日，一篇現在已經非常著名的評論〈趨勢的反轉〉刊登在《華爾街日報》上：從9月以來的市場下跌可以看出，這很明顯是熊市的第一階段。漢彌爾頓在幾周後突然辭世，他最後一次關於市場趨勢的預測，是他最為成功的一次股市預測，這麼說一點也不為過。

第十章

次級走勢

為了方便討論，我們將次級走勢定義為牛市中的重大拉回，或者在熊市中的重大反彈。次級走勢通常的持續時間是三周，甚至數月。當這些次級走勢進行價格拉回時，通常會回到前一次主要走勢價格變化幅度的33％到66％。這些次級走勢出現時，常使人們誤以為是主要趨勢發生了轉變。原因非常簡單，牛市第一階段的上漲走勢，與熊市中的反彈走勢，表面看起來總是相似得驚人。而相反的情況，熊市第一階段的下跌與牛市中的拉回，表面上看起來也非常相似。

次級走勢對於股票市場的必要性，就像蒸汽鍋爐不能沒有安全閥一樣。對保證金交易者來說，最大的危險就是次級走勢，而指數的學習者如果能識別次級走勢，並且將其與趨勢反轉區分開來，就能夠得到最好的獲利機會。漢彌爾頓說：「牛市的保護措施之一就是次級走勢，對於抑制市場過度投機效果

技術分析世紀經典──道氏理論

最好。」

當市場在進行次級走勢時,「次級走勢將會走多遠」是一個經常會被問到的問題。從指數的角度來看,合理且可靠的說法是:重大的次級走勢,一般是主要走勢被打斷後的趨勢行程的三分之一到三分之二,也可能會更多。這樣的概論非常有用。但是假如想要把次級走勢的持續時間精確化,這樣的總結就注定無效,就像氣象預報人員要精確地預報某一特定時刻的降雪厚度會是3.5英寸一樣,這注定無法成功。氣象預報人員一般可以正確地預報將要發生的降雪和大致的日期,卻不可能準確地預測暴風雨出現的時刻和降雪的厚度。就這一點來說,道氏理論的研究者和氣象預報人員非常相似。

有很多種原因會造成市場的次級走勢,最重要的是熊市中的超賣和牛市中的超買。這種狀況隨著市場主要走勢的發展會越來越嚴重,人們通常把這稱為市場的「技術狀態」。次級走勢的發生,通常會被認為是某個特定的消息造成的,但真正的原因是市場本身的脆弱。

在一個穩健牛市的發展過程中,會有更多投資人進場買股票。他們之所以進場,是因為希望未來能在更高的價格賣出,但是股票市場將來一定會出現賣方多於買方的情況。專業投資人總是密切關注這種情況的出現,然後就會在市場中全力放空,導致市場充滿了空頭部位,這種時候小散戶則會因為恐慌而賣出他們的股票,因此加重趨勢的反轉。專業投資人和散戶同時賣出,導致股票價格重挫。通常在一個長達數星期的牛

市，過程中會出現許多天的拉回。市場中一些不佳的買進部位，會因為這樣的劇烈下跌，導致只賺取微利就賣出並退場。這樣會使得股票的價格下跌至某個價位，讓精明的投資人開始買進，以賺取下一次的漲勢。

熊市的情況則正好相反。希望和需要獲得現金的投資人清空手上的股票，導致股市的價格愈來愈低。而專業投資人在發現市場向下的空間比向上的空間還要大時，他們就會賣出，加速股票市場下跌，最終導致市場跌破了抵押擔保的價值。

由於市場的空單餘額過多，而且精明的投資人發現市場的賣壓已經到了盡頭，至少在他們發現的時候是如此。他們開始為必然的反彈買進股票，光看指數就知道，這種反彈會定期發生。1910年7月29日，當這種情況出現的時候，漢彌爾頓寫道：「正常的反彈走勢現在似乎已經開始了，40％的跌勢很快就會被收復。但是，反彈之後的市場交易會變得清淡，絕大多數的專業投資人都會在這時把股票賣出。因為在他們看來，市場現有的買方力道，還不足以確認此時真的已進入牛市了。」

報紙通常會在新聞報導中把股市的這種狀況，稱作「賣空逃亡」。放空者平倉迅速，而且經常會轉為短線買進，再加上那些並不明智的投資買盤，導致整個市場快速上揚。這樣的反彈會一直持續到市場的買盤力道減弱，這就是在反轉處買進的人獲利了結的時候。因為古老的供需法則作用，股價會再次下跌，直到需求再次超過供給才會停止。當股票市場在恐慌和半恐慌的氣氛中下跌時，銀行和其他的力量為了支撐市場，會買

進一些股票,等到股價開始上升後,再小心翼翼地將這些股票
賣出。

漢彌爾頓在1909年5月21日評價過這樣的行為:「成交量
的減少可能有許多種意義,在華爾街最常引用的一句老話是,
絕不要在低迷的市場裡放空。這句忠告也許對的時候比錯的時
候多,但是對於長期持續的熊市波段,它就一定是錯的。在這
樣的熊市波段中,趨勢的特點是上漲時交易變得低迷,而下跌
時交易變得活躍。」

人們總是會對次級走勢感到困惑,漢彌爾頓也經常提到他
的疑惑:「牛市中的次級走勢很難預測,有的時候它的表現甚
至非常容易使人誤入歧途。」次級走勢會不斷地產生各種假
象,並被誤認成主要走勢即將扭轉的預兆——例如從牛市轉為
熊市。而正是因為股市投資人對此也有疑慮,次級走勢可以對
整個股票市場產生非常重要的保護作用。1924年9月11日,
漢彌爾頓在分析次級走勢時聲稱:「我們從二十多年來對這個
問題的探討中可以知道,那些從牛市主要走勢的特徵中總結出
的規律,並不會影響股票市場中的次級走勢,這是表面上的情
況。牛市的拉回和熊市只是方向相似,但性質上並不相同。」

在牛市中,當上漲受到的壓力過大時,就會發生次級走
勢,就像沸騰的蒸汽鍋爐在壓力即將超過安全係數的時候,會
從安全閥中排壓一樣。漢彌爾頓在1922年11月3日說明:

一個科學的系統不包含經驗主義和騙術，在研究這樣的一個系統時，我們不應該忽視牛市中存在次級走勢的原理。

　　我們曾經說明過，因為市場發展而產生的次級走勢，不可能在發生前就被預知到。次級走勢對抵銷市場中的超買非常有價值。因此，股票市場最有價值的服務，就是讓市場價格回歸到更安全的程度上，直到市場已有但暫時還無法確切判斷的利空被徹底理解為止。的確，我們幾乎可以這樣說，只要理解了熊市，就可以消除熊市的效應。

識別次級走勢，找到多空良機

　　在熊市交易清淡、疲弱的時候，一般都是最適合放空的良機，因為股市隨後往往會發展成猛烈的下跌走勢。但是，在經歷劇烈下跌之後，股票市場會因此進入半恐慌的崩盤狀態中，選擇在這個時候回補空頭部位是明智的選擇，甚至還可以趁著這個時機，新開多頭部位。另一方面，當平靜而穩健的股票市場交易開始活躍，並出現上升趨勢時，就是可以買進的時候，而在隨後市場動力和交易活躍度仍在不斷上升時則可以出場，或是在成交量上升而市場卻不再繼續上漲時出場。

　　然而，在多頭市場中放空的投機人只是猜測次要走勢，而在此時放空獲利的機率非常小。對於投機者來說，更好的選擇是在上漲階段獲利了結之後就出場，等待市場回升，直到回漲之後必然緊跟的交易清淡期，這時再進場買股票。回漲後的交

（左側直排文字）

THE DOW THEORY

技術分析世紀經典——道氏理論

易清淡期,讓小散戶和經驗豐富的專業投資人可以在同樣的價位進場。

次級走勢的一些特徵是人們可以識別的,但還有一些特徵連股市交易專家也無法預期。人們普遍認為,根本不可能精確預期次級走勢的起始點。所有和主要走勢方向相反的盤中走勢,都可能是次級走勢的徵兆。通常在股市處於恐慌和半恐慌的崩盤時,從成交量依然持續增加,可以判定反彈開始了。股市成交量會在主要走勢的最後一天達到最高峰,也可能是在反彈的第一天或是第二天達到最高峰。

可以肯定的是,次級走勢的速度一定比前一次的主要走勢更快。漢彌爾頓發現了這一點,他寫道:「熊市中的反彈往往無法預估而且非常猛烈。反彈過程所用的時間,會比下跌同樣程度所用的時間短。牛市中的拉回也是這樣。」通常一個走了幾個星期的主要走勢,會在幾天內又反彈回到原點。

在研究指數的時候,觀察過去幾年的線圖就可以發現這樣的走勢,看到這種走勢的相似性,應該能夠合理地確認次要走勢和主要走勢之間的差異。當牛市到達頂峰,平均股價指數突然下跌時,這種轉向並不會特別劇烈;另一方面,從熊市底部開始一輪新的牛市時,漲勢通常會比較緩慢,同時伴隨小幅的拉回,並且在拉回時成交量也會顯著降低。

次級走勢的開始與結束

次級走勢的開始常常以指數在幾天內的走勢為預兆，其中鐵路股和工業股不再相互印證彼此的方向，但這個特徵不能被視為規則，因為它在大多數牛市的高點和熊市的低點時也很明顯。

漢彌爾頓在1921年12月30日撰寫的社論中評論次級走勢：「華爾街的一條古老格言是：『絕不要在低迷的市場裡放空。』熊市中的反彈很劇烈，但是當市場在復甦後變得清淡時，經驗豐富的投資人會明智地再次放空。在牛市中則正好相反，如果市場在次級走勢後變得清淡，投資人就會買進。」

重要的次級走勢通常會繪製出一種模式，其中反向走勢是用兩個或三個階段完成的，當然，工業股和鐵路股指數通常在這些走勢中相互印證。為了說明這一點，以下將解釋分別代表指數次級走勢的上漲和下跌：

牛市中正常次級走勢的一個典型例子，是1928年5月14日之前漲了一段之後；當日工業股指數為220.88點，5月9日鐵路股的高點在147.05點。9日和14日之間，兩個指數沒有相互確認。到5月22日，工業股指數跌至211.78點，鐵路指數跌至142.02點，隨後反彈至6月2日，工業股跌至220.96點，鐵路股跌到144.33點才止跌。

6月12日，工業股指數為202.65點，鐵路股指數為184.78點。下跌過後上漲了兩天直到6月14日，當時工業股指數為210.76點，鐵路股指數為188.10點。隨後，6月18日市場出現

拋售，工業股跌到201.96點，鐵路股跌到188.51點，但成交量曲線一直在穩步下降，最低點略高於100萬股，而數月以來200萬至400萬股的成交量一直是正常的。這種下降已在通常的次級走勢範圍內結束。

熊市中典型的次級走勢，發生在1981年6月和7月。自2月24日以來的長期下跌，導致工業股指數從194.36點跌至6月2日的121.70點，鐵路股指數從111.58點跌至6月3日的66.85點。隨著低點接近，成交量開始穩定成長。工業股指數於6月4日反彈至184.79點，隔天工業股指數升至76.17點；隨後，6月6日，工業股指數跌至129.91點，鐵路股指數跌至73.72點，隨後於6月13日分別反彈至187.08點和79.65點。

到了6月19日，指數分別為180.31點和74.71點，此後出現了最終的反彈，工業股指數在6月27日上漲至156.93點，鐵路股指數上漲至88.81點，是這次的高點。成交量曲線顯示，在達到高峰之前，成交量連續幾天減少。這次反轉持續了大約四個星期，在此期間，工業股回升了45％，鐵路股回升了2月24日之後首次跌幅的48％，這一天是上一次反轉達到最高點的日期。

牛市次級走勢的一個共同特徵是，低點通常伴隨著相當大的成交量，然後市場通常會在成交量不變或略有下降的情況下上漲一、兩天，然後進一步下跌，但未能突破前低。如果在這個下跌的過程中成交量明顯減少，那麼可以合理地假設次級走勢已經結束，主要的牛市趨勢可能會恢復，但前提是次級走勢

被認為已經走完正常程序，這應該介於自上一次重要的次級走勢以來主要走勢的33％到66％之間。

本章稍後將以百分比的方式，呈現對次級走勢程度的分析。重點是，每位交易者在檢視次級走勢時應該隨時考慮成交量。與某些其他特徵相比，成交量的相關性在意義上並不像其他方面那樣一致，但若要確定次級走勢中何時可以安全地買進股票，或在主要趨勢向下時是否應該賣出時，考慮這一點絕對是有價值的。

每當價格在熊市中突破到新的低點，或在牛市中達到新的高點時，通常可以安全地假設主要趨勢將會保持相當長一段時間。但每位交易者都應該記住，從這些新的高點或低點，可能會迅速發生次級反應。接下來將證明，這種必然發生的次級走勢，其幅度可以相當合理地界定出來，包括它的持續時間，但通常需要三個星期到三個月的時間才能完成，對於使用保證金進行交易的人來說，這段時期會相當焦慮。

在這樣的時期，人們常常聽到「雙重底」和「雙重頂」的說法。只要價格在由主要走勢限制的方向所定義的範圍內移動，並在另一個方向受次要走勢可能影響的範圍內，交易者通常處於「無人之境」。正是在這些時期，「盤整區間」最容易出現。

次級走勢相對容易描述，但不容易精確定義。有時可能以盤整區間開始或結束，有時則不是。如果先前的主要走勢速度很慢，那麼次級走勢可能會很快，而合理清晰的區間可能是每個超過八周的次級走勢相當一致的特點。

幾年下來，漢彌爾頓對於次級走勢的持續時間和幅度有很多觀點。有興趣研究他所有社論的人會發現，他寫了許多評論典型次級走勢特徵的文章，以下的摘錄是他對這個主題想法的典型例子。幾年前，他指出次級走勢：

　　正如過去二十五年的歷史所顯示的，反彈經常達到跌幅的60％。之前支撐市場並幫助小散戶的強大買盤，在反彈期間會賣出之前被迫買進的股票。市場未來的走向取決於市場吸收這些股票的能力。在這種幾乎自動的恢復之後，在半恐慌性下跌之後，市場通常會再次下跌，每日緩慢地下跌，而且接近最初賣出狂熱所建立的先前低點。這並不表示這樣的下跌必然代表主要走勢的結束，雖然這種事確實發生過。（1926年3月4日）

　　與重挫不同的是，在一次真正的股市恐慌後，指數總是呈現出一個規律的走勢，其中約有40％到60％的跌勢會漲回來，隨後因為用於在恐慌時進行保護的股票被出售，而再次失去回漲的動能。（1907年12月25日）

　　市場在大跌之後連續上漲40％或更高，隨後股市的拉回速度會較慢，而且上漲或下跌都會有小幅波動，就像鐘擺一樣向下走，直到達到平衡為止。在市場恐慌性崩盤之後，這種情況並不罕見。（1910年9月20日）

經過多年的考驗，指數顯示在長期上漲後的下跌，通常能夠回漲大約一半，然後市場在前低和回漲點之間來回移動，直到新的動能產生為止。（1906年4月16日）

上述評論為筆者對次要走勢進行大量研究提供了靈感，毫無疑問地證明了漢彌爾頓的觀察是正確的。這項研究是在非常清楚的前提下進行的：任何人都無法嘗試對道氏理論中有關次級走勢的持續時間和程度，進行精確的數學解釋。如前面所說，道氏理論是經驗性的，不能用數學計算來定義。然而，正如氣象局多年來的紀錄有助於天氣預報一樣，對市場次級走勢的持續時間和程度的觀察，也對研究未來市場發展有一定的用處。

關於各種走勢的詳細資料

在道瓊記錄的三十五年來，鐵路和工業股票平均指數波動的歷史中，針對該如何選擇和彙整重要的次級走勢的規則，也許沒有任何研究者能達成一致意見。作者嘗試了多種不同的次級分類方式，每種方式都需要長達數周的繁瑣工作，但沒有任何一種方法能夠產生完全令人滿意的結果。其中一個測試將所有持續時間不超過十五天的反應，歸類到可忽略範圍，結果是許多真正重要的動向被排除，而微不足道的動向則被保留了下來。

然後，時間因素被忽略，導致平均價格變動不到5％的反應都被排除。然後，百分比被提高到7.5％，然後再次提高到

10％，但每種方法總是排除真正重要的走勢，但許多微不足道的小走勢卻被保留了下來。最終，發展出一種選擇方法——這種方法太複雜，無法在此詳細描述，但似乎消除了次要的走勢，並保留了重要的走勢。

三十五年來的漲幅和下跌情況被整理成表格，如表1所示；根據表中的日期和價格，制定了表2和表3，顯示牛市和熊市中主要和次級走勢的詳細資訊。然後這些資料被合併以及平均計算，並得出以下結果：

在熊市中，主要走勢的平均持續時間為95.6天，而次級走勢的平均持續時間為66.5天，即為前一主要走勢所花時間的69.6％。在牛市中，主要走勢的平均持續時間為103.5天，而次級走勢的平均持續時間為42.2天，即主要走勢的40.8％。

漢彌爾頓經常說，次級走勢通常持續三周至幾個月。在測試這一規則時，發現熊市中有65.5％的反應在20至100天之間結束，平均為47.3天，其中45％的反應在25至55天內達到反向走勢的極點。至於牛市的對應資料顯示較小的百分比，即60.5％的次級走勢在20至100天的範圍內結束，平均持續42.8天，其中44.2％的整個反向走勢持續時間為25至55天。

漢彌爾頓經常表示，他相信次級走勢通常會回吐前一個主要走勢的40％到60％。在確認這個信念時，他發現在熊市中，所有次級走勢的平均拉回為前一次主要跌勢的55.8％，其中72.5％次級走勢的反彈幅度不低於前次主要下跌的三分之一，也不超過三分之二。所有反彈平均漲回到上一個主要走勢的

49.5％。

　至於在牛市中，所有次級跌勢的平均回漲為前一次主要漲勢的58.9％，但只有50.0％的這些下跌在回漲前次上漲的三分之一至三分之二後結束。在這樣結束的次級走勢中，回檔平均為54.9％。

　在熊市和牛市中，次級走勢的特徵有足夠的相似性，可以考慮視為一體，而非認為它們各有不同的特徵。以這種方式來看，在被重要的次級走勢中斷之前，所有主要走勢的平均持續時間為100.1天。所有次級走勢的平均持續時間為52.2天，平均反轉為前一次主要走勢的57.6％。

　如果我們能說，絕大多數的次級走勢會在反轉約57％的恢復點結束，那麼投機就會變得容易。可惜的是，詳細的分析顯示，7.1％的走勢在反轉前一次主要走勢的10％至25％之間結束；25.4％在反轉25％至40％之間結束；18.8％在反轉40％至55％之間結束；26.7％在反轉55％至70％之間結束；8.5％在反轉70％至85％之間結束，其中14％的次級走勢反轉都超過85％。

　在考慮次級走勢時，時間通常是有用的，因為78％的次級走勢在55個交易日內結束，其中60％的反轉走勢在25至55天之間終止。

THE DOW THEORY
技術分析世紀經典——道氏理論

表 1　重要的主要及次級走勢：道瓊工業指數

走勢	日期	價格	日期	價格	日期	價格	日期	價格	日期	價格
下跌	Apr. 19, '97	88.49	Nov. 29, '09	95.89	Apr. 11, '18	75.58	June 12, '22	90.73	June 18, '28	201.96
拉回	Sept. 10, '97	55.82	Dec. 29, '09	99.28	May 15, '18	84.04	Sept. 11, '22	102.05	Sept. 7, '28	241.72
下跌	Nov. 8, '97	45.65	Feb. 8, '10	85.08	June 1, '18	77.93	Sept. 30, '22	96.30	Sept. 27, '28	236.87
拉回	Feb. 5, '98	50.23	Mch. 8, '10	94.56	Sept. 8, '18	83.84	Oct. 14, '22	103.43	Nov. 28, '28	295.62
下跌	Mch. 25, '98	42.00	July 26, '10	73.62	Sept. 11, '18	80.46	Nov. 27, '22	92.03	Dec. 8, '28	257.33
拉回	June 2, '98	53.36	Oct. 18, '10	86.02	Oct. 18, '18	89.07	Mch. 20, '23	105.38	Feb. 5, '29	322.06
下跌	June 15, '98	50.87	Dec. 6, '10	79.68	Feb. 8, '19	79.15	May 21, '23	92.77	Mch. 25, '29	297.50
拉回	Aug. 26, '98	60.97	June 19, '11	87.06	July 14, '19	112.23	July 31, '23	97.66	May 4, '29	327.08
下跌	Oct. 19, '98	51.56	Sept. 25, '11	72.94	Aug. 20, '19	98.46	Aug. 29, '23	86.91	May 29, '29	293.42
拉回	Apr. 25, '99	77.28	Apr. 26, '12	90.93	Nov. 3, '19	119.62	Aug. 29, '23	98.70	Sept. 3, '29	381.17
下跌	May 31, '99	67.51	July 12, '12	87.97	Jan. 3, '20	103.60	Oct. 27, '23	85.76	Nov. 13, '29	198.69
拉回	Sept. 5, '99	77.61	Sept. 30, '12	94.15	Feb. 25, '20	89.98	Feb. 6, '24	101.31	Apr. 17, '30	294.07
下跌	Dec. 18, '99	58.27	Mch. 20, '13	78.25	Apr. 8, '20	105.65	May 20, '24	88.33	June 24, '30	211.84
拉回	Feb. 5, '00	68.36	Apr. 4, '13	83.19	May 19, '20	87.36	Aug. 20, '24	105.57	Sept. 10, '30	245.09
下跌	June 23, '00	53.68	June 11, '13	72.11	July 8, '20	94.51	Oct. 14, '24	99.18	Dec. 16, '30	157.51
拉回	Aug. 15, '00	58.90	July 8, '14	83.19	Aug. 10, '20	83.20	Jan. 22, '25	123.60	Feb. 24, '31	194.36
下跌	Sept. 24, '00	52.96	*Dec. 24, '14	53.17	Sept. 17, '20	89.95	Mch. 30, '25	115.00	June 2, '31	121.70
拉回	Nov. 20, '00	69.07	Jan. 23, '15	58.52	Dec. 21, '20	66.75	Feb. 13, '26	162.08	June 27, '31	156.93
下跌	Dec. 8, '00	63.98	Feb. 24, '15	54.22	May 5, '21	80.03	Mch. 30, '26	135.20	Oct. 5, '31	86.48
拉回	Dec. 27, '00	71.04	Apr. 30, '15	71.78	June 20, '21	64.90	Aug. 14, '26	166.64	Nov. 9, '31	116.79
下跌	Jan. 19, '01	64.77	May 14, '15	60.38	Aug. 2, '21	69.95	Oct. 19, '26	145.66		
拉回	May 1, '01	75.93	Oct. 22, '15	96.46	Aug. 24, '21	63.90	May 31, '27	172.96		
下跌	May 9, '01	67.58	Aug. 22, '16	84.96	Sept. 10, '21	71.92	June 27, '27	165.73		
拉回	June 17, '01	78.26	Nov. 21, '16	110.15	Oct. 17, '21	69.46	Oct. 8, '27	199.78		
下跌	Aug. 6, '01	69.05	Feb. 2, '17	87.01	Dec. 15, '21	81.50	Oct. 22, '27	179.78		
拉回	Aug. 26, '01	73.88	June 9, '17	99.08	Jan. 10, '22	78.59	Jan. 3, '28	203.35		
下跌	Dec. 12, '01	61.61	Dec. 19, '17	65.95	May 29, '22	96.41	Feb. 3, '28	191.83		
拉回	Apr. 24, '02	68.44	Feb. 19, '18	82.08			June 2, '28	220.96		

*根據指數從十二支改為二十支個股進行調整，使得工業指數因人為因素而少了 19.84 點。

表2 牛市：道瓊工業類股

主要波動				次級走勢			
從	到	天數	點數變化	完成日期	天數	回彈點數	主要反轉百分比
Apr. 19, '97	Sept. 10, '97	144	17.33	Nov. 8, '97	59	10.17	58.6
Nov. 8, '97	Feb. 5, '98	89	4.58	Mch. 25, '98	48	8.23	179.5
Mch. 25, '98	June 2, '98	69	11.36	June 15, '98	13	2.49	21.9
June 15, '98	Aug. 26, '98	72	10.10	Oct. 19, '98	54	9.41	93.2
Oct. 19, '98	Apr. 25, '99	188	25.72	May 31, '99	36	9.77	38.0
May 31, '99	Sept. 5, '99	97	10.10				
Sept. 24, '00	Nov. 20, '00	57	16.11	Dec. 8, '00	18	5.09	31.5
Dec. 8, '00	Dec. 27, '00	19	7.06	Jan. 19, '01	23	6.27	88.8
Jan. 19, '01	May 1, '01	102	11.16	May 9, '01	8	8.56	76.5
May 9, '01	June 17, '01	39	10.88				
Oct. 15, '03	June 27, '04	104	8.25	Mch. 12, '04	44	4.09	49.6
Mch. 12, '04	Dec. 5, '04	268	26.82	Dec. 12, '04	7	7.46	27.8
Dec. 12, '04	Apr. 14, '05	123	17.98	May 22, '05	38	12.38	69.0
May 22, '05	Jan. 19, '06	242	31.63				
Nov. 22, '07	Jan. 14, '08	53	12.76	Feb. 10, '08	27	7.04	55.4
Feb. 10, '08	May 18, '08	97	16.32	June 23, '08	36	3.42	20.9
June 23, '08	Aug. 10, '08	48	13.70	Sept. 22, '08	43	8.33	60.8
Sept. 22, '08	Nov. 13, '08	52	11.31	Feb. 23, '09	102	8.47	74.9
Feb. 23, '09	Aug. 14, '09	172	19.35				
Sept. 25, '11	Apr. 26, '12	213	17.99	July 12, '12	77	2.96	16.5
July 12, '12	Sept. 30, '12	80	6.18				
Dec. 24, '14	Jan. 23, '15	30	5.35	Feb. 24, '15	32	4.30	80.4
Feb. 24, '15	Apr. 30, '15	65	17.56	May 14, '15	14	11.40	64.9
May 14, '15	Oct. 22, '15	161	36.08	Apr. 22, '16	182	11.50	31.8
Apr. 22, '16	Nov. 21, '16	213	25.19				
Dec. 19, '17	Feb. 19, '18	62	16.13	Apr. 11, '18	51	6.50	40.3
Apr. 11, '18	May 15, '18	34	8.46	June 1, '18	17	6.11	72.3
June 1, '18	Sept. 3, '18	94	5.91	Sept. 11, '18	8	3.38	57.2
Sept. 11, '18	Oct. 18, '18	37	8.61	Feb. 8, '19	113	9.92	115.1
Feb. 8, '19	July 14, '19	156	33.08	Aug. 20, '19	37	13.77	41.6
Aug. 20, '19	Nov. 3, '19	75	21.16				
Aug. 24, '21	Sept. 10, '21	17	8.02	Oct. 17, '21	37	2.46	30.7
Oct. 17, '21	Dec. 15, '21	59	12.04	Jan. 10, '22	26	2.91	24.2
Jan. 10, '22	May 29, '22	139	17.82	June 12, '22	14	5.68	31.8
June 12, '22	Sept. 11, '22	91	11.32	Sept. 30, '22	19	5.75	50.7
Sept. 30, '22	Oct. 14, '22	14	7.13	Nov. 27, '22	44	11.40	160.0
Nov. 27, '22	Mch. 20, '23	113	13.35				
Oct. 27, '23	Feb. 6, '24	102	15.55	May 20, '24	103	12.98	83.4
May 20, '24	Aug. 20, '24	92	17.24	Oct. 14, '24	55	6.39	37.1
Oct. 14, '24	Jan. 22, '25	100	24.42	Mch. 30, '25	67	8.60	35.2
Mch. 30, '25	Feb. 13, '26	320	47.08	Mch. 30, '26	45	26.88	56.3
Mch. 30, '26	Aug. 14, '26	137	31.44	Oct. 19, '26	66	20.98	66.6
Oct. 19, '26	May 31, '27	224	27.30	June 27, '27	27	7.23	26.4
Jan. 27, '27	Oct. 3, '27	98	34.05	Oct. 22, '27	19	20.00	58.6
Oct. 22, '27	Jan. 3, '28	73	23.57	Feb. 20, '28	48	12.02	51.2
Feb. 20, '28	June 2, '28	102	29.63	June 18, '28	16	19.00	64.1
June 18, '28	Sept. 7, '28	81	39.76	Sept. 27, '28	20	4.85	12.4
Sept. 27, '28	Nov. 28, '28	62	58.75	Dec. 8, '28	10	38.29	65.4
Dec. 8, '28	Feb. 5, '29	59	64.73	Mch. 25, '29	48	24.56	37.9
Mch. 25, '29	May 4, '29	40	29.58	May 27, '29	23	33.66	114.0
May 27, '29	Sept. 3, '29	99	87.75				

THE DOW THEORY

技術分析世紀經典——道氏理論

表3　熊市：道瓊工業類股

主要波動				次級走勢			
從	到	天數	點數變化	完成日期	天數	回彈點數	主要反轉百分比
Sept. 5, '99	Dec. 18, '99	104	19.34	Feb. 5, '00	49	10.09	51.7
Feb. 5, '00	June 23, '00	138	14.68	Aug. 15, '00	53	5.22	35.6
Aug. 15, '00	Sept. 24, '00	40	5.94				
June 17, '01	Aug. 6, '01	50	9.21	Aug. 26, '01	20	4.78	51.9
Aug. 26, '01	Dec. 12, '01	108	12.22	Apr. 24, '02	133	6.83	55.9
Apr. 24, '02	Dec. 15, '02	235	8.77	Feb. 16, '03	63	8.13	92.7
Feb. 16, '03	Aug. 8, '03	173	20.32	Aug. 17, '03	9	6.50	31.5
Aug. 17, '03	Oct. 15, '03	59	11.63				
Jan. 19, '06	July 13, '06	175	17.82	Oct. 9, '06	88	11.57	64.9
Oct. 9, '06	Mch. 25, '07	167	21.36	May 3, '07	39	9.63	45.2
May 3, '07	Aug. 21, '07	110	15.77	Sept. 6, '07	16	4.64	29.5
Sept. 6, '07	Nov. 22, '07	77	20.81				
Aug. 14, '09	Nov. 29, '09	107	8.37	Dec. 29, '09	30	3.39	100.6
Dec. 29, '09	Feb. 10, '10	41	14.25	Mch. 8, '10	28	9.53	66.9
Mch. 8, '10	July 26, '10	140	20.94	Oct. 18, '10	84	12.40	58.5
Oct. 18, '10	Dec. 6, '10	49	6.34	June 19, '11	195	7.88	116.5
June 19, '11	Sept. 25, '11	98	14.12				
Sept. 30, '12	Mch. 20, '13	171	15.90	Apr. 4, '13	15	4.94	31.1
Apr. 4, '13	June 11, '13	68	11.08	Feb. 3, '14	237	11.08	100.0
* Feb. 3, '14	Dec. 24, '14	324	10.80				
Nov. 21, '16	Feb. 2, '17	73	23.14	June 9, '17	127	12.07	52.2
June 19, '17	Dec. 19, '17	135	33.13				
Nov. 3, '19	Nov. 29, '19	26	16.02	Jan. 3, '20	35	6.28	39.2
Jan. 3, '20	Feb. 25, '20	53	19.90	Apr. 8, '20	42	15.67	78.7
Apr. 8, '20	May 19, '20	41	18.29	July 8, '20	50	7.15	· 39.1
July 8, '20	Aug. 10, '20	33	11.31	Sept. 17, '20	38	6.75	59.6
Sept. 17, '20	Dec. 21, '20	95	23.20	May 5, '21	135	13.28	56.6
May 5, '21	June 20, '21	46	15.13	Aug. 2, '21	43	5.05	33.4
Aug. 2, '21	Aug. 24, '21	22	6.05				
Mch. 20, '23	May 21, '23	62	12.61	May 29, '23	8	4.89	38.8
May 29, '23	July 31, '23	63	10.75	Aug. 29, '23	29	6.79	63.2
Aug. 29, '23	Oct. 27, '23	59	7.94				
Sept. 3, '29	Nov. 13, '29	71	182.48	Apr. 17, '30	155	95.38	52.3
Apr. 17, '30	June 24, '30	68	82.23	Sept. 10, '30	78	33.25	40.4
Sept. 10, '30	Dec. 16, '30	97	87.58	Feb. 24, '31	70	36.85	42.1
Feb. 24, '31	June 2, '31	98	72.66	June 27, '31	25	35.23	48.5
June 27, '31	Oct. 5, '31	100	70.45	Nov. 9, '31	35	30.31	43.0
Nov. 9, '31	Jan. 5, '32	57	45.55				

*根據指數從十二支改為二十支個股進行調整，使得工業指數因人為因素而少了19.84點。

第十一章

每日波動

只用一天的指數走勢來推論，難免會得出錯誤的結論，而且除了在形成盤整區間以外沒有什麼價值。但是仍必須記錄和研究每日的走勢，因為一系列線圖的每日走勢，最後總是會發展成容易辨識、具有預測價值的模式。

單獨分析市場中任何一天的指數和成交量意義並不大，但是永遠不能忽視每一天的市場價格，因為只有在每日波動本身形成具有確定的預測價值的圖形形態時，才能對全部的價格結構形態進行研究。一段鋼材造不成一座橋，但是工程師都知道，這段鋼材一定是完整結構中不可或缺的部分。

當一個區間形成了相當一段時間時，日常波動就變得重要，並且可能直接影響到道氏理論的應用，但這將在後面的章節中進行討論。但是除了這樣的情況外，從日常波動中得出的

推斷幾乎肯定會造成誤導。試圖從中得出這些推斷的交易者只是在猜測，而非正確地應用道氏理論，但是卻常常將自己的失敗歸咎於道氏理論。

漢彌爾頓頻繁宣稱：

股市的單日波動是沒有邏輯性的。（1929年7月29日）

然而還是有許多堅持使用單日波動的人，也許能從漢彌爾頓下面的話中得到一些鼓勵：

市場的單日波動偶爾會有某種幫助。（1910年8月30日）

但是他告訴我們，道氏理論一般不理會單日的價格波動。

第十二章

兩個價格指數應該互相印證

鐵路和工業指數的走勢永遠應該一起考慮。在得出可靠的推斷之前，一個指數的走勢必須得到另一個指數的印證。只根據其中一個指數的走勢所得出的結論，如果沒有得到另一個指數的印證，幾乎肯定會誤導投資人。

投資人連一天都不能忘記，道氏理論最有用的部分是：除非價格變動得到兩個指數的印證，否則任何價格變動都不值得考慮。許多人聲稱了解該理論，如果只是交易工業股，則只考慮工業股票指數的走勢。有些人甚至只繪製一個指數線圖，並聲稱能夠正確解釋走勢。確實，有時這樣的結論似乎是合理的，但在任何較長時期內，這樣的程序都必然會導致災難。

有些人認為公用事業指數應該比鐵路指數更具解釋意義，因為前者的交易更活躍。我們並不打算對此進行辯論，但可以提出一個中肯的問題——為什麼不使用銅股票指數或一組汽車

股的指數呢？對於那些對公用事業指數的適用性提出疑問的人，最好的回答是指出，在應用於工業和公用事業指數的相對走勢時，道氏理論的效果已被證實差很多[6]。道氏理論專門處理鐵路和工業股指數的走勢，任何其他方法都不符合漢彌爾頓所解釋的道氏理論。

很難理解為什麼道氏沒有盡力解釋，為什麼這兩個指數必須確認。他的理論是根據觀察，如果後來證明走勢是真的，他們總是會證實這一點。當漢彌爾頓在寫《股市晴雨表》時，他也沒有嘗試解釋為什麼鐵路指數必須始終能夠確認工業指數，所以如果提供一些今天看來簡單且合乎邏輯的理由，可能稍嫌自以為是。

但是，我們來參考一個蕭條期後的商業復甦周期。工廠仍然閒置；到處都有人失業和陷入財務困難。庫存量低、購買力耗盡、股利大幅減少；但人們仍有飯吃、有衣服穿，有更多的孩子出生、機器生鏽，而勞動成本已大幅降低。最終，有天某間鋼鐵公司的業務經理審查他的現場報告，發現儘管沒有訂單在手，但未來仍考慮興建需要大量鋼鐵的橋樑和公寓。

業務經理去找執行長討論這個情況。執行長問廠長，業務復甦後啟動工廠需要花多少時間。廠長堅持說，在業務發展之前，他必須重新鋪砌一個煉鋼爐。執行長向董事會申請權限，

---

6 不使用公用事業類股的一個實際原因是，各個主要個股之間的關係連動性很高，整個指數可能會受到直接適用於一、兩支股票的條件所影響。

以重新鋪砌煉鋼爐，並開始進行維修工作。磚塊、石灰和沙子經由鐵路運送進來，並聘請人員進行煉鋼爐的重新鋪砌。鐵路的運輸經理告訴他的高階主管有關向鋼鐵公司運送貨物的情況，並建議如果鋼鐵公司正在花錢，這表示未來前景的改善。

然後，鐵路高階主管與廠長討論情況。他們決定準備運送礦石到煉鋼爐，這表示需要購買一點油漆，並為工人提供一點就業機會。為煉鋼爐和礦石車進行維修所支付的工資，代表一些人有了更多的購買力，然後他們會買鞋子等物品，因此使零售商貨架上的商品變少了。

以鞋子來說，這表示需要向工廠訂購新的庫存，這導致工廠需要更多的皮革，結果鞣製廠也需要更多的生皮。然後，為橋樑和公寓大樓購買一些鋼材；煉鋼爐投入使用，礦石開始搬運。也許其他行業也正有類似的發展。

現在，就其公開報表而言，這間鋼鐵公司還沒有賺到一分錢，甚至在上述的例子中，收到的訂單可能非常少，以至於未完成的噸位報告中沒有提到這一項。然而，鐵路已經收到了運送磚塊和礦石的現金，而這種增加的活動幾乎立即反映在整個火車的載貨量和鐵路的收入上。如果這個推論合理的話，那麼邏輯上可以說，鐵路股的走勢應該與工業股同步，甚至是比工業股還要早。原物料的購買必須透過運輸方式交付給工廠，這在很大程度上仍然代表著鐵路，不過運輸業者正面臨愈來愈激烈的競爭。

如果想要善用道氏理論，就必須完全理解兩個指數必須互

相印證的必要性。因為這實在太重要了，雖然內容重複確實會變得有些無聊，我覺得最好的方式就是大量引用漢彌爾頓對於這個主題的觀點。以下摘錄自他多年來撰寫的社論：

道氏理論指出，一個指數必須印證另一個指數。這在主要走勢開始時經常發生，但在市場轉向進行次要波動時，這種情況就不會持續出現。這就是《股市晴雨表》始終保守的原因，這本書說得太少而不是太多，這完全符合它的特性。（1926年4月26日）

在類似的次要走勢中，工業股（與鐵路股分開）的復甦可能比鐵路股快得多，或者鐵路股可能會領先，而且幾乎不用說，二十支交易熱絡的鐵路股票和二十支工業股票一起移動，即使在主要走勢中也不會互相推進。」（《股市晴雨表》）

如果一個指數的走勢未被另一個指數印證的話，道氏總是忽略那個指數的走勢，而自從他去世以來的經驗顯示，這種指數互相印證的方法是明智的。他的理論是，當兩個指數創下的新低點跌破了先前拉回的低點時，就是印證了一個次級走勢，並且也許最終是主要的向下走勢。（1928年6月25日）

要操縱兩個指數並不容易，而且其中一個指數若未獲另一個指數的印證，通常就會被忽略。（1928年7月30日）

在指數不相互印證的走勢中，似乎可以明確推斷，對於商業前景的不確定性仍持續。（1924 年 5 月 24 日）

在道氏理論不時出現的價格變動討論中，人們一再指出，從任何一個指數的走勢得出的推論雖然通常很重要，但很容易誤導投資人，但當兩個指數相互印證時，推論就具有最高的預測價值。

因此，兩周前當鐵路指數剛創下新高時，可以說這是一個強烈的看漲跡象，如果像現在這樣工業指數有類似的動向，這將是上升趨勢持續的正面跡象。（1922 年 7 月 24 日）

當指數無法相互印證時，指數就一定會誤導投資人。（1922 年 11 月 3 日）

在解讀指數時，有一個相當安全的規則，雖然是否定性的規則。那就是半個指標並不一定比沒有指標好。兩個指數必須相互印證。（1928 年 8 月 27 日）

這些指數必須相互印證，這個經驗是安全的，這就是為什麼選擇兩組不同的二十支股票來做紀錄，而不是一組四十支股票的原因。（1925 年 5 月 25 日）

由其中一個股票製造的新低或新高幾乎總是會造成誤導，但如果未經另一方確認，則更是如此。原因不難理解。一組股票會對另一組產生影響；如果鐵路股供不應求而工業股供過於求，則無法帶動整個股市。（1913 年 6 月 4 日）

根據以往的經驗，這些獨立的走勢通常會誤導投資人，但當兩個指數同時上漲或下跌時，就表示市場走勢一致是好的跡象。（1918 年 9 月 8 日）

當一個指數獨自突破前低時，或是當一個指數在沒有其他支撐的情況下短暫創新高時，這個推論幾乎總是會誤導投資人。（1915 年 2 月 10 日）

從一個指數獲得的結論，若無另一個指數的印證時，有時候會誤導投資人，應始終謹慎對待。（1925 年 6 月 26 日）

再次強調，除非這兩個指數走勢一致，否則單一走勢會誤導投資人。（1915 年 6 月 9 日）

在對價格變動的研究中，根據道氏理論，人們一再發現，二十支鐵路股和二十支工業股的兩個指數必須相互印證，才能提供具有權威性的預測。（1922 年 7 月 8 日）

事實上，可以說其中一個指數未經另一個指數印證的新高點或新低點，幾乎總是會誤導投資人。自從指數成立以來，每一次主要走勢之前，兩個指數都會創下新的高點或低點。（1921 年 5 月 10 日）

當工業股和鐵路股幾乎同時達到如此新的高水準時，跡象總是更強烈。（1919 年 7 月 16 日）

當一個指數突破而另一個指數沒有突破時，經常會造成誤導。然而，當走勢同時進行時，就會有一致的經驗來呈現市場趨勢。（1914 年 4 月 16 日）

一個指數所提供的指示，沒有得到另一個指數明確印證，是最容易出錯的方式。（《股市晴雨表》）

正如經驗顯示，根本沒有必要在同一天兩個指數都形成主要走勢的低點或高點。我們所假設的是市場已經轉向，兩個指數都印證了，即使其中一個指數後來創新低或新高，但是另一個指數並沒有加以印證。兩個指數之前的低點或高點，最好被視為代表市場的轉變。（《股市晴雨表》）

這個例子強調了一個事實：雖然兩個指數的強度可能有所不同，但是方向不會發生重大變化，尤其是在重大的走勢中。

在成立這兩個指數的這些年來,這個規則已被證明完全可靠。這不僅適用於市場的主要走勢,而且也大致適用於次級拉回和反彈。但這並不適用於日常走勢,就個股而言,可能完全具有誤導性。(《股市晴雨表》)

研究指數的人會發現,有一段時間,鐵路和工業指數的走勢不再相互印證。在我們參與第一次世界大戰期間以及戰爭後不久,鐵路由聯邦政府經營,為鐵路提供了一個固定的報酬保證。在那段時間內,鐵路股不再有投機活動,使得鐵路股票的波動與債券一致,因為報酬是固定的。因此,研究指數的人會發現在研究時,有必要排除這段時期。

第十三章

判斷趨勢

　　連續的反彈突破之前的高點，隨後的下跌沒有跌破先前低
點，就是一個看漲跡象。相反地，如果反彈未能突破先前的高
點，但隨後的跌勢卻跌破了先前低點，就是一個看跌跡象。從
這得出的推斷在評估次級拉回很有用，並且在預測主要趨勢的
恢復、延續或改變方面具有重要意義。為方便本次討論，反彈
或下跌定義為一個或多個每日走勢形成了方向的淨逆轉，超過
任一指數的3%。除非其方向得到兩個指數的印證，這樣的走勢
就幾乎沒有權威性，但是兩個指數不需要在同一天印證方向。

　　漢彌爾頓對於牛市中次級拉回中反彈的重要性解釋如下：

　　指數經過良好測試所得出的規則，只要從次級拉回中的反
彈，確立了兩個指數的新高點，不一定是在同一天，甚至不在

同一周內，只要兩個指數互相印證，主要的看漲趨勢就會持續下去。（1921年12月30日）

一定要記住，一個指數的新高或新低如果沒有獲得另一個指數的印證，就會有誤導性。這樣的走勢通常代表次級走勢，不過有時候卻具有很高的重要性。

判斷趨勢走向的規則

創新高或新低而且獲得印證時，就表示趨勢的主導力道仍在，直到被後來的走勢抵銷為止。例如，在主要的牛市中出現新的高點，則預測就是有效的，也就是牛市將繼續相當長的時間。此外，如果其中一個指數後來跌破前高，甚至是跌破前低，但另一個指數卻沒有印證這個走勢，那麼我們就可以合理推斷，先前的看漲跡象仍然有效。漢彌爾頓解釋：

氣象站不會每天、無時無刻都提供氣象預報；根據道氏理論，一個指示會一直有效，直到被另一個指示取消為止，或以某種方式得到印證，例如工業指數印證鐵路指數，反之亦然。（1929年9月23日）

在主要牛市中，如果在重大的次級回檔之後，隨後的反彈在合理的時間內未能創出新高，而且進一步出現了嚴重的下跌

走勢，跌破了上一次回檔時的低點，通常就可以安全地假設，主要趨勢已從看漲轉為看跌。

相反地，在熊市中，如果兩個指數都跌到新的低點，接著發生了重大的次級走勢，而下一次的跌勢時兩個指數都沒有跌到新的低點，那麼我們可以推斷，如果下一次反彈時兩個指數都漲破前一次重要反彈的高點時，就表示主要趨勢已經從看跌轉為看漲。在觀察了三十五年的線圖之後會發現，很少找到例外的情況。

許多交易者試著將這個規則應用於次級回檔，卻忘記了正常的次級拉回通常持續三到十二周，並且回跌自上一次重要次級拉回以來主要趨勢的三分之一到三分之二。研究者想要完全理解小規模反彈和下跌的意義，最好的方法是研究指數完整紀錄的線圖每日波動。根據漢彌爾頓的說法：

如果一個指數的走勢未被另一個指數印證的話，道氏總是忽略那個指數的走勢，而自從他去世以來的經驗顯示，這種指數互相印證的方法是明智的。他的理論是，當兩個指數創下的新低點跌破了先前拉回的低點時，就是印證了一個次級走勢，並且也許最終是主要的向下走勢。（1928年6月25日）

由於很難清楚解釋反彈和下跌的意義，且當使用指數作為預測工具時，正確理解價格的上升和下跌相對於以前的相似走勢非常重要，因此也許應該提供第二段引文，不過用語略

有不同：

　　每當一系列反彈和下跌在日常走勢中發生，始終經由鐵路和工業指數確認，而反彈超過前高，跌勢又未能突破最近的低點時，表示接下來的走勢可能看漲，但不一定表示主要走勢會形成多頭趨勢。

　　當這樣一系列反彈和下跌的兩個指數，都突破了主要多頭市場先前達到的最高點時，通常可以安全地推斷，主要多頭趨勢將持續相當長一段時間。相反地，連續的反彈和下跌，高點未能突破前一個高點，且隨後的下跌低於先前的低點，這顯示的是未來可能看跌，不過這未必表示主要走勢會形成熊市趨勢。另一方面，當一連串的反彈和下跌突破主要熊市趨勢的最低點時，通常可以合理地推斷，很有可能出現更低的價格。

　　當主要多頭市場的下跌，違反了該市場上一次主要次級反應期間遇到的最低點時，通常可以假定主要趨勢已經從多頭轉為空頭；當然，相反的情況通常也能確定熊市主要趨勢已經轉為多頭市場。偶爾可能會有例外，這樣是正常的，否則這些規則將肯定會打敗大盤，然後快速導致市場消失。

第十四章

狹幅盤整

「狹幅盤整」（line）是指價格在兩到三周或更長時間內的走勢，期間兩個指數的價格變動在約5％的範圍內。這樣的波動表明市場上可能有買盤或是賣壓。同時超出該範圍的壓力線顯示市場上有買盤，這預示的是價格將上漲；相反地，同時跌破該範圍的支撐線則表示市場上有賣盤，這預示價格將下跌。單一指數的走勢所得出的結論，若未得到另一指數的印證，通常會被證明是不正確的。

道氏理論中與狹幅盤整相關的部分已被證實非常可靠，幾乎足以稱之為公理，而不只是定理而已。但是狹幅盤整的出現並不頻繁，無法滿足大多數交易者的需求，導致許多人想要從線圖中看到其實並不存在的狹幅盤整。此外，許多交易者堅持從一個指數的狹幅盤整形成中得出結論，而未經另一指數的印

證，這是一種非常危險的做法。

　　還有一些人，在看到狹幅盤整時，試圖猜測指數將突破哪一個方向，賣出股票或是抱著不放，不管他們的判斷是否會被指數的後續變動證明錯誤。

　　事實上，當狹幅盤整區間正在形成時，很難判斷這是賣出或買進。這時同時有買盤和賣盤，沒有人能夠確定哪一方最終將產生更大的影響力。（1922年5月22日）

　　有些人堅持嘗試對狹幅盤整的持續時間或高度，用數學進行精確的解釋，但這是不可能的。價格變動必須與普遍的投機活動一起考慮，並與先前波動的劇烈與否進行比較。這就是為什麼將道氏理論成功應用在投機中，必須被視為一門藝術和一門科學的原因之一。任何人試圖用數學來精確解釋道氏理論，就像是自以為是外科醫生，不管患者的年齡、性別、身高或輪廓，就想在患者腳背上方88英寸處切開兩英寸深以切除盲腸一樣。

　　漢彌爾頓說過，我們可以將盤整區間的突破視為整體市場方向的變化，至少是次級走勢，有時甚至是主要走勢。

　　在討論狹幅盤整時，以下某些摘錄的內容對高度的定義相當準確。讀者應該記住，這些建議是在多年前寫的，當時的指數通常都在100點以下。在本章稍後的部分，將引用漢彌爾頓評估盤整區間的評論，當時平均價格已經遠遠超過早年水準。以下是有關盤整區間的一個典型早期評論：

仔細觀察指數就會發現，有一些時期指數會窄幅波動幾周，例如，工業類股的價格在70到74點之間，鐵路股在77和73點之間。這在技術上被稱為「形成一條區間」，經驗指出，這代表這段期間有買盤或是賣盤。當兩個指數突破區間的壓力線時，這是一個強烈的牛市訊號。這可能代表在熊市中的次級反彈；在1921年時則表示一個主要牛市運動的開始，並且一直持續到1922年。

然而，如果兩個指數突破區間的支撐，顯然股市已達到氣象學家所謂的「飽和點」。以氣象來說，達到飽和點之後就會下雨，而在牛市中是指一個次級的熊市走勢，或者是類似1919年10月主要下跌走勢的開始。（《股市晴雨表》）

幾年前有人這麼描述盤整區間：

在股市中的多年經驗，經過道氏理論的驗證，已經教導學習者理解指數中盤整區間的意義。條件設定必須很嚴格，才會有實際價值。工業股和鐵路股指數應互相印證，所選擇的時間段應該夠長，以對成交量進行實際測試。每日的波動範圍應該夠窄，要在至少不到4點的範圍內波動。在滿足這些條件的情況下，就可以得出重要的推論了。（1922年5月8日）

另一種解釋如下：

我們可以透過例子確認，交易在一個狹窄範圍內的時期，也就是我們所謂的「區間」，隨著交易天數的增加而變得重要，只能表示買盤或賣盤，而隨後的波動則顯示市場是股票供不應求還是供過於求。（《股市晴雨表》）

1909年3月17日，漢彌爾頓評論道：「3月3日到3月18日這段時間的淨變動，不到1%的3/8。這種奇特的蹺蹺板運動只會偶爾發生一次，並且總是在整個市場波動發生重大變化之前。」當指數在此時突破了所謂「區間」的頂端時，價格上漲了29%。漢彌爾頓指出，有時從價格走勢的缺乏中，也可以得出有用的推論。

當股票指數只顯示名義上的波動時，仍然可以從這種狀況中得出有用的推論。在這種情況下，對在場邊等待的人來說也有幫助。（1910年9月20日）

「盤整區間」的預測價值

漢彌爾頓對於「區間」預測價值有效期的結論說明如下：

先前的經驗告訴我們，區間頂部被向下突破時，無論是工業類股還是鐵路類股的情況，我們需要再次達到前高，才能夠假設指數出現看漲跡象。（1911年3月6日）

一個完美的「區間」例子是在1911年5月4日至7月31日之間，當時「區間」被從下方突破，接著出現了一次急遽下跌，這被證明是熊市的結束。在形成這個「區間」的同時，漢彌爾頓寫道：

　　過去六個星期，指數顯示的這條長區間，即使在成交量有限的情況下，也可以視為指示出一或兩種情況。無論是股票已經成功在新高點上出現賣盤，還是買盤已經足夠強大，可讓人們合理地假設一個有力的觀點，認為價格應該走強。（1911年7月14日）

　　在1912年1月17日，一條盤整區間正在形成，然後是好幾個月幾乎不間斷的漲勢，他在當時寫道：「值得注意的是，在那段時期，二十支交易熱絡的鐵路股指數沒有觸及115或118點；而工業類股在同一時期內最高為82.48點，最低為79.19點。這是一個引人注目的延續，可以稱之為買盤或賣盤的『盤整區間』，在我們之前的價格走勢討論付梓之前，已經持續了超過一周。

　　對於指數經驗豐富的學習者來說，這種窄幅波動可能和價格在任何一個方向上的急遽變動一樣重要。如果價格長時間停滯，是為了在不提高價格的情況下買進股票，那麼結果應該很快就會顯示出來，兩個指數都越過區間的壓力線。請注意，這裡使用的『區間』一詞是在市場意義上，並且不是嚴格意義上的『長而沒有寬度』。這表示區間的寬度非常小——在鐵路股中不到3點，而工業類股則略多於3點。」

因為「區間」有時讓人困惑，漢彌爾頓這則評論對理解很有幫助：

　　每個指數一個月來的價格波動範圍，幾乎只略為超過2點。8月28日，工業類股的價位突破區間，但鐵路股並沒有印證。到了9月8日，鐵路股從下方突破，工業類股保持穩定。對研究指數的讀者來說，這構成了一種僵局，特別是因為現在兩個指數都在舊的範圍內。根據以前的經驗，同時往任何方向，特別是向下的走勢，將對進一步的價格變動提供重要的線索。（1918年9月8日）

　　1914年，漢彌爾頓針對盤整區間這個主題寫了很多文章。顯然他當時認為牛市應該正在進行中，而盤整區間卻一直顯示賣壓。後來幾年，他總是堅持認為這些「區間」代表德國在為第一次世界大戰做準備時賣出美股的時期。一段1914年4月16日的社論很典型：「到4月14日之前的七十個交易日裡，十二支工業股的平均價格沒有漲破84點或跌破81點。在之前的四十天，二十支交易熱絡的鐵路股指數也沒有漲破106點或跌破103點。這兩個指數都在3點的區間內，並且於4月14日同時突破了區間的支撐。根據以往的指數經驗，跡象顯示看跌，指向1912年10月初開始的主要熊市恢復。」

　　漢彌爾頓在1916年3月20日警告研究指數的人：「所有過去對指數的經驗都顯示，除非工業和鐵路股同時形成這樣的

『區間』，否則單一指數很容易會造成誤導，而不真正具有預測的價值。」

1926年，隨著價格上升，漢彌爾頓認識到對於「區間」需要允許更寬鬆的範圍，並宣稱：

我還應該說明，由於指數現在很高，尤其是工業類股，在這樣的「區間」上，我們可以給予自己更寬鬆的範圍。（1926年10月18日）

他將1929年春季市場的波動視為一個「盤整區間」的跡象，這在他有關價格變動的討論中很明顯：

我們可以清楚看到，特別是在工業指數中，激烈而延長的波動實際上等同於一個賣壓期，與在指數形成「盤整區間」低價位時發生的情況並無不同。這樣的「區間」表示有買盤或賣盤，而在任何一個方向上脫離它的走勢，在歷史上都具有市場重要性。在這些高價位處，賣壓期的波動幅度預計會更大。兩個指數超過該區間的上升走勢清楚地顯示，市場上不僅曾有大量的股票賣出，而且都已經被市場吸收了，可能是被投資人買走了，或是賣方不賣了。（1929年7月1日）

研究指數的人檢驗這段時期的每日走勢時，發現很有意思。1929年9月，牛市末期達到高峰後，當時很少交易者預料

到震撼崩盤即將來臨，這時漢彌爾頓在鐵路和工業指數距離最高價不到10％的時候，發現了一條「盤整區間」。他在1929年9月23日的《霸榮周刊》上寫道：

由此可見，當工業指數超過800時，應該預期有更大的靈活性，儘管道氏的推理原則保持不變。在他的時代，指數會形成他所謂的「盤整區間」，在一個3點的範圍內，上下波動在幾周內都受到限制……但在目前工業指數的高價位上，可以安全地假設這次的賣壓或買盤的幅度更大。

在作者看來，研究「區間」寬度與成交量的關係，可能是一個有趣甚至可能是有用的研究領域，或是使用股票代碼的數量可以更確定相關性。市場的力量很大程度上是由股票交易總量所代表，而施加的力量愈大，對應的動作或反應就愈大。人們已經注意到，「區間」的趨勢是在牛市的高峰附近擴大，就像成交量一樣。另一方面，靠近底部或在交易非常低迷的時期，形成的「區間」則較窄。

第十五章

成交量與價格波動的關係

　　一個市場如果已經超買，在反彈時會變得低迷，而在下跌時會很活躍；相反地，當市場超賣時，則是傾向在下跌時變得低迷，而在反彈時活躍。牛市在過度活躍時結束，而開始時則交易相對低迷。

　　市場活動與價格走勢的關係，是漢彌爾頓的寫作中經常出現的矛盾主題。他一再告訴讀者，不要去看指數走勢以外的任何東西，而且走勢會反映並評價市場的活動。但是他似乎一整年都在使用成交量，而根據相對活動量所得出的結論，似乎既經過深思熟慮而且又有效。

　　雖然讀者看了可能會感到困惑，但最好還是直接引用漢彌爾頓的話。以下的摘錄，是他反對利用市場活動得出結論：

指數本質上會將一切納入考慮。呆滯和不活躍只是症狀，指數會反映這些症狀，就像指數會反映交易熱絡、意外消息、股利和其他一切有助於構成波動的因素一樣。這就是為什麼在這些研究中忽略了成交量的原因。四分之一世紀以來，道瓊公司記錄的價格波動中，成交量對價格趨勢的影響幾乎可予以忽略。（1913年6月4日）

指數看起來似乎想要上漲，但有些指數研究者可能會認為成交量的小幅減少，削弱了這些變化的重要性。然而，趨勢明顯是看漲的。就成交量而言，在這些研究中，我們寧可忽略成交量，主張在比較任何相當長時間內的價格波動時，這個點以及所有其他考慮因素都可以排除。（1911年4月5日）

1911年1月5日，漢彌爾頓寫道：「我們在這些研究中傾向忽略成交量和交易特性，並且相信絕對公正的指數本身，會針對這些因素以及意外事件、交易狀況、貨幣市場的態度、投機大眾的情緒甚至投資需求的特性，做出對應的調整。」他曾在前一年的10月18日表示：「上漲的一個顯著特徵是，成交量隨著價格的每日連續上漲而增加。這種走勢很容易在一、兩天內達到高峰。成交量明顯很大，但指數分析的本質是指數被視為反映了這些因素和所有其他因素。」第二種說法很有趣也很矛盾，因為他顯然受到成交量的影響，但是同時又聲稱指數低估了市場活動的重要性。

作者猜測，漢彌爾頓對這個重要觀點採取的態度可能的原因之一是，他沒有數據能夠研究市場活動與價格變動之間的關係。有鑑於1910年的一篇社論的摘錄，這種推論似乎是合理的：「我們知道有一些很好的論點，支持同時考慮成交量與指數變動，但其實有些實務上的原因反對這種方法。這樣的比較若要具有任何價值，需要確定二十五年來每一天的成交量，那時我們可能會發現指數本身早已考慮到了這種影響，以及其他所有因素。」在這方面，有趣的是他的著作《股市晴雨表》中包含了一張指數變動的圖表，顯示了每月的價格範圍和每月的平均日成交量。如果漢彌爾頓真的認為學習者應該忽略成交量，為什麼這張圖表中包含了成交量呢？[7]

當規劃撰寫這本書時，作者決定不偏離漢彌爾頓對道氏理論的解釋，但在掌握預測市場趨勢這門藝術上，成交量已經被證明是非常有用的指南，因此有必要敦促所有學習者專注地研究成交量與價格變動的關係。提供這些建議的理由在於，漢彌爾頓在形成他的結論時，雖然是隨意地研究市場活動與價格變動的關係，但是卻能成功地加以應用。

7　作者取得每日成交量數據的經驗很有啟發性，也許可以說明為什麼漢彌爾頓在他對平均市場行為的評論中，沒有利用這個因素。私人研究需要八十五年的完整數據，並將其納入準備出版的指數線圖組合中。必須有人努力從大型統計機構、報紙甚至是紐約證交所辦公室取得數據。似乎沒有人擁有每日的數據。事實證明，有必要每天都搜尋《華爾街日報》的檔案，最後有人採用了這種方法，取得了完整的紀錄。似乎成交量方面的一切都可以取得，除了日平均成交量、月總成交量等，都可以得到，但不能得到單日總量。自從上述線圖公開以來，幾乎每週都會有統計學家或機構要求取得表格化的成交量資料，這些人或機構通常位於華爾街這一帶。

有一次，當牛市即將結束時，他注意到成交量的增加，並評論這種過度的活動並沒有推高價格。他用一幅令人愉快且恰當的插圖說明了這種情況的機制：

　　一艘2,000噸的輪船每天運載100噸煤炭，其經濟的航行能力可能是12節，需要180噸才能讓船達到13節，可能需要200噸才能在強制吃水下達到15節，這可能被視為自然規則，也就是當達到市場的「經濟航行能力」時，至少有一些工程師正在花費大量時間消耗更多的燃料，而速度的提升卻很小。（1909年1月21日）

　　查看長時間內指數和成交量的日常變動圖就會顯示，每當主要的牛市或熊市出現新高點或新低點時，成交量的趨勢都會增加，這種增加經常持續到類似高點的時刻，顯示走勢暫時反轉。漢彌爾頓注意到這個現象，正如他在1908年7月21日的社論中所說：「穿越先前的高點通常表示股市的牛市擺盪。還要注意的是，市場在目前的水準上比5月18日的水準更寬。」很明顯，漢彌爾頓確實承認成交量是解釋指數變動的一個有用因素。以下摘自社論的段落明確證明了這一點：

　　對於學習市場的人而言，忽略關稅調整和產業狀況等假定的外部因素，從此類紀錄中看到的一個好跡象是，成交量在上漲過程中穩定成長。這通常是一個很好的跡象，因為市場上顯

然沒有多少股票。一個已經超買的市場，在小幅反彈時交易低迷，而在下跌時變得活躍，就清楚地顯示這一點。（1909年3月30日）

這是非常準確的看漲預測的一部分。1909年春季，在經歷了三個月的上漲之後，當時本來應該出現二次下跌，漢彌爾頓於5月21日指出：「在經濟衰退期間，市場活動變得低迷且狹窄。」他提到的跌幅不到2％，成交量顯示上漲將恢復。事實證明確實是如此。

在長期多頭即將結束時，每次小幅跌勢都被視為可能是熊市的開始，出現了相當大的下跌後，成交量在拉回期間下降了約50％。漢彌爾頓警告他的讀者不要放空，因為股價下跌導致成交量低迷。他宣稱：

成交量的減少可能有許多意義。華爾街最常引用的一句老話是，絕不要在低迷的市場裡放空。這句忠告也許對的時候比錯的時候多，但是對於長期持續的熊市波段，它就一定是錯的。在這樣的熊市波段中，趨勢的特點是上漲時交易變得低迷，而下跌時交易變得活躍。（1909年5月21日）[8]

8　研究漢彌爾頓三十年來的預測紀錄時可以看出，他常常可以給讀者一些市場走勢的建議。可以想像，他可能希望展示自己的技能並讓讀者從中獲利，但是因為他的市場地位，他非常克制自己不要這麼做。他反覆表示，他的報紙不能自貶為「投顧老師」的程度。

THE DOW THEORY

技術分析世紀經典——道氏理論

有一次，當牛市創下新高時，他認為這個走勢非常具有權威性，因為：

星期一和星期二都出現這個走勢的新高，同時成交量夠大，使得這個走勢變得重要。（1909年4月22日）

1910年9月，他稱熊市二次反彈見頂為轉捩點，對許多人來說，這似乎是多頭市場的開始。當時只看指數並無法看出疲軟的跡象，但成交量的減少顯然使漢彌爾頓寫下：

在目前的熊市中，指數在8月17日之前迅速上漲，但在耗盡了次級或上漲走勢後，無論是市場走勢還是成交量都已經氣力放盡，從那時起我們就一直處於無可救藥的低迷狀態。（1910年9月20日）

另一次，他解釋了專業交易者如何看待熊市中的大幅上漲，並伴隨著成交量的突然增加：

如果市場在低水準附近保持低迷和清淡狀態，在恢復之前需要相當長的時間。（1910年7月29日）

下面這篇社論提供了一些很好的建議：

在上漲過程中似乎有大量的股票賣出，但市場已經充分吸收這些股票，這顯示在技術性市場走勢中。市場在小幅回檔時交易變得低迷，顯示在回漲時活動增加。正如任何專業人士所知，這是市場仍然偏向買方的一個良好指標。（1911 年 2 月 6 日）

至少在幾天內，積極的交易者發現下跌活躍，反彈無力，因此在市場上做空。這顯示場內交易者對成交量指標的尊重。（1911 年 5 月 4 日）

1911 年時，漢彌爾頓明確地闡述了考慮市場活動與價格變動之間關係的重要性，他寫道：

在對價格走勢的研究中，交易平淡和活躍都有其價值，並且通常能提供重要的指示，顯示未來更徹底的變化。（1911 年 7 月 14 日）

在大幅下跌的前兩天出現了一篇社論，其中包括：

在反彈過程中的交易呈現出停滯的趨勢，市場只有在下跌時才變得活躍，對於專業交易者而言，這顯示的是熊市持續的指標。（1911 年 9 月 9 日）

1921年熊市的低點出現在6月和8月，漢彌爾頓在距離底部4點的範圍內宣布轉折時候到了。接下來的12月30日，他注意到市場在下跌中變得平淡，便警告不要進一步做空：「華爾街的一條古老格言是，絕不要在低迷的市場裡放空。熊市中的反彈很劇烈，但是當市場在復甦後變得低迷時，經驗豐富的投資人會明智地再次放空。在牛市中則正好相反，如果市場在次級走勢後變得低迷，投資人就會買進。」

　　對指數和日常交易的圖表走勢進行系統研究，顯示在牛市中交易比熊市中更為活躍，而在牛市的次級拉回中，當成交量在下跌後減少時，通常可以合理地假設市場至少暫時是超賣狀態，通常表示即將出現一次反彈。另一方面，在熊市中發生次級反彈，隨著上漲後活動減弱，可以得出合理的結論，如果在下跌時注意到交易活動增加的趨勢，市場已被超買，而且即將出現進一步下跌趨勢。

　　雖然漢彌爾頓從未明確提到過成交量的高點，但任何研究線圖的人都可以看到，通常成交量的急遽增加就標示了次要轉折點。

　　在強調成交量的重要性時，作者當然並不是要說成交量和工業指數、鐵路指數的變動一樣重要，後者才應該被視為主要的，成交量是次要的，但在研究價格變動時絕不能被忽視。

第十六章

雙重頂與雙重底

「雙重頂」和「雙重底」在預測價格變動方面的作用不大，而且經常被證明會誤導人。

漢彌爾頓不只一次表示，他並不十分重視從「雙重頂」或「雙重底」得出的推論。若能知道究竟是誰首先說服投資人相信道氏理論提到這些現象，將會是很有趣的事情，因為這種印象絕對是存在的。

每當市場走勢接近前高或前低時，我們肯定會讀到大量沒用的投機性評論，這些評論是在出現「雙重頂」或「雙重底」時得出的結論。通常這種評論會以「根據道氏理論，如果工業股形成『雙重頂』」等說法開場。每個研究道氏理論的人都知道，無法從該行為中適當地去推論單獨一個指數，而且兩個指數同時形成「雙重頂」或「雙重底」，這種情況也很少見。當這種情況發生時，也許只是巧合。如果統計三十五年來重

要的次級走勢，就會發現只有極少數以「雙重頂」或「雙重底」結束。

當指數接近歷史高點或低點時，不要尋找「雙重頂」或「雙重底」作為趨勢可能改變的線索。研究道氏理論的人最好記住，兩個指數都無法突破先前高點，表示價格會下跌；未能突破前低，顯示的是價格可能會隨之上漲；如果一個指數突破前高或前低，而另一個指數沒有印證這個走勢，那麼從該走勢中得出的任何推論都可能被證明是錯誤的。

順道一提，對《年鑑》（ *The Annalist* ）和標準統計公司（Standard Satistics Company, Inc.）的圖表走勢進行比較，股票指數顯示，「雙重頂」或「雙重底」偶爾會出現在一組資料中，而在另一組資料中則不明顯。1926年，漢彌爾頓利用「雙重頂」理論，錯誤地得出牛市已經終止的結論。事實上，他非常渴望證明自己的信念，甚至只使用了工業指數的「雙重頂」。

另外值得注意的是，儘管在熊市結束時出現了幾次「雙重底」，但漢彌爾頓顯然並不認為這種情況對於所謂的「轉折」來說很重要。

看看第八章提到的線圖，道瓊指數可以看到九次熊市結束的情況，我們可以發現其中有三次可以說是只有一個指數出現了「雙重底」；而有三次這兩個指數都有「雙重底」，而另外三次則沒有顯示出「雙重底」的跡象。

在1899年和1909年，可以說在牛市的高峰出現了兩個指數的「雙重頂」，但在其他七次主要漲勢結束時，沒有發生這

樣的現象。然而，確實有很多重要的次級回檔以「雙重頂」或「雙重底」結束。例如，在1898年秋季，牛市中的一次大回檔以兩個指數的「雙重底」結束，接著是一次強勁的上漲；另一方面，在1899年春季和夏季，一組完美的「雙重頂」給了一個虛假的訊號，因為市場很快突破了這些高點，對於根據這些「雙重頂」進行做空交易的交易者來說，可能是一場災難。

在1900年初的熊市期間，工業指數呈現了一個「雙重頂」，但鐵路指數並沒有印證，結果證明這是一次重要的次級反彈的結束。1902年，同樣是在熊市期間，兩個指數都形成了「雙重底」，這被支持這個現象的人解讀為牛市的訊號，但這些「底部」很快就被跌破了，接著就發生了有紀錄以來最嚴重的跌勢。

鐵路指數在1906年高點出現完美的「雙重頂」，隨後大幅下跌。1907年的春夏季，「雙重頂」與「雙重底」同時出現；頂部並未被突破，但幾週後底部就被跌勢突破了，工業指數跌了超過30％。1911年的春夏兩季，兩個指數都出現了「雙重頂」，隨後工業股大幅下跌，而鐵路股則出現了不那麼劇烈的下跌。在第一次世界大戰之前的熊市期間，這兩個指數都在市場底部12％的範圍內形成了「雙重頂」。在雙重頂期間進行的放空交易可能會導致損失，因為謹慎的交易者可能會等到下跌幾點之後，才接受「雙重頂」作為賣出股票的明確訊號。

我們可以描述指數許多類似的表現形式，但任何一位研究指數的人如果對這個主題進行仔細分析，肯定會得出這樣的結

論：從「雙重頂」或「雙重底」的理論中得出的推斷，比較容易造成誤導而不是幫助。

在最大的熊市期間，也就是1930年7月和8月，兩個指數都形成了完美的「雙重底」。這種抵抗下跌趨勢的表現，被許多財經作家熱切地指出乃預示著熊市的結束，但幾週內主要的下跌趨勢又恢復了，工業指數在九十天內下跌了約60點。在1931年到1932年的冬季，工業和鐵路指數都出現了「三重底」，但市場很快就恢復了下跌走勢。

總結來說，十個有九個投機者認為「雙重頂」和「雙重底」很重要，但我們可以說其實並沒有那麼重要。

第十七章

個股

　　所有交易熱絡且分散持有的大型美國企業股票，通常會隨著指數的上漲和下跌而波動，但任何個股可能反映的情況，與一組多元分散股票清單的平均價格並不一樣。

　　研究價值的投資人可能非常了解某些公司的價值和獲利能力，但如果他不了解市場趨勢，就無法成為一位成功的投機者。這麼說的原因是，不論一間公司的內在價值或獲利能力如何，穩健的股票在牛市中通常會上漲，在熊市中則會下跌，不過，個別公司的狀態可能會使某個特定股票的上漲或下跌程度，比一組具有代表性的股票更大或更小。

　　每個券商都知道，有多少客戶在熊市中堅持買進穩健的股票，他們的判斷根據包括股利紀錄、本益比和強勁的現金部位。一旦買進後，持續的清償會逐漸侵蝕報價價值，直到沮喪的買家賣掉他的股票。到了那時，他已經忘記了當初買進的

THE DOW THEORY

技術分析世紀經典──道氏理論

原因，很可能會將他的損失歸咎於「熊市」。但是他不應該怪熊市，他應該責怪的只有自己，因為如果他真的是以投資為目的，根據價值的穩健而買進股票，那麼價格波動根本不重要，因為他擁有這些公司股權的固定比例，不論股票的市價如何。然而，如果這樣的投資人希望有效管理資金，就必須了解市場趨勢以及資產負債表。

　　還有一些不成功的投機者，他們不了解資產負債表，也不想了解。此外，他們對市場走勢一無所知或懶得學習。他們買股票是因為突然發現價格遠低於某個朋友告訴他「值得買進」的水準。一段時間過後，這樣的投機者絕對會虧損。

　　這讓我們回到了一個基本命題：當道瓊指數下跌時，一支股票會上漲且持續上漲的情況確實很少見。相反地，當指數上漲時，很少會有股票下跌。任何投機新手都可以透過比較指數的每日走勢與任意十幾支股票的價格波動，驗證這種說法的真實性。

第十八章

投機

　　結婚的男人是在冒險，參戰的男人或是為兒子支付大學學費的男人也是在冒險。父親推測兒子養成有用習慣的能力和集中注意力的能力，就像買進一批秋季大衣的商人推測天氣和顧客購買這些大衣的能力一樣。我們會批評這些商人嗎？不會，因為在這些情況下，明智的猜測是受到肯定的。有些人是董事會的害蟲，光是炒作股票而忽略公司的治理，絕不要把聰明的投機者和那種人相提並論。炒股票的人會損失金錢，這幾乎是一條公理，而聰明的投機者就算沒有獲利，也至少會將損失限制在可以承受的範圍內。

　　《霸榮周刊》曾引述知名股票作手傑西・李佛摩（Jesse Livermore）的話：「所有市場走勢都是根據合理的推理。除非一個人能夠預測未來事件，否則他要成功投機的能力很有限。投機是一門生意。既不是猜測，也不是賭博。這是困難的工

作，要做的事很多。」

投機既是一門藝術又是一門科學，人們經常對其道德性提出質疑，但無論投機是對還是錯，對於任何文明國家的商業發展都非常重要。沒有投機，貫穿北美洲的鐵路就永遠不會建成，我們今天也不會有電力、電話、收音機或飛機。大多數人因為購買收音機和飛機製造公司的股票，蒙受損失而留下不愉快的記憶，但每一次買賣後來倒閉的公司股票，都是對該產業進步的一種貢獻，無論是直接還是間接的貢獻。

投機活動即使十分熱絡，也有一定的用處，因為當價格以驚人的速度上漲時，新成立的企業就很容易募集資金。透過這個方式獲得的資本，使許多持久的企業得以發展。美國西部許多州的發展，很大程度就是這種投機的結果。漢彌爾頓認為投機和良好的企業是血脈相連的兄弟，正如以下摘錄所述：

股票市場投機的本身可以刺激經濟發展。這是從另一個層面來說，股市是經濟的晴雨表。股票市場的變化不是根據當時的新聞報導，而是根據投資界對前景的預期和判斷。對當下大致的商業活動的預測是正面的，而且值得信賴。（1922年5月22日）

投機和賭博之間的區別很難加以定義，因為投機必然涉及可能被認為是賭博的機會，同樣可以肯定的是，某些形式的賭博也包含了投機的成分。《韋氏辭典》（*Webster's Dictionary*）

指出，投機是指買進或賣出，並期望透過價格上漲或下跌而獲利；或為了獲取異常的高額利潤，而從事危險的商業交易。這個定義當然適用於股票的保證金交易。《韋氏辭典》將賭博定義為以金錢或其他賭注為目的或是冒險的遊戲。

如果用這個定義的嚴格解釋，那麼一個投機者若買進100股鋼鐵股，並設定一個比執行價格高2點的賣單，同時設定一個比該價格低2點的停損單，可能就會被視為賭博。確實，很多交易者將這樣的交易視為賭博而非投機。而券商解釋了這種區別，他們說，當一個人在賽馬中賭馬贏得比賽時，他的賭注對那匹馬的速度沒有產生任何影響，而當他在紐約證交所買賣100股鋼鐵公司的股票時，無論他是否將其視為賭博交易，這100股的買進或賣出，確實會影響這支股票的價格。精心策劃放空鋼鐵公司的股票，可能會使其股價下跌，這樣一場成功的空頭交易應被視為成功的投機而不是賭博。美國的法律通常支持投機，但譴責賭博。

沒有任何數學公式可以指出成功的股票投機方法，也沒有任何既定規則可以讓交易者一定能在股市中賺錢。另一方面，某些規則和定理（道氏理論也許是最好的）無疑可以為投機者提供無價的幫助。如果本書沒有概述利用道氏理論來評估市場趨勢的方法，那麼本書就沒有達到應有的目的，但是讀者必須明白一點，那就是理論的應用取決於時間和人。除非投機者具有無止盡的耐心和自律，否則道氏理論也無法讓他不會虧損。

使用這個理論的任何交易者都必須自行思考，並始終遵循

自己得出的結論,當然要注意不要讓欲望影響判斷。對投機者來說,根據自己做出的結論卻犯了錯,然後去學習錯誤的原因,肯定比胡亂猜測要好得多。自主和辛勤工作絕對是想要投機成功的基礎。每有一個投機者成功,就會有二十個人投機失敗。

幾乎每一本關於投機的書,都提出了某些對成功極為重要的公理,所有這些公理通常都經過深思熟慮,但只有傑出的人才能從別人的建議中受益。因此,試著解釋金字塔式交易的危險也許根本沒有用。實現巨額利潤的誘惑通常會促使交易者進行嘗試,只有經過一段辛苦的經歷,才能使他相信這種市場操作存在的實際風險。

漢彌爾頓認為,在價格上漲時增加持股,比在價格下跌時攤平要好得多,這個建議值得記住。沒有交易者應該買進股票,除非他相信會漲。當然,有些人會在下跌的市場中買進股票然後放著不管,作為長期投資的一部分。這種市場操作並不會被批評。

交易者必須學會的第一件事就是,他的持股在任何時候都應該限制在自己可以承受的金額範圍內。一位年輕的投機者曾經告訴一位經驗豐富的交易員,投機行為讓他很困擾,晚上都睡不好。這位經驗豐富的投機者建議:「把持股減少到能讓你睡個好覺的程度。」

投機時的參考標準

漢彌爾頓經常說，華爾街大多數人的意見很少是正確的。假設他是對的，市場走勢也這麼證明，那麼就算華爾街的情緒壓倒性地看漲，了解道氏理論的交易者也應該毫不猶豫地放空股票。

很多時候，當華爾街看漲時，漢彌爾頓會說上漲的股票太多了。其他時候，當大眾輿論極度悲觀時，他會警告讀者，下跌的股票太多了，道瓊指數顯示市場可能已經超賣。漢彌爾頓似乎能夠透過他對道氏理論的理解來衡量股市，並預測隨後的走勢，就像一位好的醫生在檢查病人的病歷、體溫、脈搏和呼吸後，預測病人的康復一樣。

然而，即使是能力最好的投機者，偶爾也會遇到一些意外事件，完全抵銷或破壞他精心策劃的結果。顯然，沒有任何系統或理論可以預測到舊金山大地震，也沒有任何理論可以預測到多年前的芝加哥大火。

當然，統計數據很有價值，但是一定要必須符合指數所反映的市場觀點，因為那些用統計數據作為市場行動指南的人，從來就沒有被證明是真正的預言家。馬克吐溫曾經說過：「謊言分為三種：謊言、該死的謊言和統計數據。」

任何一直試圖參與市場的人幾乎肯定會虧損，因為有很多時候，即使是最熟練的交易者，也會對未來的走勢感到猶豫不決。一句很好的市場格言是：「只要猶豫，就什麼也別做。」

此外，如果一個交易者在判斷市場趨勢時犯了嚴重的錯誤，並因此遭受了巨額的損失，就應該完全退出市場，並待在場外直到恢復冷靜為止。

除了場內交易者之外，沒有人能夠成功地推測每個市場不斷發生的小幅上漲和下跌。在次級走勢中，這樣的交易者比局外人擁有更多優勢。他的職責是利用這些變化，而且早在市場情緒發生明顯變化之前，就能夠評估技術情勢，並感受到市場情緒的微小變化。漢彌爾頓經常說：「長期看來，在投機中和在其他一切事情一樣，專業人士將比業餘人士更容易獲勝。」

查看報價單的投機者，無論是在紐約還是在西部，有時能夠體會在交易所的交易廳進行市場情緒測試的時刻。這些時候可以注意到，一些主要的股票價格可能被推升。很常見的情況是，稍後這些相同的股票將遭受賣壓。這種測試的結果可能無法讓局外人理解，但通常會向進行測試的人表示，投資人不會在上漲時進場買進，或是在下跌時賣出。透過這樣的測試，專業人士會在某個時期判斷會續漲還是續跌。

券商手續費、稅金、零股費用以及出價和開價差額，都會增加費用支出，導致在「殺進殺出」的交易中造成虧損。但是許多擁有必要的資金、勇氣和謹慎的人，再加上透過不斷研究市場趨勢和公司資產負債表以取得第一手資訊的能力，可以也真的克服了這些可能性。[9]很少有投機者會費心去計算與投機利

---

9 1982年投票決定增加聯邦和紐約州對股票銷售和轉讓的稅收，這使得交易者要面臨更高額的稅金，拖累獲利。

潤相對應的巨大可能性。克服這種困難唯一可能的方法，就是去了解趨勢和價值，並遵循漢彌爾頓的建議，投機者應該學會停損不停利。他認為，與任何其他單一因素相比，傲慢的觀點對損失負有更大的責任。

早在1901年，道氏在撰寫一篇關於投機活動的社論時就寫過：「如果擁有大量資本或少量資本的人，將股票交易視為每年賺取12％（而不是每星期賺50％）的機會，那麼他們長期下來的交易結果會好得多。每個人都知道這一點並應用於自己的私人企業，但是這種會謹慎經營商店、工廠或房地產業務的人似乎認為，炒股應該採用完全不同的方法。但事實絕非如此。」

許多成功的商人、製造商或旅館老闆，將多年的收入冒險進行股票投機，而他們之中，沒有人對此給出令人滿意的解釋。這些人幾乎總是認為，股票交易不需要任何知識或研究，但是他們在擴展自己的業務時，絕對不會考慮冒很大一部分資金的風險，而不仔細研究從這些資金中賺取報酬的可能性。即使他們訂閱了一些諮詢服務，還是經常會根據董事會的小道消息和八卦來做交易。

然而，假設他們確實根據諮詢服務的建議交易，訂戶幾乎都不會仔細調查提供這項服務人員的能力，或是多年來預測的準確性。顯而易見的事實是，如果這些服務提供的建議像人們常說的那麼好，那麼經營這些服務的人，不如直接將他們的大量投資用於市場活動中。

那些「破產」的投機者，與在自己的生意中投入同等金額或金錢風險的人相比，他們研究投機主題所投入的時間相對比較少。這些人很少承認是他們的無知造成了自己的損失。他們比較傾向指責「華爾街」和「空軍」，以某種神祕的方式騙走了他們的錢。他們沒有意識到，沒有什麼職業比成功的投機更需要勤奮、智慧、耐心和精神紀律。

如果業餘投機者清楚地了解專業人士實際取得的結果，他們可能會損失更少的錢。假設一個擁有100萬美元投機資金的場內交易者，會對資金在幾年內的年成長率20％感到滿意，這並不是沒有道理的。事實上，是否有很多人能做到，這是非常值得懷疑的。但一位擁有2,500美元資金的人，並不會滿足於這樣的成長率。

他會冒險進入一個他一無所知的遊戲，並且自信地期望做得比這更好。幾位經驗豐富的投機者（在華爾街累積了巨額財富的人）已經將未來幾年合理預期的平均增值幅度，訂為12％左右。以這個複利速度來計算，六年後資金就會增加一倍左右。然而，只是略為涉獵市場的人，很難期望在很長一段時間內獲得這樣的結果。

第十九章

股市的哲理

　　漢彌爾頓擅長用精闢的評論，以及多年來觀察華爾街習慣所累積的有用市場智慧，來為技術的主題提供說明。這些評論與道氏理論幾乎沒有關係，但任何讀他社論的人都會對他的某些觀察結果留下深刻的印象。也許他正試圖向讀者灌輸一些他知道對讀者有用的東西；也許他是在試圖強調一些他認為對讀者有用的東西。在其他場合，某些編輯在金融主題上的文章顯得無知，他會對其表示含蓄的蔑視。有時，訂閱者愚蠢的來信可能會激發他使用熟悉的比喻。無論如何，以下從他的社論中隨機選取的典型摘錄值得一讀。

　　在熊市期間，某些編輯宣稱典型的次級反彈是牛市的第一階段。他不同意他們的觀點，並寫道：

孤燕不成夏，一次反彈不表示牛市來臨。（1908 年 7 月 8 日）

還有一次，當熱門股服務供應商在牛市的最後階段預測會有大漲勢時，《華爾街日報》的讀者被警告：「樹木不會長到天上去。」（1908 年 12 月 23 日）

聽到某些著名的公司成了股市借貸群體中的放貸大戶，真是非常有趣，而且也很有啟發性，這也許代表空單餘額。但是這絕不表示那些借股票的人假如選擇交付股票，會拿不出股票來。確實，假如他們想賣出更多同一種股票，就會想辦法製造一個脆弱的空頭帳戶假象，以期取得優勢。經驗豐富的華爾街老手對這樣的跡象會持懷疑態度。（1921 年 8 月 25 日）

這是作者根據一則非常有名的放空廣告，而非常有信心地預測市場會上升時，漢彌爾頓所說的。這段話是很健全的市場邏輯。

當股市處在離 1921 年的低點不到 3 點時，漢彌爾頓說道：

大量的智慧金句和現代的例證顯示，投資者絕少在市場的底部買入，也極少或絕對不會在頂部賣出。廉價的股票從來就沒有吸引力。這不是自相矛盾的荒謬說法，而是根據市場的事實資料。如果便宜的股票具有吸引力，那麼今天的市場就應該是活躍的，投資人會感興趣甚至感到興奮⋯⋯可惜現在市場中

沒有足夠的這種人。（1921年3月30日）

在討論一個認為自己是以價值和獲利而買進股票的投資人的態度時，漢彌爾頓寫道：

他也許有錢買進股票，但是心裡卻總是記得這支股票，他認為應該在每天的早晨查閱股票的價格。（當他看到股票下跌了幾點時，）他就說要停損了，並且要牢記教訓。他所學到的教訓完全錯了，他忘記的不是他的損失，而是他買進這支股票的理由。（1921年3月30日）

為什麼優質股票似乎時常下跌？但是根據股票的獲利和合理價值來看，這樣的跌勢應該是反常的才對。漢彌爾頓提出他的解釋，非常值得讀者牢記：

在股市中，當多頭部位的套現活動造成市場不穩定的波動時，有一點很容易被人們忘記，那就是其實績優股經常比垃圾股更脆弱。績優股是真正有市場的，而垃圾股的市場卻是只是名義上的，必須償還借款而套現的人，會把手上能以一定價格賣出的股票拿來套現，原因是他們所持有的其他股票，不管價格跌到多少都賣不出去。（1921年3月30日）

當然，他說的是股票交易的大作手，為了償還融資的貸款而把績優股拿出來大量套現。不用說也知道，他們當然願意賣掉手上那些「不值錢的股票」，但是在交易低迷的市場中，卻是根本不可能的事。在批評自己的工作和支持道氏理論時，他寫道：

　　對股價走勢的研究……當分析偏離了道氏明智和科學的規則時才會出錯。（1919年8月8日）

　　漢彌爾頓經常在社論中鼓勵讀者，在劇烈的次級走勢發生之後買進股票。他曾寫道：

　　在最糟的情況下，這次的衰退還沒有變成所謂「先蹲後跳」的程度。（1911年7月14日）

　　漢彌爾頓有一種評估次級走勢的罕見能力，對於那些相信他這方面能力的人而言，假如這句他常講的話反覆出現，那就是對牛市的忠告。

　　1924到1929年，漢彌爾頓多次對投機和投資的增加發表了評論。他注意到股票的發行一年比一年多，不只業界龍頭股票持有者的數量在增加，整個國家的人都在參與投機活動，而以前這些活動大都局限在幾個重要的金融中心。漢彌爾頓即使不是唯一，也是少數預期這種新的因素可能會體現在災難性的股

票套現中。下面的內容，就是他在1925年寫出的告誡，相同的思想在同一年和1929年股市崩盤時也曾被多次提及：

一定要記住股市的技術狀態……如果有什麼意外的事情發生打擊民眾的自信心，將會導致來自全國各地大量的股票賣出，華爾街也不能像以前那樣精確地計算出股票部位的數量範圍，因為以前的持股部位大多數都在紐約。（1925年3月9日）

那些在股市1929年頂點後的災難性套現中不幸被套牢的人，就會知道這個預測多有智慧。

一些喜歡寫長信給《華爾街日報》編輯的讀者，會提出一些從他們自己的投機分析系統中得出的結論，且自認無庸置疑。對此，漢彌爾頓以編輯的身分回應：

有一句話一定要常常提醒讀者，那就是對線圖、系統和一般規則的教條化，鋪成了一條毀滅之路。（1909年3月17日）

線圖對於道氏理論應用者來說是必備的，就如同會計帳對於銀行來說是不可或缺的一樣。但是，道氏理論的研究者應該要克制自己，以避免教條化或過度、精確地解釋。我們都知道市場絕少精確地如預期中那樣表現。因此漢彌爾頓宣稱：

假如市場會完全按照預測運行的話，那未免也太神奇了。

（1906年5月19日）

曾經有一段時間，市場處在牛市的興奮階段，四處都散發著繁榮的氣息，而漢彌爾頓卻警告他的讀者：

各種說法都認為，在未來的六個月內會有一個大牛市，投資人會把股票推向頂峰。到目前為止，謹慎拋出的誘餌還沒有吸引來大量的魚群。（1909年12月20日）

有趣的是，這段話是寫在牛市到達頂點的幾天之前。漢彌爾頓很明顯地看出了那些魚（上當的傻子）已經吞下超過他們消化能力的誘餌。另一次他則寫道：

股票市場的長期經驗顯示，最佳的買進時機都有著極為出色的偽裝。還有，惡名昭彰的「內線出貨」是一種牛市的論點。那些手上有大量股票要出貨的人，通常不會大張旗鼓地賣。（1923年1月16日）

這是一種警告，也就是市場新聞經常會誤導人。假如漢彌爾頓在令人痛苦的1930年到1931年間還活在世上，他也許就能警告我們不要上鉤，當時的誘餌非常多。當實力強大的大戶把手中持有的股票出貨時，肯定是要盡一切努力來把股價抬高。

1923年4月27日，漢彌爾頓沒想到「我們被要求學習的經濟學」會打亂道氏理論隱含的意思。

道瓊指數有著任何其他預言方法都不具備的特性，指數並非一直在表達意見。（1925年12月17日）

關於那些收取高價顧問費以提供服務的機構，這是很有價值的建議。

每一個華爾街的交易者都知道，對於已經站在市場正確一方的交易者，在100點的上升過程中，若不適時獲利了結，而是利用獲利擴大其股票買進的部位，如此一來，價格不需要重挫，就能讓他處於比開始還不利的位置。他通常會發現，在市場頂部逐步加碼，結果價格只要下滑一點點，就會把他掃出場。（1928年12月12日）

牛市不會有新聞，是華爾街的老生常談。事實是，一旦報導出一支股票上漲的原因，通常就是上漲走勢結束的時候。（1912年4月1日）

在一次熊市中，當政客批評華爾街時，被激怒的漢彌爾頓寫道：

我的天啊，我們可以開始真正尊重美國文化，讓我們解決自己的問題嗎？從股票歷史上來看，紐約股市比任何其他人都還要早察覺到危險，並且安全地賣出股票。（1924年11月12日）

漢彌爾頓在《股市晴雨表》中寫道：「我們可以舉出無數個例子來說明，人們在華爾街虧損，是因為他們太早就看對方向了。」

正常的市場根本就不存在。（1911年5月4日）

現在每個人都在投機，而且根據多年的經驗，普羅大眾的判斷力肯定無法與菁英相提並論。（1928年12月8日）

就在1929年牛市結束前不久，漢彌爾頓寫出這段很符合情況的話：

那些在股市活躍、按照通常的方式逐步擴大自己的投機部位的人，大多數是那些擁有自己事業的人，這一點不應該被忽視或輕視。（1928年12月8日）

《華爾街日報》明智地避免提出股市的年度預測，而許多報紙則所熱衷這麼做。在對這種做法進行評論時，漢彌爾頓寫道：

回顧過去比預測未來好，這是一個法則。新的一年還不到一個星期，人們就已經忘了預測的內容了。（1929 年 1 月 1 日）

在 1922 年 5 月的時候，四處瀰漫著熊市的氣息。民眾被告知那些操縱股票的大戶在出貨，因為股票上漲得太快了等等。《華爾街日報》從來沒有參與這樣的行為，而且為了要保護讀者，漢彌爾頓的社論發表了這樣的告誡：

股票市場「操縱股票的大戶」，出貨時通常不會大張旗鼓地宣傳。（1922 年 5 月 22 日）

有趣的是，股市隨後快速上升了大約五個月，期間竟沒有一次重大的拉回。

一個人為了投機性買進但卻選錯了股票，或者更少見的是，選對了股票卻在錯的時機買進，肯定總是因不周全的判斷而指責其他人。他根本不把股票市場當作國家經濟的晴雨表。他認為靠先閱讀這個晴雨表，之後再了解經濟，或者根本不用晴雨表就能賺到錢。恐怕還是很難說服他，應該把研究過程的順序顛倒一下。這一點最近已經在威斯利山（Wellesley Hills）得到證明，想要做這兩件事會導致解不開的混亂。（1923 年 7 月 30 日）

投機者不能期待所有股票與股票市場的總體趨勢相反而獲利，除非是在最特殊的情況下。

　　關於投機活動的道德性，漢彌爾頓給出他的觀點：「只要投機者不要用別人的錢去賭博，我不認為投機活動有什麼道德問題。」很明顯，漢彌爾頓厭倦了那些要求更頻繁提供市場建議的讀者來信，他很長一段時間不再提供對市場的建議，並且說明原因：「我們無意與巴布森先生（Mr. Babson）競爭，或者與那些不怎麼樣的二流先知競爭。因為在《華爾街日報》上討論價格走勢，會被當成股票的小道消息，所以不這麼做。」

　　漢彌爾頓過世前幾周對市場做出最後的預測，如果能知道有多少讀者據此採取行動，應該會很有趣。1929 年 10 月 26 日，漢彌爾頓寫道：

　　到目前為止，就道瓊指數這個晴雨表而言，從上周三（10 月 23 日）開始就已經可以明顯地看出，股市的主要走勢已經轉向下跌了。

　　這段話會是很棒的墓誌銘，因為這說明了漢彌爾頓的職業生涯，讀者應該記住一點，當時絕大多數的股市先知依舊盲目地追捧著「新時代」的教條。

附錄

威廉·漢彌爾頓的社論

《華爾街日報》1903年12月7日,本周的發展

截至12月5日的一周,市場走勢強勁幾乎沒有下跌,價格大幅上漲,成交量大幅增加。二十支交易熱絡的鐵路股指數,11月28日收盤價為98.15點,幾乎不間斷地上漲至12月4日星期五的95.79點,本周收在95.16點。這是近三個月來指數達到的最高點。鐵路股中交易最熱絡的個股是賓州鐵路,大約有500,000股(半股),價格上漲了4.5點;聯合太平洋公司,230,000股,上漲8.5點;岩島(RockIsland),近200,000股,上漲8點;艾奇森(Atchison),150,000股,上漲2.5點;布魯克林捷運(Brooklyn Rapid Transit),250,000股,上漲10點;聖保羅(St. Paul),125,000股,上漲4.5點;厄爾(Erie),135,000股,上漲略高於1點;密蘇里太平洋公司(Missouri Pacific),110,000股,上漲4點;瑞汀(Reading),170,000股,上漲5點;南太平洋(Southern Pacific),100,000股,上漲1.5點。工業股方面,450,000股鋼鐵特別股以63.5點的漲幅成交;240,000股合併銅業公司(Amalgamated Copper),上漲4.5點;100,000股的美國糖業(Sugar),上漲5點。此外,鐵路和工業類股中,一些交易較不熱絡的特色股票也出現大幅上揚,其中的特點是前一周下挫的特別股上漲。

毫無疑問,上漲的主要動力來自於大量空頭回補,事實證明,空單

餘額比華爾街普遍認為的要廣泛。這幾個月來放空股票變得很流行，而且顯然參與這種流行的人比一般認為的還要多。值得注意的是，本周的上漲基本上是從9月底開始的，自那時起，市場壓力未能帶來大量股票發行。這件事的重要性在於，從時間點來看，這是市場自十四個月前開始大跌以來的首次長期反彈。大量證據顯示，價格的下跌走勢在年初時結束。考量到鐵路股獲利顯示的價值仍在增加的事實，作者必須說，有強大的推論支持市場已達到投資者可以合理認為安全的程度了。

《華爾街日報》1904年9月17日，股價是漲還是跌？

我們經常指出，市場上有三種走勢同時發生。第一種走勢是每日走勢，主要由交易員操作的結果造成，可以稱為第三級走勢；第二種走勢通常持續二十到六十天，反映了市場投機情緒的漲落，又稱為第二級走勢。第三種走勢是股市最重要的走勢，通常會持續數年，走勢的原因是股票價格相對其內在價值的調整，通常稱之為主要走勢。確定主要走勢發生的方向是非常重要的，因為這是投資人所關注的走勢。因此，目前沒有什麼比主要走勢的股價是上漲還是下跌更有趣的問題了。

我們在1903年12月5日刊登了一篇有關價格變化的文章，其中結尾的段落如下：

因為美國在這段期間財富的驚人成長、因為鐵路里程並沒有像超額獲利的增加比率那樣增加，最後因為可用於配發股利的超額獲利的成長比率超過了市場價格的漲幅，而且目前在市場價格中所占的比例，比景氣繁榮開始以來的任何時候都還要高，所以人們很可能會問：股票的跌勢是否尚未結束？至少有一些證據顯示這個問題的答案是肯定的。

過去九個月發生的事件相當清楚地顯示，上述建議是正確的。自那時以來，以二十檔交易熱絡股票指數來看，已經有了很大的進步。我們可以再次回顧這個情況的主要事實。在1902年9月達到高峰的大繁榮期間，我們使用二十支交易熱絡股票所編製的指數，最高價格為134.53點。

這些股票在景氣繁榮時，最高收盤價為129.36點。

這些股票在1903年下跌過程中觸及的最低點為86.68點。

1903年指數收盤最低價為88.80點。

從指數高點到指數低點的跌勢為47.85點。

從1902年最高收盤價到1908年最低收盤價的跌勢為40.56點。

市場從去年9月開始反彈，從1903年9月28日的收盤價88.80點開始上漲（現在看來是下跌的底部）。直到1904年1月23日，市場幾乎沒有受到什麼影響而上漲。收盤價為99.78點。漲勢為10.98點，而且是在一百一十七天內完成的。隨後，3月14日收盤跌至91.81點。這個跌勢總計在五十一天內累積下跌8.47點。隨後，4月11日上漲至97.58點，二十八天內漲了6.27點，隨後下跌至5月16日的98.55點，八十五天內跌了4.08點。

股市自5月16日起漲，交易熱絡的個股拉回不到8點，9月10日的指數收在108.12點。此外，漲勢最高達到110.45點，比5月16日的收盤價高出16.90點，比1903年的最低收盤價高出21.65點。因此，在這種漲勢下，市場收復了1902年的最高點跌到1903年最低點這段跌勢的一半，以及從1902年的最高收盤價到1903年的最低收盤價跌幅的一半以上。到了9月10日，市場已經上漲了一百一十七天。

主要走勢的特徵是，與主要走勢方向相同的次級走勢比所謂的漩渦更慢。在1908年的大跌勢中，向下的次級走勢平均為三十二天，而反彈平均為十二天。自去年9月28日以來，平均下跌期間只有四十二天，而上漲平均為八十七天。因此，這顯示主要走勢發生了變化，直到一年前，主要走勢才明顯下降。事實上，有證據顯示，目前的主要走勢是向上的。

必須進一步指出，鐵路股的獲利異常穩定、銀行清算相對穩定（表示有大量在建設中的業務）和外貿數字的穩健性，雖然出口差額有所下降，但這些都證明，股價下跌之後並沒有出現普遍的商業蕭條，目前似乎沒有任何特別的原因。如果玉米和棉花的成熟作物沒有大幅減少，顯然沒有什麼可以讓人相信鐵路股整體價值不會保持高位，一段時間下來，這將帶來價格的進一步升值。很大程度上將取決於今年冬天，無論如何，這將清楚地顯示價值的總體趨勢。長遠來看，價值決定價格。可以肯定地說，如果目前的價值繼續維持下去，那麼平均而言，目前的價格還不算高。

另外必須進一步記住的是，黃金產量的持續增加是一個最有力的因素，未來一定會感覺到固定收益證券以外的證券價格上漲。

《華爾街日報》1904年10月20日，市場的部位

周二晚間，二十支交易熱絡個股的平均收盤價，幾乎比5月15日的平均收盤價高出20點。換句話說，指數整體至少「漲了20點」。單就這一點而言，這是一個重要的事實，尤其是當它加上這樣一個事實時：那次上漲期間從未出現過重要的中斷或拉回。由於價格上漲，整個市場現在大約處於1901年秋季的水準，當時與已故麥金利總統遇刺有關的激動情緒已經過去。1902年的最高平均收盤價略高於129點，而1908年的最低平均收盤價低於89點，下跌了大約40點。在這40點中，現在已經漲回了大約25點，占整個跌幅的60%以上。

當然，從這個角度來看，這是一個重要的回漲。但公平地指出，1903年價格的大幅下跌，其實是在鐵路獲利增加的情況下發生的，因為在截至1904年6月30日的一年中，所有鐵路股的淨獲利加起來是美國史上最高。因此，在1903年的漫長衰退期間，在許多情況下，價值其實是在上漲，但價格卻在下跌，並且考慮到資本支出的增加等，整體價值肯定不會明顯下降。儘管1903年鐵路收入並沒有減少，但目前的收入遠高於去年，並且有明確的跡象顯示，本財政年度鐵路的淨獲利將遠高於去年，並將是美國史上最高。

因此，如果我們假設1901年的價格與當年甚至後年的價值相比並非不合理，那麼很明顯，與現值相比，現在的價格並不高。目前，即使計算增加的資本支出，價值也可能高於復甦開始以來的任何時候。今年春天，價格線和價值線之間的差距無疑非常大，而且目前仍然很有可能是如此。至少在某種程度上，過去五個月的變動顯然必須被看作是價格調整到價值的過程，就表面跡象而言，價值似乎可能至少在一年內趨於上升。價格是否會跟上來，只有時間才能證明。然而，從長遠來看，排除漩渦和交叉投機流後，價值會決定價格。

《華爾街日報》1906年4月16日，價格走勢

過去一周以來，交易熱絡的股票價格走勢出現了相當有趣的發展。1906年3月5日觸及二十支交易熱絡鐵路股的前一個低點，當時指數為128.54點。從4月2日達到的188.18點，出現了不規則的反彈，1月22日創下的188.80點，且比當年最高紀錄低了8點。本周拉回至130.07點，也就是3月5日低點的1 1/2點以內。如果這二十支股票的價格跌破

這個數字,那麼先前的走勢線經驗就顯示,走勢將不只是一種溫和的拉回,而是具有新的下跌走勢的性質。

事實上,價格現在已經恢復到4月2日創下的最高價的1點之內。如果目前的走勢使其超過這個數字那麼就會有公平的證據顯示新的獨立上升趨勢。指數顯示在長期上漲後的下跌,通常能夠回漲大約一半,然後市場在前低和回漲點之間來回移動,直到新的動能產生為止。這個情況真正暗示的是,在因為超賣而反彈之後,市場的技術性部位正在自我調整,在其他條件相同的情況下,新的買進或新的賣出開始獨立走勢的可能性大致相同。

這個部位很有意思,特別是考慮到外部影響的變化。有充分的證據顯示,嚴格的貨幣條件在很大程度上有所改善,包括國外買進黃金、支票到貨幣流向其他點、養老金支票、高利率吸引的資金以及世界各地普遍放寬的貨幣條件。政治前景也很清楚。唯一的不確定性是未決的俄羅斯貸款,從英格蘭銀行最近的行動,以及巴黎在倫敦的黃金出價沒有超過我們這件事來看,顯示已經做好了準備。

《華爾街日報》1906年5月2日,市場走勢

從4月18日星期三,也就是舊金山地震和火災發生當天,到4月28日星期六,在十一個交易日內,二十支交易熱絡的鐵路指數從182.66點下跌了10.77點,從182.66點跌至121.89點。周一反彈2.17點,周二又跌了8.86點,自地震以來總共下跌了11.96點。在這麼短的時間內下跌這麼多並不正常。即使在恐慌期間,平均跌幅也沒有那麼嚴重,當然,個股的跌幅要大得多。然而,在較長的時間內出現了一定程度的跌勢,比較隨後的市場表現可能會具有啟發性。

去年大約同一時間也出現了一個奇特的相似走勢。在1905年4月17日,二十支交易熱絡的鐵路股指數為126.89點,經過復活節假期的十個交易日下跌了8.58個點。這是指數中最接近的一次。4月29日創下低點。市場在5月2日反彈了3點,升至120.63點,然後再次跌破前一個低點,直到5月22日之後才回升,當時觸及114.52點。1905年最重要的漲勢便從這時開始,到隔年的8月29日,指數已經觸及132.19點,上漲了17.67點。

對指數來說,恐慌性下跌在當時沒有看起來那麼嚴重。從1901年

5月1日到5月9日，二十支鐵路股的平均下跌了14.49點，但應該指出的是，這次跌勢中只有相對較小的一部分是在恐慌的當天發生的。實際上，人們發現非常劇烈的突破快速就會恢復，在這種情況下，回漲的速度如此之快，許多跌勢在下午就漲回來了。

在上述每個例子中都可以觀察到，在短時間內經歷了相當大的跌勢後，就會收復大約40%的跌幅，主要是由於空頭回補，當然還有部分原因是底部有部分是投資人進場承接；而之後則出現了逐漸且緩慢的下跌趨勢，將指數推至前一個低點或跌破該低點。例如，就在4月29日觸及低點並反彈不到4點後，指數又回落至114.52點，然後才回升。

1899年12月的恐慌就是這種情況，除了在9月5日至12月22日之間下跌超過13點之後，指數回升了6點多一點，然後沒有再次觸及前低，不過，一直到隔年的年底才再次達到1899年9月的高點。

《華爾街日報》1906年5月19日，價格走勢

假如市場會完全按照預測運行的話，那未免也太神奇了。二十支交易熱絡的鐵路股指數走勢顯示出如此非凡的一致性，使得採用這種方法來衡量市場波動的程度和強度的人感到非常佩服。事實上，就指數變動而言，市場已經完全做到了多年來分析的類似走勢所預期的結果。

1月22日二十支交易熱絡的鐵路股指數為138.36點，至少在未來相當長的一段時間內，市場已經觸頂了。儘管舊金山大地震災難造成的衰退非常嚴重而且突然，但是現在很明顯，貨幣市場狀況、對債券的需求不佳、房地產和其他工業公司的自由資金被鎖定以及其他因素，顯然下跌是應該的，只是發生的速度比預期的還要快。在這樣的下跌中，從40%到50%的反彈（通常很快速）是一種相對一致的經歷。從高點138.36點，到5月3日指數回落至120.80點，也就是跌了18.06點。5月11日收盤時，指數來到128.16點，漲幅為8.10點，跌幅低於45%。

可以看得出來，回漲的速度完全照計畫進行。這樣的漲勢可說是非常迅速，在上漲之後，市場又開始緩慢下滑，方式與之前嚴重下跌後的反彈大致相同。七天內以每天1.12點的速度回漲，而下跌卻是不規則的，並且有少數個股回漲。經過六天的交易後，市場並未從反彈的頂部下跌太多，從指數收在126.90點就可以看得出來。

從5月8日開始的大幅下跌、反彈，以及過去六天劇烈不規則的走

勢和下滑趨勢，都是市場在遭受嚴重震盪後的典型表現。繼1896年的恐慌、花卉恐慌、1899年的12月恐慌、北太平洋軋空，以及1902年9月以來的大跌之後，市場反彈的方式非常相似，然後被逐漸拋售（雖然有個股的強勁走勢）直到接近前一個低點附近，此時交易區間狹窄的交易者市場開始發展，直到真正的新動力給出了新的方向。意想不到的事情在華爾街比在其他任何地方更常發生，但這些典型的經歷值得回顧。

《華爾街日報》1906年6月29日，華爾街晴雨表

投機不僅在股票市場中，而且在任何市場中都是不可少的。必須有人抓住機會。在櫃檯出售的一磅咖啡，對零售商來說賺到的利潤，多少都是因為他正確地判斷批發市場的情況。因此，每個市場不僅要適應當前條件，還必須適應未來的條件。就這一點來說，股票與任何其他商品一樣，但是股票涵蓋的利益範圍如此之廣，以至於股價的一般變動可能而且經常反映出外部一般條件的變化。

就這方面來說，華爾街市場在某種程度上是一個理性的晴雨表。華爾街經常說一句話：「當一新聞發布出來的時候，股價早就已經做出反應了。」股票持有者和精明的投機者們，在交易的時候並不是根據人們已知的事情做出判斷，而是根據他們自己獲得的資訊，或是對未來的成功預測。我們經常會發現：在股市整體已經出現長達六個月的跌勢後，實體經濟才開始出現明顯的萎縮跡象；或是預期未來六個月內整體商業活動會有所改善，但情況尚不明顯時，股市就已經整體上揚了。

華爾街的工作就是向大眾出售證券。華爾街預計，當它預期的商業進展成熟時，大眾就會買股票。這才是真正建立牛市的原因。華爾街內外的有利條件相互作用，直到為股票榮景提供必要的動力。1904年的夏季，當不熟練的觀察者確信麥金利總統期間的榮景已經結束，工業正在走下坡時，華爾街的專業人士正在購買股票。華爾街正確估計了企業的巨大恢復能力。二十支交易熱絡的鐵路股指數在當年上漲了近30點，從5月底至12月初之間持續上漲。

永遠要記住，股市中有一股主流，和無數的支流、漩渦和死水，其中任何一個都可能被誤認為是一天、一周甚至是更長期的主流。股市是一個晴雨表，沒有任何走勢是沒有意義的。這種含義有時一直要到走勢持續了很久之後才被揭露，而且通常根本不為人所知；但我們確實可以

說，只要完整地了解走勢的來源，每一個走勢都是合理的。

晴雨表需要的當然是專家的解讀。今年1月22日觸及有紀錄以來最高點的股市，目前做出了不規則的反應。二十支交易熱絡的鐵路股下跌幅度一度擴大到超過18點，而在十二支交易熱絡的工業股，跌勢幾乎一樣多。即使是現在，在經歷了非常大幅的反彈之後，市場也已經從去年4月的復甦點開始回落，甚至比本月的最高點低了6點。表面上看來，農作物的展望、工業條件和貨幣市場都非常好。這是晴雨表非專業解讀者的機會。市場是否反映了基本條件的一些變化，進而證明六個月後回顧現在，目前的報價是合理的？

《華爾街日報》1906年7月6日，價格走勢

如果說7月2日工業股和鐵路股觸及的低點代表了下跌的終點，那麼股市現在處於一個非常有趣的位置。如果是這樣的話，這就完全符合過去走勢的經驗，並且可以得出一些合理的推論。從1906年1月22日二十支交易熱絡的鐵路股觸及的高點138.86點，到1月19日十二支工業股觸及的103.00點，前者跌至120.30點，後者跌至86.45點，兩次達到5月8日舊金山大地震下跌的低點。從那時起，工業股的價格已經突破了前低，而交易熱絡的鐵路股則是跌1½點。

當發生這種情況時，多年來一致的經驗是，恐慌性下跌之後會出現大幅反彈40%至60%，然後是不規則的下滑，最終將價格壓到之前的低點。似乎需要這樣的反彈來幫助那些恐慌中的弱勢持股者。很難說舊金山地震後的走勢完全屬於恐慌，鐵路股的反彈恢復到131.05%，只比地震下跌開始的指數低1.61點。然而，自1月22日以來，這次反彈約占跌幅的60%，此後市場的走勢與恐慌性反彈後觀察到的走勢，非常奇怪地呈現一致的情況。

我們似乎可以公平地推斷，與恐慌之後的套現非常相似的變現是必要的。讀者可以注意到，一些由少數人持有的工業股價格是由大戶所決定的，其跌幅相對較小，而許多價值毫無疑問的股票卻大幅下跌。這只是用另一種說法來表達，人們不得不出售有人願意買的東西，在某些情況下可能是為了保護根本賣不出去的東西。恐慌中的第一次下跌是恐慌，第二次較緩慢的跌勢是普遍衝擊信心的表現。我們能否合理地推斷，自6月11日以來，市場的跌勢反映了一些類似的衝擊，導致突破低

點或接近低點？

　　從這樣的類比，我們可以得出另一個推論。市場可能會等待處於低點或略高於低點時的新動能。至於這種動能可能是什麼，是否來自農作物豐收、低利率、無可置疑的證據顯示過去的榮景延續，或者是否因為比較令人不安的原因，目前還無法確定。邏輯上來說，知道動能是什麼時，走勢就已經開始了，那麼就沒有問題要解決了。我們至少可以說，目前的價格遠低於價值，目前所有跡象都顯示情況已好轉。

《華爾街日報》1906 年 8 月 4 日，價格走勢

　　股票價格的走勢，沒有比最近幾年更典型的發展了。以本報多年來使用的二十支交易熱絡的鐵路股進行比較，這個漲幅非常接近這個典型。指數在接近舊金山震災導致的 5 月 8 日前低，已產生了新的動力，並且已經從 7 月 2 日反彈了近 9 點。

　　這與市場通常的行為非常一致，市場受到衝擊、反彈，然後再次被拋售。這是正常的走勢，雖然每個部分的程度各不相同，但幾乎不變的規則是，在狂熱反彈後的第二次下跌中，市場在狹窄的區間內保持平衡，等待新的動力。對價格走勢的分析幾乎沒有顯示出這種動力是什麼，但是過去一個月來，特別是在過去的兩周，出現了一個劇烈的上升走勢，這個走勢具有受其自身影響的獨立波動的所有特徵。

　　今年 1 月 22 日，指數的最高點為 138.36 點。今年的最低點是 5 月 3 日的 120.80 點。從 6 月 11 日的低點開始，市場已經反彈到高於目前的點數。因此，如果價格超過 6 月 11 日，現在正在進行的漲勢將獲得相當大的力道。

　　暫且不談外界因素，就指數來說，仍然需要上漲超過 8 點，使指數突破 1 月 22 日的數字，然後才能有充分的理由說，年初結束的牛市肯定回來了。

《華爾街日報》1906 年 8 月 21 日，這是牛市震盪嗎？

　　自從本專欄上次討論指數變化以來，市場的面貌發生了令人驚訝的變化。在九個交易日內，二十支交易熱絡的鐵路股上漲了近 7 點。我們必須回到 5 月才能找到如此普遍而且可觀的市場波動性，而且更值得注意的是，大部分是在三天內完成的。

從7月2日開始市場出現轉強後，本專欄就指出應該有一個獨立的走勢，並且有可能已經找到了市場一直在等待的新動力。這個推測是根據1月22日以來的股票走勢，當時二十支鐵路股觸及188.86點，這是鐵路股在舊金山震災引起的波動之後的紀錄。從1月開始，市場可能處於下跌走勢，但是地震當然使跌勢顯著加速。

與同類急遽發展導致的所有嚴重下跌一樣，市場在迅速反彈到超過其損失的50％後，開始不規則地緩慢下跌，直到7月2日觸及121.76點，只比5月8日的地震後低點120.80點高出1.46點而已。當時有人指出，市場已經完成了通常的鐘擺擺動。平衡點已經達到，必須感受到新的影響才會有新的走勢發展。

當時，新的影響似乎是看跌的。市場徘徊在前低附近，如果指數跌破前低，肯定會非常令人沮喪。沒有任何跡象顯示大戶正在特別努力支撐價格，只要股民感覺沒什麼信心，希望就會延後。很明顯，要使指數突破1月份的前高就需要上漲16點，但是只要再跌不到2點就會跌破地震的低點。

但是從7月初開始，一個明顯的獨立走勢開始了，偶爾會反轉，但其實並沒有刺激任何特別大的成交量，而是在累積力量，並清楚地顯示這場走勢的背後一定是某種明確的原因。在聯合太平洋鐵路和南太平洋鐵路剛開始談發放股利之前，這場走勢可能不會持續下去。

即使是一周前，除了少數特權階級之外，其他人還沒來得及知道哈里曼公司（Harriman）配發股利的規模，股價就已經超過了舊金山地震時反彈的最高點。現在可以肯定的是，潛在的影響是鐵路股的新股利政策，這是可以明智預期的。市場證明了這一點，尤其是自從公布股利以來指數上漲了超過4點。以目前136.98點來計算，指數已經與1月的前高相差2點。如果先前的展望看跌，有可能突破地震低點，那麼現在有理由承認前景是看漲的，而且幾乎就快創下新高。

宣布有關股利後的成交量，必須顯示配發股利不只是在操縱股價而已。認為在周六交易的兩小時內，任何個股的股利竟然可能操縱160萬股的走勢，未免也太荒謬了。唯一可能的推論是，股民終於在某種程度上站穩了腳跟。在周一的巨額獲利回吐中，很明顯有新的買家即將到來。因此，如果買進量使指數站上188.43點以上，我們只能假設1月22日至7月2日這段期間的長期下跌，代表了牛市中熊市某種程度的延伸，

但牛市會恢復其力道。

《華爾街日報》1906年9月6日，不規律的價格走勢

8月25日星期六，二十支鐵路股指數觸及187.06點，是今年1月22日以來的最高點。自從那天之後，個股出現了一些顯著的波動，價格走勢也出現了奇怪的不穩定，值得分析。

在舊金山大地震引發的價格劇烈波動之後，市場也許可以說在7月2日逆轉，當時二十支交易熱絡的鐵路股為121.76點，只比震災導致的最低點略高出1點。從7月初到8月25日指數持續上漲，漲勢偶爾中斷，只比指數觸及的最高點低1.30點。

自8月25日達到高點以來的八個交易日中，相較於個股的走勢，指數的極端波動小得驚人。舉例來說，聯合太平洋在這段時間上漲了7點，下跌5點，和其他一些股票的波動幾乎同樣大。然而，在那段時間，指數的極端波動是2.02點，即使是現在，市場也比上一個高點低不到1點。在周二的劇烈波動中，聯合太平洋上漲5點，跌4點，而聖保羅同樣不規則，總變化幅度為0.01%。

同時還可以注意到，自從哈里曼宣布股利之後的大交易日以來，成交量已經下跌。即使股票在市場上拋售，市場也往往會變得低迷。這是在特殊新聞（如哈里曼股利）引起的普遍走勢被不容忽視的發展（例如40%的資金）所遏止之後的常見情況。事實上，股票正在上下震盪，有達到平衡的趨勢，同時成交量很小。市場正在適應金融市場的需求和可能性。價格變動其實只是調整一個不尋常但容易理解的技術性部位調整。

《華爾街日報》1906年12月15日，價格走勢

由於在一定範圍內提供了市場可能走向的可靠指標，本專欄所分析的二十支鐵路股指數目前非常值得研究。最近出現了一個明確的走勢，可能會對交易的最終意義有所了解。自上個月這個時候以來，指數出現了超過8點的劇烈波動，11月15日的低點為184.35點，12月11日高點為187.56點。在這些狹窄的範圍內，成交量非常可觀，不過除了希爾（Hill）和聖保羅之外，個股的波動並不劇烈。

指數從未突破1月22日創下的188.86點的前高，但是不只一次非常接近高點。低點是在地震時創下的，而且並沒有這麼接近，但是從市場

半恐慌性休市後的反彈來看，曾有一天指數看起來像會突破這個價格。當然，這樣的發展是一個非常悲觀的跡象。相反地，如果指數突破1月22日的高點，那麼就絕對是牛市。

有一個非常好的規則指出，當一支股票在非常窄的區間內出現大量交易時，那麼這支股票不是被超買，就是被超賣，而且有人其中一個目的是操縱價格。以此類推，二十支交易熱絡的鐵路股也具有這樣的指示作用，而且經常發生。過去一個月指數波動3點顯然就是一個很好的例子。周四收盤時，價格似乎跌破了11月16日的前低，而在11月26日幾乎達到相同的價格。如果之後指數升到12月11日的高點之上，就絕對表示是看漲的跡象，而突破1月22日的高點更能確定這一點。

然而，如果指數回落到低於目前震盪區間的低點，則表示展望看跌。這並不一定表示過去六年來一直在持續的大牛市會結束。這比較表示我們正處於牛市中的周期性熊市波動中，有時這種熊市會持續兩個月或更久。事實上，無論是哪一種方式，不規則的走勢都可能相當準確地顯示有買盤或是賣盤進駐。

《華爾街日報》1907年2月2日，價格走勢

在舊金山震災導致股市重挫之後的不同時期，本專欄非常充分地闡述了股票指數波動的教訓。有人指出，市場已經顯示出相當於恐慌的跌勢。也有人說，那次跌勢中的反彈走勢，大約收復了整個跌勢的一半。由於市場無論如何都在下跌，而舊金山地震只是加速了跌勢，情況有點複雜。1906年1月22日，二十支鐵路股票的指數觸及138.86點，創下新的紀錄。指數在5月3日跌到120.30點，標誌著極端的跌勢。

正如在這種劇烈走勢之後經常發生的情況，反彈了一半以上，並且通常逐漸下跌到非常接近前低。這在7月2日結束，當時平均為121.76點。這時鐘擺已進入平衡狀態，等待著某些事物來開始它的走勢。在農作物大豐收和美國巨大工業榮景的刺激下，一場走勢開始了，9月17日的指數高達187.84點。可以看得出來，第二次下跌並沒有完全觸及前低，而漲幅也沒有超過1月22日的歷史高點。如果它做到了後者，那麼將無可避免地得出此時仍處於大牛市的推論。

當時非常引人注目，在市場反覆徘徊直到12月11日，再次接近前高時，指數將提供市場未來走向的最佳指標。兩次漲勢都沒有站上前

高。在5月3日的紀錄1.5點內徘徊一段時間後，市場在周四略有反彈，但在周五終於突破了前低。西北鐵路公司（Northwest）的權利已經到期，但自指數首次建立以來，股價和股利一直在逐步下降，就像其價格一樣自然。自12月11日以來短暫但嚴重的下跌一直跌到新低。如果股市在9月或12月初的1月高點上方被拋售，那就會是一個看漲的跡象，那麼似乎可以公平地推斷，跌破震災的低點顯示熊市已經確立。

根據道氏理論，這是關於價格變動唯一可理解的系統，有三種變動總是在發生。一種是每日波動，另一種是短期走勢，持續三周到三個月，可以定義為牛市的反應或熊市的反彈，以及所有持續數年的龐大潛在走勢的背後，實際上對應於有紀錄以來每十年左右出現一次的繁榮或蕭條。

毫無疑問，直到去年1月22日，我們一直處於牛市中。我們要問的是，牛市是否在那時就結束了？舊金山地震導致的重挫可能只是次級拉回。無論是在9月，還是在12月11日再次接近前高時，這看起來都是極有可能的。但是這一年多來，隨著偶爾的反彈，市場確實有下跌傾向。

問題在於，我們是否正處於那些大而漸進的熊市走勢的開始，偶爾出現顯著的反彈，這標示著商業活動在大榮景之後的萎縮。在目前的衰退耗盡之後會發生什麼？在這樣的市場中，真正的反彈會很猛烈，股票通常會把幾週內的跌幅，在幾天內漲回來。儘管如此，平均指數看起來似乎或多或少處於「有序回跌」的狀態。

《華爾街日報》1907年7月12日，價格走勢研究

在華爾街，可能沒有哪個機構比道瓊的指數走勢更出名，每天都在修正，並以目前的形式持續了大約十七年。在本專欄中，我們可以從過去的市場走勢中吸取一些寶貴的教訓。《華爾街日報》透過對過去幾年的市場走勢分析指出，如二十支交易熱絡的鐵路股指數所示，1905年的牛市尚未達到頂點。事實上，直到1906年1月22日，它才觸及指數的最高紀錄138.36點。

在1906年，特別是在舊金山地震後，當同一股票的市場價格跌至120.80點時，除非再次突破前高，否則不能認為之前的牛市重返。在1906年初秋和12月初市場崩潰之前，這是近年來最嚴重的跌勢之一，可以從平均值中推斷出有利於下跌的跡象。1906年1月的前高在當年9

月17日接近187.84點，12月11日再次接近187.56點。有人特別注意這兩個高點，以努力重建已經達到高點的牛市走勢。

人們會記得，去年秋季最弱的特徵是，股民對操縱價格的企圖沒有任何反應。有人一直在市場上大量持有多頭部位。我們甚至可以公平地推斷，現在重要的銀行團體正在以最快的速度拋售股票，讓其他同樣重要但不麼明智的大戶，去支撐一個撐不住的價格水準。

股價在不久前在另一個方向上重複這種走勢。自1906年12月第二周開始的大跌，最低點是在1907年3月25日，當時二十支交易熱絡的鐵路股指數觸及98.27點。這比3月14日哈里曼恐慌的99.71點還要低1.44點。自6月8日以來，當前低被觸及時，指數下跌至99.50點，市場後來回漲，上周六達到107.23點，然後又回落了超過3點。

我們可以從市場兩次未能突破1906年1月22日前高的過程中，得出一個重要的結論。去年9月和12月的跌勢與這個數字相差不到1點。在目前的跌勢中，我們在6月3日出現過一次，與3月25日大熊市走勢低點相差不到1.23點。如果市場再次拋售至非常接近這個低點但又不跌破這個低點然後反彈，那麼我們就可以公平地推斷，價格將會反彈。到目前為止，第二次拉回的持續時間還不足以作為任何結論的依據。未來幾周的交易將決定熊市是否會進一步延續，或者是否會出現真正的回升。

現在判斷有關價格走勢的公理還為時過早，但可以大致地說，在出現明顯波動之後，兩次未能突破前高就建立了熊市的推定。相反地，如果指數突破截至3月25日的98.27點這個低點，則無論股票的價值、農作物、企業獲利能力和政治條件如何，都還是可能進一步下跌。

《華爾街日報》1907年8月8日，價格變動

7月12日的專欄指出，如果指數再次接近低點，則二十支交易熱絡的鐵路股指數將從1907年3月25日的低點98.27點大幅反彈，那就會變得非常有趣。自那天以來，指數反彈了9.41點，到了7月24日達到高點107.68點。價格一直徘徊在這個水準附近，直到隔周的星期一，第一次大跌開始。九個交易日內，市場從7月27日的107.51點下跌到昨晚的100.90點，下跌了6.61點。昨天的跌勢是8月最嚴重的跌勢之一。

因此，指數現在只比3月突破的前低高出不到3點。7月12日有人說，如果再次突破這個低點，那麼所有先前的市場走勢經驗都顯示，不

論價值、農作物、企業獲利能力和政治條件如何，都將進一步走跌。

可能沒有人會否認，自1906年1月創下高點以來，市場一直處於空頭。去年9月和12月初出現了強勁的反彈，但市場的長期趨勢和實際趨勢一直在下降。像這樣的走勢可能會持續數年，當中可能會有急遽的反彈，通常持續六周到三或四個月。熊市的特徵是，反彈總是很劇烈，而像過去九天這樣相對嚴重的跌勢是例外而不是規則。

技術分析顯示指數的前景看跌。從3月25日到7月24日，指數已經回吐了72%的漲勢。相較於反彈走勢，跌幅如此之大，這可能只是意外的發展。根據數據和以往的經驗，跌破前低的可能性至少與7月份達到高點的反彈可能性一樣高。在這種部位，意外狀況總是與市場背道而馳，因為在繁榮時期會被忽視的熊市影響會隨著力量的增加而發揮作用。另一方面，8月份的正常趨勢是向上的。然而，當7月出現明顯上升時，情況就不那麼嚴重了，今年就是這種情況。

《華爾街日報》1907年10月14日，當周的發展

事實上，幾乎可以說我們正處於情勢可望扭轉的情況。隨著商業活動萎縮範圍的擴大，必然導致對資金的需求大大減少，這將使金融狀況放鬆，因此，就華爾街而言，無論工業股的交易有多疲弱，在新年一開始時情況應該會好得多。華爾街似乎即將完成其調整期，而此時華爾街以外的調整正在開始。產業將為金融復甦和平衡提供能力。因此，儘管籠罩著金融中心的陰霾迫在眉睫，但接下來似乎會出現光明。

當二十支交易熱絡的鐵路股指數於8月7日仍高於水準時，《華爾街日報》在隔天指出，市場距離3月份的低點只有3點，如果價格跌破低點，則明顯是看跌的跡象。市場突破前低，創下熊市的新紀錄。雖然這顯示我們仍然處於熊市的震盪中，但必須承認這令人很想做一個錯誤的類比。當市場出現劇烈突破時，很容易在空頭回補和買進的力道下迅速反彈，以恢復信心。

之後發生的事情才是真正的考驗。如果價格沒有突破低點，那麼多年來的跡象幾乎一致，顯示最壞的情況已經過去了。然而，這次的跌勢並不完全是這種性質的，也沒有在任何突然或驚人的反彈之後出現。過去三周市場或多或少處於下跌，但9月份的回漲並不是很強勁。有些人說新的低點總是看跌的，這是一個明顯的謬誤，因為價格跌到某個程度就

跌不下去了。恐慌後的新低點及其典型的復甦是一回事，但在價格不規則變動後的清算市場中出現新低則是另一回事。從這樣的推論中可以得到一些安慰，那就是進一步急遽下降的跡象並不像8月份那樣明確。

《華爾街日報》1907年12月25日，價格走勢

　　當二十支交易熱絡鐵路股的低價在一個多月內（從9月21日到10月29日），從101.08點跌至88.49點時，有人指出應該出現反彈了，但如果再次跌破所謂的恐慌性低點，就是看跌的跡象。從該價格開始的反彈顯然很微弱，在11月11日僅漲了2.42點，當時的指數為85.91點。

　　我們必須指出，嚴格來說在目前的跌勢中，並沒有出現任何真正的股市恐慌。除非股市真的失控，否則跌勢無論多麼嚴重，都不構成股市恐慌。10月24日下午，市場出現了有史以來最接近真正的恐慌。聯合太平洋（Union Pacific）在下午2點之後出現一波拋售潮，如果不是摩根集團以10%的利率提供2,500萬美元的隔夜拆款，那麼當天唯一可以阻止下跌的就是收盤的鑼聲。

　　這種區別極為重要。與重挫不同的是，在一次真正的股市恐慌後，指數總是呈現出一個規律的走勢，其中約有40%到60%的跌勢會漲回來，隨後因為用於在恐慌時進行保護的股票被出售，而再次失去回漲的動能。因此，可以說在10月29日「接近」恐慌之後，這種走勢是無法預料到的。沒有人能確切說出下跌是從哪裡開始，然後暫時結束，因此沒有顯示有50%的反彈，也沒有發生任何這樣的反彈。

　　然而，自9月21日以來的指數紀錄為101.03點，這是一個最有趣和對稱的走勢。11月15日跌破了10月29日的低點88.49點，直到11月21日跌到81.41點，跌勢才停止。該走勢的總跌點為19.62點，為今年的低點。價格迅速反彈，到了12月6日就幾乎收復了一半的跌幅，指數為90.56點，比低點高出9.15點，是自9月21日以來跌幅的46%。到了12月17日，價格已拉回至86.61點，回吐了43%的漲幅。截至12月21日，波動幅度更短，價格再次上漲至89.35點，而周一拉回至88.11點，僅為前四天小幅反彈的45%。

　　然後發生的情況是，先是下跌了19.62點，跌至今年的實際低點，然後反彈9.15點、下跌3.95點、反彈2.74點、下跌1.24點。類似於鐘擺的震盪，當它接近平衡時，弧度就會逐漸減小，這真的很令人驚訝。

事實上，指數很少給人更具體形象化的教訓。擺動的程度按比例縮小，而且這個比例絕對是有規律的。擺動的時間也變得更短，因為第一個動作花了六十一天，第二個動作花了十五天，第三個動作花了十一天，第四個動作花了四天，最後是兩天。

市場正在如鐘擺一樣停下來，現在所指示的只是一段不重要的波動期，直到給予絕對新的推動力。我們很有可能已經見到了今年的低點。這對於我們解讀指數的方法而言，已不再具有特殊的意義。市場需要一次大跌才會跌破11月21日的低點81.41點之下。這種下跌本身實際上確實代表市場正在等待的新動力。這種動力可能來自十幾個方向中的任何一個。一月份的低利率可能會鼓勵股民開始一場買股趨勢。沒有這樣的買盤走勢，可能會使得過去一年多來最黑暗的日子裡，受到支持和保護的股票被拋售。沒有人能預測，任何人的猜測都可能發生。指數真正所說的是，投資人必須密切關注市場，以便在經歷了超過十二個月的跌勢後，能夠好好把握第一次真正的進場時機。

《華爾街日報》1908年1月10日，恐慌以來的反彈

昨晚二十支鐵路股指數為92.86點，而10月21日則為92.23點。昨晚十二支工業股指數為68.50點，去年10月則為60.81點。因此，股市已經完全收復了恐慌期間的所有的跌幅。

鐵路指數現在只比8月24日低2點，工業股則低了6點。因此很明顯股市正在反彈，這給人的印象是，這是在極端低點之後的劇烈波動之一，而且可以算是潮流出現永久性的轉變。

《華爾街日報》1908年1月18日，當周的發展

過去一周，股市有了實質的改善，鐵路和工業股指數一度比上周末高出8點。此時指出的是，在耶誕節結束時，市場在經過長時間的劇烈波動後已經接近平衡，並且有下跌的趨勢，並且有獨立的新動力。自從那時起，價格上漲了7點以上，在月底的半恐慌之前，現在的價格大約是10月份的水準。

情況的發展令人滿意，只不過我們不太可能立即進入長期持續的大多頭走勢。如果是，這將是任何股票史上的第一次。

《華爾街日報》1908年7月8日，價格走勢

孤燕不成夏，一次反彈不表示牛市來臨。本周一開始，市場已經有所回漲，研究目前交易熱絡的鐵路股指數會有幫助。二十支鐵路股指數在這個數字波動之後再次突破前高，自5月18日主要反彈走勢達到高點104.45點以來，走勢開始傾向變得不穩定。

七周以來，市場未能反彈到那個高點，這波回漲到目前為止本質上沒有任何特點，使其有別於6月中甚至是6月29日星期一短暫上升的相似動向。可以合理地認為，在去年10月的恐慌之後，市場整體是向上的，儘管有些拉回較為明顯，特別是在1月上漲之後，我們可以說過去九個月算是牛市。有趣的是，上漲是否在第二次延長的漲勢中達到高峰，並於5月18日結束。

根據先前指數走勢的經驗，持續八個月的整體上升趨勢，就算不規則且周期性拉回很劇烈，也許仍然可以算是牛市。先前的熊市從1906年1月持續到1907年10月，以任何廣泛的價格波動來說都是一個漫長的時期。一定程度的復甦自然是理所當然的，因為市場已經過度反映了空頭條件，而從10月低點起20點的反彈，反映的是一般商業活動多大的復甦程度則仍有待觀察。

在短時間內操縱股市朝某一個方向是有可能的，但是不可能設計一個夠強大的金融組合，來操縱我們眼前這麼長時間的股票指數變動。其實我們可以確定的是，只有市場的次級波動才可能透過人為手段增加或減緩，但是無法連續好幾年縱整個市場的價格。

目前的指數並未顯示在恐慌後啟動的牛市已經結束，但是對於5月18日高價附近的反覆反彈以及一致未能突破的情況，需要進行仔細的審查，因為這樣的發展往往表示整體走勢的結束。但我們可以說，如果目前市場的走勢讓二十支交易熱絡的鐵路股指數突破104.45點，那麼這將是對實質進一步上升的整體說明。

《華爾街日報》1908年7月20日，本周走勢發展

過去一周以來，股市呈現出相當一致的趨勢。星期二突破了上周的高點。目前的指數比今年5月18日創下的年度高點後的低點高出5點。事實上，工業股比該點幾乎高出2點，而二十支鐵路股指數則低不到半點。這是一個重要的走勢，如果在目前的上升中超越了鐵路指數的高

點，這將更加顯著。根據先前所有對市場整體趨勢的經驗，而且這些趨勢不容易受到操縱，如果從華爾街居民和一般大眾的情緒中獨立出來，將會顯示出進一步的重要上升走勢。

《華爾街日報》1908年7月21日，跨越高點

所有研究指數變動的人都會注意到昨天鐵路指數達到了105.20點，比5月18日站上最後一個高點104.45點還要高出0.75點。這種超越先前高點的情況，通常表示股市正在發生牛市的擺動。同時值得注意的是，目前的市場比1908年5月18日的水準更加廣泛。顯然，通常8月會出現的漲勢提前了一點。

《華爾街日報》1908年8月1日，再次突破高點

鐵路指數再次突破前高。指數在7月20日觸及105.25點，突破了在5月18日創下的104.45的最高點。三天後，指數上漲至106.24點。那是直到昨天之前的最高點，達到了106.76點。對於研究指數的人而言，這顯示的是牛市擺動的跡象。今年市場在7月就開始了平常8月才開始的漲勢。

《華爾街日報》1908年11月2日

過去一周，二十支交易熱絡的鐵路股指數在星期二和星期五，僅以0.25%的差距，兩度逼近今年9月9日創下的高點。市場在過去一年以及其他大跌後的復甦年份都很活躍，超越先前的高點通常表示整體牛市動向將持續。經驗顯示反之亦然。如果前高被接近超過一次，但沒有突破，隨後價格的跌勢很明顯地指示主要的牛市波動結束。目前的走勢是一種趨勢，這種趨勢自超過十二個月以來一直構成牛市。本周的淨漲幅並不大，但回升的漲勢超過了跌勢。工業股的走勢並不像鐵路股那麼清楚，並且沒有提供市場走勢變動的明確指示。星期六市場氣氛低迷，鐵路指數為109.57點，僅略高於一周前。

《華爾街日報》1908年11月28日，價格走勢

在總統大選前三天，本專欄即指出，二十支交易熱絡的鐵路指數正在迅速逼近今年的前高，牛市走勢已走到9月9日。迄今為止，指數站上

新高代表此後將有進一步強勁的漲勢,而在選舉期間任何強勁的漲勢對於預測市場的未來走勢都非常重要。

在11月2日,選舉前一天,二十支鐵路股指數突破了前高。與市場先前的走勢一致,一場極為強勁的漲勢開始,指數在11月18日之前上漲了7點多。很少有像這樣的預測,這絕對是根據嚴格的技術條件,並且馬上就徹底證實了。沒有什麼比只觀察兩、三檔交易非常熱絡的股票來預測整個市場更會誤導投資人。一次操縱幾支股票,而且對整體走勢提供完全錯誤的觀點,這是有可能的。但是不可能操縱所有股票,使二十支交易熱絡股票的指數顯示出足夠顯著的變化,從中推論市場的走勢。

股市操縱這個主題具有一種神祕感,因此對於那些相信所謂的「內線」總是能提前幾個月安排市場走勢的小散戶來說,有種某種令人敬畏的吸引力。擁有某些聲望讓人以為能夠做到這一點,無疑對一些大戶來說非常有價值,但他們所擁有的權力被誇大得太離譜了。1907年所有的炒作都無法挽救這些炒手遭受的巨大損失。自從那次恐慌以來,股民都是根據股票的價值購買,預期公司的營運將有所改善,可以肯定地說,市場的上漲可能會在沒有任何操縱的情況下達到目前的水準。當成交量恢復正常,指數的高點就會達到正常的程度。

目前的指數狀況非常有趣,可能不久之後就會提供另一個有價值的線索。二十支交易熱絡的鐵路股指數在11月17日達到了當年的高點,117.51點。從那個高點下跌了近3點,但現在指數已經漲回來了,星期二指數離前高不到1點的距離。如果突破了前高,將提供最強而有力的證據,除非所有先前的經驗都是騙人的,否則牛市走勢離結束還很遠。另一方面,如果再次接近前高但是未能突破,接著回跌3、4點,那就顯示自恐慌以來一直在進行的主要走勢,目前已經達到高峰了。

《華爾街日報》1908年11月30日

過去一周股市出現了一定程度的波動,但整體而言仍呈現上漲趨勢。二十支交易熱絡的鐵路指數在11月21日回跌至114.77點,比11月17日創下的當年高點低了將近3點。現在非常接近前高,這種走勢激勵股民的興趣。股民沒有不分好壞地搶進股市,選舉後經常看到這種情況。事實上,商業活動已經表現出夏季長期漲勢期間的那種刺激性的復甦。從指數來看,價格走勢整體向上發展,本周的發展沒有任何跡象與

這個說法相衝突。

《華爾街日報》1908 年 12 月 14 日

本周股市走勢呈現不規則上漲的趨勢。在周一顯得猶豫後，第二天大幅上漲，直到周五為止都出現了不規則的上漲走勢，周五表現出一些猶豫，鐵路股和工業股指數出現回落。本周交易的特點是大量投機，華爾街很優雅地稱之為「貓與狗」。券商為客戶持有的股票數量明顯增加，並且有鑑於這個階段的投機情形，貸款抵押品的品質變差了。

整體而言，股市狀況不如之前那麼強勁，儘管在 1908 年的長期上漲過程中，股票平均價格創立了一個新高，這一直是令人驚訝的一致牛市論點。

《華爾街日報》1908 年 12 月 21 日

一周前，二十支鐵路股指數站上 118.18 點，是全年的高點。在某種程度上，市場一直顯示出一致性，因為在此之前的三、四天已經突破了前高，而在今年，這表示進一步的牛市。然而到了星期一時，市場出現了嚴重的猶豫。唯一的強勁反彈是在星期三，而且出現了實質的淨下跌，將指數大幅拉回，跌破到 11 月 17 日的前高。

從指數走勢的樣子來看，似乎進行了有系統的股票交易。自 11 月 23 日以來，平均價格一直未跌破 116 點或漲破 118.18 點。這表示在二十二個交易日，平均顯示的成交量幾乎接近一百萬股。如果反彈超過前高，將改變市場整體的技術情況，但必須承認這是很長一段時間以來，第一次出現指數走勢看起來不樂觀的情形。

《華爾街日報》1908 年 12 月 23 日，價格走勢

根據上周六的收盤價，本專欄要在此指出，本報的指數首次在很長一段時間內看起來呈現看跌的趨勢。在 12 月 9 日星期三，二十檔交易熱絡的鐵路股指數突破了 11 月 17 日的前高 117.51 點，此後的四天市場呈現出強勢，維持在前高之上。今年每次在經歷了一段不規則波動、拉回或反彈後突破前高後，市場都會出現顯著升勢。然而，這一次在突破前高後，市場的表現並不像平常那麼好。

價格在 12 月 15 日回落至 11 月的最高點以下，儘管隔天又突破了

高點，但股票已經出現了明顯的回落。二十支鐵路股現在低於今年的高點，也低於11月23日以來的水準。用於比較的十二支工業股，現在低於總統選舉後隔天的指數。樹木不會長到天上去，從這裡可以看得出來，從1907年恐慌以來，一直保持良好走勢的牛市觀點，最終被指數證明結束了。

在從11月24日到12月20日的二十二個交易日中，二十支鐵路股指數未能漲破118.18點或跌破116.01點。在11月24日到12月16日的十九天，十二支工業股未能漲破87.63點或跌破85.15點。可以看到，在這段時間內，股票每天平均成交量達到一百萬股，工業股和鐵路股都未能波動超過2.5點。這是一個非常引人注目的現象，對大多數觀察者來說，這表示市場在這段時間內被人強力持有，以加速市場上股票的賣出，尤其是由於工業和鐵路股票都已跌破下方的支撐。

認為大牛市已經結束了是一個非常大膽的說法。如果指數實際上確立了新的當年高點，指標必須實現平均上升1點，而十二檔工業股則必須上漲4點。目前有非常大量的牛市論述，每天似乎都有新的出現。儘管指數所需的漲幅並不是非常大，甚至不能與今年一些漲幅相提並論，但要記住整個股市必須同步移動，例如聯合太平洋股票上漲20點，只會帶動指數上升1點，這樣才能算是實質的變動。

就目前的數字來看，指數明確指示一次重要的上漲可能即將結束，而且還可能表示十四個月的牛市結束。這是一個純粹的推測，並且可以指出，這種只是根據指數變動的分析是理論上的，並沒有將一般條件納入考量。

《華爾街日報》1908年12月30日，價格走勢

當二十支交易熱絡的鐵路股指數下跌到115.20點時，比前高118.18點低了3點，當時本專欄曾指出，自從1907年10月的恐慌中恢復以來，這是首次出現明顯的看跌信號。確實，市場再次透過突破11月17日的前高而出現了牛市觀點，這在長期上升過程中一直是非常正確的。到目前為止，這樣的上升表示牛市活動恢復，但隨後發展的交易顯示出顯著的變化。

雖然11月的高點確實已被突破，但股票後來的走勢顯得遲緩，即使在聖誕節前的星期四，差一點達到12月12日的指數時，顯示出二十六個

交易日的波動幅度不到3點。這仍然看起來更像是賣盤，尤其是由於股價在1908年12月21日已經跌破了支撐。因此，更值得注意的是，聖誕節後首個交易日的漲勢已經消除了看跌的信號，重新啟動了在1908年每次突破當年前高時都強烈顯示的牛市觀點。可惜的是，工業股沒有呈現如此明確的領先信號，但股價在一周內已經回升了3.5點，現在距離今年最高點不到1.5點。

《華爾街日報》選取的二十支交易熱絡鐵路股的最高價出現在1906年1月22日，當時的高點為138.36點。1907年10月恐慌後的最低點是11月22日的81.49點，代表與前一年最高點相比，下跌了56.87點。由於目前的指數為119.80點，可以看到我們在1908年已經收復了超過88點的跌勢。這次下跌實際上延續了近二十四個月，而迄今為止的回漲已經持續了十四個月。在一次恐慌性蕭條之後實現正常的商業活動復甦，確實是非常引人注目。態度保守的人可能會說，商業活動可能復甦這件事，市場早就已經提前反映很久了。

然而值得記住的是，1907年在很大程度上是富人的恐慌，結果是跌勢可能比一般的這種情況下更嚴重。有一段很長的期間，鐵路公司甚至無法根據條件借款；在那段時間，他們用收入來改善其資產，但是資產的改善卻無法轉為獲利。儘管當時的鐵路收益嚴重下降，但在恐慌之後，鐵路股的實力仍然如此強大，因此大幅上漲是理所當然的。這些鐵路在繁榮時期賺了很多錢，並且節省開支和聰明的花費，因此在不景氣的時候受到保護，就像野牛在飢荒時能靠駝峰生存下來。

從目前的鐵路股指數來看，似乎上周的看跌的信號已經被收回了，而且現在建立了一個在某種程度上有利於1月上漲的部位。如果工業指數上漲1.5點，將指數推升至前高，整個市場的可能性將大幅上升。

《華爾街日報》1909年1月7日

目前的走勢是市場大幅波動的一個引人注目的例子，這次走勢已經持續了超過一年，這種波動終究會在適當的時候結束。股票又回到市場上了，相較於股民在低價時快速掃貨有前景的股票時，現在華爾街的股票可能還更多。1906年二十支交易熱絡的鐵路股指數，最高點和1907年11月恐慌後的最低點之間的差距為57點，下跌了超過41%。

從那個低點到上周六的反彈是89點，相當於跌幅的68%。在1907

年恐慌達到誇張的低點後，商業活動已有相當大的恢復，這是可以預料的。但是商業活動的恢復情況並未達到1906年的87%，但這是與當年二十支鐵路股指數的高點相比的數字。

《華爾街日報》1909年1月21日，價格走勢

目前股價指數波動呈現了一個有趣而有些吊人胃口的問題，尤其是自今年初以來。我們可以馬上說，二十支鐵路股和十二支工業股全都沒有顯示1月常見的榮景。事實上，相反的情況是，鐵路指數在1月2日創下當年的高點，而工業指數則是在1月7日創下年高。

自從鐵路股票整體明確向上反轉，並於12月28日突破先前的高點以來，波動幅度為8.30點，現在的行情處於1909年初的高點和這個非常短暫的新年榮景開始的價格之間。工業股的表現同樣模糊。距離1908年11月13日的前高還有一點遠。工業股低於鐵路股在12月28日起漲時的數字，整體上呈現的是令人憂心的狀態。

由此至少可以得出一個確切的資訊，那就是指數在新年後沒有像預期的那樣迅速上漲。指數沒有像選舉後那樣展現出活力。一個交易日有百萬股交易在當時是常態，現在已經變成了例外。趨勢也是在跌勢中發展，而反彈則是極度平淡。由於漲跌的幅度都約為3點，而且持續了二十個交易日，因此我們可以公正地推斷，市場上賣出的力道受限於窄幅區間波動。

從對多年的指數變動進行嚴格的技術研究中，可以得出一個相當明確的推斷，那就是市場正在等待一個新的動力，而在目前的指數上，這個動力將必須比1908年的長期上升中先前的動力更為強大。一艘2,000噸的輪船每天運載100噸煤炭，其經濟的航行能力可能是12節。需要180噸才能讓船達到13節，可能需要200噸才能在強制吃水下達到15節。

股市走勢與之類比顯而易見。在一個上升的市場中，一切看起來都是看漲的，而且違反之前所有的經驗，賺錢的交易員不知道為什麼價格會下跌。即使當市場走勢開始變得吃力時，他仍然堅信這次暫停只是為了重新累積新的力量。這個觀點在之前已被證實，就像在1907到1908年的長期上升中偶爾的挫折後一樣。這可能被視為自然規則，也就是當達到市場的「經濟航行能力」時，至少有一些工程師正在花費大量時間消耗更多的燃料，而速度的提升卻很小。

即使到了現在，市場似乎會以工業股指數上漲約4點以及鐵路股上漲約2點左右，作為進一步看漲活動。然而，牛市觀點完全不像1908年那樣令人相信。那一年的年底，因為指數反彈力道無法令人信服，這種牛市觀點才被收回；而且正是自新年以來的這種反應，使交易出現了不確定的走勢。不能說指數絕對看跌，但是可能是非常溫和的下跌，而要使指數成為看漲整個市場的有力論據，股票的活動和強度必須顯著地增加。

《華爾街日報》1909年2月12日，市場趨勢

自1月2日觸及二十支鐵路股的今年最高價以來，市場的走勢一直令交易者煩躁，但應該給投資人一個清楚的提醒。自那天以來，我們已經有三十四個交易日指數極端波動為3.04點，也就是在116.93點到119.97點之間。在經歷了這段漫長的不確定性之後，我們仍然在中間保持平衡，一直無法登上高點。

十二檔工業股一直到1月7日才達到今年的高點，但是波動幅度更小，僅在2.84點的範圍內，最高為86.95點，最低為84.09點。在這種情況下，目前的指數仍然幾乎與這些點的距離相等。

現在顯然是一段休息時間。儘管如此，市場看起來夠健全，除非出現嚴重和意外的麻煩，否則長期的低迷（特別是在今年初）在過去通常會發展成為一個廣泛而健全的市場，而且傾向於上漲。

《華爾街日報》1909年2月26日，股價走勢

2月28日星期二，《華爾街日報》用於比較的二十檔鐵路股指數突然跌破一條非常清楚的線，這條線一直從1908年11月24日持續到當天。在七十一個交易日中，除了一次例外，指數從未低於116點或高於121點。選舉後的波動幅度約為6點，從110點上升到116點，並在11月24日達到高峰。

很明顯，在這三個月內發生了大量的股票交易。實際上，每日的成交量從未低於88萬股，有時甚至超過150萬股。現在似乎暗示著在這個長時間的休息期之後，市場可能會發生重大變化。本專欄經常指出，股價總是存在著三種走勢。

整體的市場走勢，無論上升或下跌，持續時間也許長達好幾年之久，很少有少於一年的；然後是短期的市場波段，歷時一到三個月不

等。這兩種走勢會同步進行，而且還會相互牴觸。這兩種走勢又進一步因日間波動複雜化，而單日波動是水手在困難的水域航行時，需要考慮的第三種水流。

任何人都會承認，雖然操縱日常市場走勢是可能的，而且短期波動受到這種影響的程度相當有限，但是即使所有的大戶加在一起，也無法操縱整體市場的走勢。任何組合都不可能成功地影響市場。例如，在1907年10月的半恐慌和今年1月2日觸及的最高價之間的走勢，這段期間太長了，無法受到人為影響，而獨立上漲的原因很明顯。

同樣地，操縱任何一次類似於1906年12月的高點和隔年11月的低點的跌勢是不可能的。此外，這個跌勢之所以引人注目，是因為主要的跌勢只持續了不到一年，不過交易熱絡的鐵路股高點是在1906年1月觸及的，該數字是1906年1月22日的188.36點，但在同年9月17日達到了187.84點，在經歷了一次6點的拉回之後，同年12月11日觸及了187.56點。因此我們可以說，主要的跌勢是從後面這個數字開始的。

通常的情況是，指數是在走勢停止時提供最好的指示，而不是在上漲或急跌的時候。真正顯示的是一個賣壓期，在市場上不斷被兜售的股票找到新的主人。舉例來說，可以很容易地想像有些人認為從恐慌中的反彈已經足夠，美國樂觀主義使許多人相信價格將進一步上漲。新的多頭顯然沒有舊多頭的資本或累積的利潤，因此更容易受到驚嚇而拋售，正如周二的下跌所顯示。

目前的價格走勢顯示，在經歷了非常長時間的賣出暫緩之後，新的條件迫使新的股票持有者出售股票。從表面上來看，指數的跡象相當看跌，但急遽的派勢很容易就能改變這個情形。

《華爾街日報》1909年3月17日‧價格走勢

從過去十天的資料可以看出，二十支鐵路股票的指數出現了有趣的波動。事實上，價格每天都以鐘擺的規律地在下跌和上漲之間交替。每日極端波動為0.55點，當時最小變化為0.19點。3月8日至3月18日（含）之間的淨變化不到1%的3/8。

這種奇特的蹺蹺板走勢只是偶爾發生，而且經常發生在整體市場波動的廣泛變化之前。也許有點重要的是，在每日定期上下波動之後，這個上下波動的走勢應該會被市場打破。但是這場走勢本身規模太小，無

法得出廣泛的推論。

有一句話一定要常常提醒讀者，那就是對線圖、系統和一般規則的教條化，鋪成了一條毀滅之路。根據任何此類基礎的交易都是賭博，而不是合法的投機。自從史前時代人類第一次學會用手指和腳趾數數以來，無數的系統就一直誘惑著弱小的人類，這與在蒙地卡羅試圖打敗莊家所做的努力一樣站不住腳。在此前提下，可以說指數自年初以來的表現對看漲的投機者來說很令人沮喪。波動的範圍很窄，就像在2月28日市場突然下跌超過3點之前，市場在117點和121點之間有一條明確的盤整區間。後來部分跌幅很快就回漲，但反彈並未持久，只要有反彈，就有股票被賣出。

毫無疑問，一點微小的變化就能改變整個市場的走勢。一場幅度不大但迅速的反彈，將對價格產生完全不同的影響。股民喜歡在上漲的時候買進。事實上，小型投機者總是在不斷上漲的價格中投機，但只是徒勞無功，因為這個市場並不需要他，而且本來就可以在沒有他的情況下運作得很好，所以他們總是在抱怨華爾街有多邪惡。

根據目前的指數情況，這樣的牛市在夏季或初秋是很容易實現的。我們也可以說，相較於去年同期市場走勢非常明確向上時，現在的券商借款的金額增加了兩到三倍。在市場交易較為平淡的情況下，這並不完全是一個好跡象。這表示存在某種程度的陳舊多頭部位，誘使專業人士進行反彈操作。根據目前的指數來看情況，市場更容易對壞消息做出迅速反應，而不是對好消息。

《華爾街日報》1909年3月30日，指數的走勢

本專欄為了比較而記錄的二十支交易熱絡的鐵路股和十二支工業股指數，過去二十五年來的表現都比現在更充滿希望。1月2日觸及當年高點，但後來市場失去力量和方向，到了2月底時，跡象明顯看跌。

真正的變化似乎發生在過去七個交易日。3月22日星期一股市大幅上漲，交易熱絡的鐵路股走出了年初以來最強勁的走勢。這個走勢看起來充滿希望，但是到了隔天市場就回落，技術牛市在某種意義上消失了。然而，隔天市場再次表現強勁，目前指數高於今年初以來的任何時候，突破了2月中的高點。

這顯示的是，經過一段時間的窄幅波動後，市場已明確向上突破該

區間。指數只是市場走勢的數學分析，在某種程度上超越了人為操縱的可能性，突顯了華爾街對產業問題的消息漠不關心。3月15日指數顯示看跌，但後來又迅速反彈，儘管當時技術條件有利於下跌，但股市仍逐漸走強，目前指數較兩周前高出5點。

對於學習市場的人而言，忽略關稅調整和產業狀況等假定的外部因素，從此類紀錄中看到的一個好跡象是，成交量在上漲過程中穩定成長。這通常是一個很好的跡象，因為市場上顯然沒有多少股票。一個已經超買的市場，在小幅反彈時交易低迷，而在下跌時變得活躍，就清楚地顯示這一點。

根據周一晚間的收盤數字，跡象似乎顯示牛市可能會繼續下去。如果目前的行情突破了鐵路股年初的高點120.93點，這將特別強調多頭活動的持續性。

《華爾街日報》1909年4月22日，價格變動

3月31日，當二十支交易熱絡的鐵路股指數突破1月2日的高點時，有人指出，根據以往指數的經驗，市場顯示出進一步擴大和上漲的跡象。這是因為目前已經比2月的低點平均回升了6點左右。這個推斷被證明是正確的。星期一和星期二都出現這個走勢的新高，同時成交量夠大，使得這個走勢變得重要。

從3月底的漲勢所給出的多頭跡象，在先前的經驗中變得更加強烈。大家會記得，從市場在1907年11月開始反彈的時候，每次突破前高後經歷輕微回落後，都會為上升運動增加動力。這個走勢有多強大可以從這個事實中看出，那就是從1906年12月到1907年11月，二十支交易熱絡的鐵路股指數下跌了55點，從136點下跌到81點。儘管整體經濟不景氣，但自從觸及那個低點以來，指數已經回升了42點。

華爾街似乎沒有太多的股票。毫無疑問，一些大戶持有相當多部位，但他們受惠於極其便宜的資金，並且沒有人進行大規模的拋售，導致他們的股價下跌。那些在恐慌之後的幾個月內買股票的投資人獲得了可觀的利潤，但他們似乎並不急於出售。實際上，這樣的股票已經離開市場而且沒有回流。

現在的價格與歷史高點相去不遠。鐵路股票的平均價格上漲14點，將超過1906年1月的最高價，這是有史以來的最高價。很難說商業活動

已有相對應的改善，但必須記住的是，股市看起來還有很長的路要走。

指數顯示進一步上漲的跡象，並且很可能具有通膨市場的性質，這是受惠於大量的黃金產量、廉價的貨幣、過剩的紙幣流通，以及缺乏具體的商業活動來利用過剩的金融能量。

《華爾街日報》1909年5月21日，價格走勢

當二十支鐵路股票的指數在3月31日突破1月2日確立的今年高點時，本專欄曾指出，在指數走勢的所有歷史紀錄中顯示了相當重要的進一步上漲，雖然自2月28日以來的總漲幅為7.74點。事實證明這個推論是完全正確的，自3月31日以來創下新高點126.18點，而目前的價格距離該數字已不遠。在經濟衰退期間，市場變得低迷且狹窄。

成交量的減少可能有許多種意義。華爾街最常引用的一句老話是，絕不要在低迷的市場裡放空。這句忠告也許對的時候比錯的時候多，但是對於長期持續的熊市波段，它就一定是錯的。在這樣的熊市波段中，趨勢的特點是上漲時交易變得低迷，而下跌時交易變得活躍。沒有人能比證交所的專業人士對市場走勢的判斷更精明，他們在1907年每次反彈時都做空市場，直到真正的復甦開始才停止放空。

鐵路股指數的最高點出現在1906年1月22日，站上138.36點。確實，這個數字在這個年中曾兩次接近這個數字。9月17日和12月11日，市場曾經一度接近這點。後來指數開始劇烈下跌。

這次下跌使市場在不到一年內就下跌了超過56點，也就是1907年11月21日跌至81.41點。人們會記住，直到10月的危機發生近一個月後，大漲才開始。這次反彈可以說是從那時起就一直持續著。到目前為止，從指數最高點到1907年11月觸及的低點，跌幅已接近45點，相當於78%。在那次回漲期間，最顯著的拉回是在1908年1月和2月，而且不到10點。在這個最重要的向上波動過程中，出現了九次明確的回跌，而每一次平均只跌了5點。

這些數字非常清楚地顯示，向上波動尚未給出任何結束的跡象。從市場技術狀況的所有跡象來看，儘管市場低迷且存在不確定性，但價格可能仍將創下新高。實際上，目前的鐵路指數比1906年的高點低不到18點，而工業指數50點的跌幅已經收復了超過38點，現在距離1906年1月的高點還不到12點。

《華爾街日報》1909年6月5日，價格走勢

5月11日，十二檔工業股指數創下當年新高，達到91.25點；兩天後，20支鐵路股指數也創新高，達到126.13點。工業指數很快就突破了5月11日的高點，但鐵路股直到6月3日才突破新高，站上127.14點。在創新高前，兩個指數只些微拉回不到1 1/4點。

因此，這兩個指數一年中的最高點出現在6月3日。最後一個高點出現後不久，本專欄在5月20日指出，自1907年11月以來一直持續的價格長期向上波動，並沒有出現結束的跡象。現在也許可以再說一次，上漲波動並沒有結束，而且許多股價比實際價值更高。事實上，十二支工業股指數與1906年1月19日創下的最高點相差不到9點；二十支鐵路股指數距離兩天後創下的歷史新高還不到11點。

《華爾街日報》1909年6月24日，價格走勢

自6月11日二十支鐵路股指數觸及128.28點，三天後十二支工業股指數達到94.19點以來，後者的拉回超過4點，而前者的回跌點數幾乎相同。這是市場自二月開始上漲以來，首次出現大幅反應。從2月23日鐵路指數118.90點的低點和工業股79.91點的低點開始持續上漲，自這些日期以來兩者漲幅皆約為15點。

這是一個長期的向上波動，從所有技術條件來看，市場早該拉回了。自從1907年10月半恐慌後的低點以來，有五次可衡量的拉回，而過去十天則是第六次。根據先例，指數應該會進一步上漲，儘管有一些變化的條件可能會阻止聰明的交易者進一步追隨下跌趨勢，無論交易者對整體條件有多悲觀。

交易熱絡的鐵路股指數為128.28點，離1906年1月創下的最高點只有10點的距離；而工業指數則與歷史最高點相差不到9點。這絕對是一個很高的價格區間，即使對最樂觀的人來說，這個價格區間也顯示，總體商業活動非常可能改善以及今年創下最好的農作物收成，這些利多都已經反映在股價上了。

毫無疑問，在全球危機爆發後的十八個月內，股票價格所顯示的價值幾乎達到了1906年的高點。我們不可避免地會得出這樣的結論：低利率和充足的新黃金供應，由於我們荒謬的貨幣體系以及鄰國的安全，共同造成了價格區間的膨脹。正如各種指數所顯示的，這句話同樣適用於

附錄——威廉‧漢彌爾頓的社論

所有種類的商品。事實上，5月底的倫敦《經濟學人》指數是1908年3月以來最高。

這一切並不能證明股價上漲的走勢已經結束。股市絕對是被超買的，民眾對上漲的興趣不但沒有增加，反而減少了；而大型投機者則是增持，並在高點進行金字塔式的累積買進，正如銀行報表中的貸款快速增加所顯示的。上周這些貸款減少了3700萬美元，這無疑創造了更健康的狀況，倫敦目前正在進行的賣出也出現了類似的減少。市場的日常走勢純粹是猜測。由於股票已賣得差不多了，復甦可能隨時開始，如果指數突破十天前的前一個高點，則無論其他條件如何，跡象仍顯示市場看漲。

《華爾街日報》1909年7月16日，價格走勢

以目前的市場狀況，研究股價指數會很有成效，應該能對市場的可能性提供一些指示。二十支交易熱絡的鐵路股指數先前高點是今年6月11日創下的128.28點。幾天前，《華爾街日報》中用於比較的工業指數觸及94.46點。因此，鐵路股距離1906年1月創下的最高紀錄僅10點，而工業股則距離歷史最高紀錄不到9點。

自6月11日以來，每次都有3到4點的拉回，隨後則是一段交易相當清淡的時期，儘管如此，市場還是會反彈，顯示出鐵路業的主要實力，儘管美國鋼鐵（United States Steel）普通股有些個別交易。在沒有突破前高的情況下，最近五天的鐵路指數已升至128點或更高。看起來市場似乎正在努力創造新高。這樣的走勢與過去有一些驚人的相似之處，而且根據持續了好幾年的指數經驗，顯示這個走勢就像法則一樣，這樣的走勢非常重要。

股市在二十個月內的普遍漲勢經歷了六次明顯的拉回，幅度從4點到10點不等。這是一段非常長的向上走勢，可以說比技術上所謂的「波動」要長，「波動」的意思其實就是最多持續幾個月的運動。目前市場顯然仍處於多頭，可以說每一次創新高都代表隨後會漲得更高。當工業股和鐵路股幾乎同時創下新高時，這個跡象總是更為強烈，而且工業股仍明顯低於6月5日的前高。

另一方面，反覆逼近前高但沒有明確突破前高，就表示牛市的結束。1906年9月和12月的情況特別明顯，當時已接近先前1月的高點但尚未突破。接下來是市場非常嚴重的崩盤，跌勢持續了十一個多月。

從指數看來，可以說跡象明顯看漲。顯然目前的低利率的貨幣市場沒有任何因素能夠導致像1907年那樣的下跌。只要很少的因素就可以創新高，並且用最便宜的資金為股票融資，市場會繼續漲得更兇，但是任何保守派都會承認，目前的價格顯然已經很高了。

《華爾街日報》1909年8月21日，指數走勢

鐵路股指數每日走勢的十幾檔個股，已跌回到7月31日和下一個工作日8月2日指數的中間。本月至今的任何漲勢到現在都已回吐。8月2日星期一，鐵路指數為131.55點。最大漲勢是8月14日星期六的184.46點，因此整體漲勢為2.91點。同時，四天中有三天總計下跌3.49點，上漲0.44點，截至周四為止總計下跌3.05點，指數來到181.41點。前高是1906年1月創下的188.86點，因此目前比高點低了6.95點。

十二檔工業類股指數為97.71點，在經歷了兩天的下跌後，只比8月以來的97.52點差了一點。本月工業類股指數最大跌幅出現在8月5日開盤後的第四個交易日，當時下跌0.98點。8月開盤以來，有七個交易日下跌，淨下跌8.65點；有八個交易日上漲，淨上漲4.47點，一個交易日持平。這使得這兩個指數在9月1日之後的十天內，工業指數距離高點只差5.27點。回顧1907年11月中創下的歷史低點，當時已達到恐慌的程度，二十支鐵路股指數已從81.41點上漲50點，也就是上漲了近60%。從1906年的最高點到1907年的恐慌水準之間，鐵路指數跌了48%。

這些紀錄顯然顯示指數的走勢尚未達到轉折點。經過長期的低點波動並以危機告終後，持續的上漲趨勢已經過去。目前立即的問題是，由此預期的水準是否會從目前的指數延伸，或者是否會等待進一步向上移動。如果過去十年的紀錄可靠的話，那麼鐵路指數的漲勢不應低於140點。1905到1906年和1906到1907年的高點介於135點到140點之間，並且持續了七個月。

當時的價值並不像現在這樣，景氣還有很大的繁榮空間。當時的資金也沒有這麼充沛，相對應的利率沒有那麼低，而且對商品需求的彈性也不像現在的商業活動那麼好。這些對證券價值的影響應該是會推升價格，前提是沒有出現類似大量發行新股，或是價格的意外阻礙等負面影響。當然，由於黃金供應增加而導致價格上升的趨勢，對證券指數和大宗商品指數都會有影響。

《華爾街日報》1909年8月24日，從價格走勢來推論

上週，本報多年來用於比較的十二支工業股和二十支交易熱絡的鐵路股指數，觸及1906年以來的高點。這兩個指數都與最高點相差不到4點。鐵路股指數跌破前高大約3點，然後在上周六大幅回升。這種情況很有趣，可以合理地從中得出一些有用的推論。

在1907年11月開始的長期上漲過程中，從鐵路股指數來看，股市已經拉回了六次，但沒有一次拉回幅度達到10點，只有一次例外，跌幅並不比上周的拉回大得多。有鑑於上漲的程度，跌勢其實非常小。一周前，二十支交易熱絡的鐵路股指數已從二十一個月前的低點回升了至少53點。比市場任何跌勢更大的拉回是合理的，但到目前為止並沒有發生。

顯然目前仍然處於一個牛市，儘管價格範圍非常高，但忽略指數仍然呈現看漲的跡象是毫無意義的。一年前，多頭可以預見到有一段很長的時期資金很便宜，同時他可以根據價值買入明顯很便宜的證券。導致多頭當時樂觀的許多有利因素，現在都已經反映在股價上了，但是根據以往的經驗，如果二十支交易熱絡的鐵路指數漲破8月14日的前高134.46點，而工業股票漲破99.26點，就顯示指數將進一步上漲。

這時保守的建議者絕不能被股民情感所左右。價格偏高，甚至處於膨脹狀態，而且由於貨幣市場已經實際上緊縮，可能在財政年度的關鍵時刻變得極為危險。資金無疑正在變得緊縮，而銀行的報表並未顯示已經發生了任何大規模的清償行動，涉及廣泛的投機部位。實際上發生的是，貸款已從銀行轉移到信託公司，銀行希望在搬運農產品的時期滿足其鄉村客戶的需求，而信託公司則樂於以超過2%的利率提供貸款。這類性質的貸款很快就會被償還，而我們在國外並沒有像之前的幾年那樣，可以依賴非常廣泛的資源。

因此，以融資買進股票的人必須記住，此時他所面臨的風險比一年前還要高得多。股價上漲表示更大的利潤，但也表示拉回時的平均獲利看起來非常低。絕對不要忘記，雖然國家經濟空前繁榮，但是股市的價格不會永遠上升。對於一個至少部分基於過度膨脹而創出歷史新高的上升走勢，當其頭部太過沉重而發生市場崩潰時，通常是不可避免的市場反應。

THE DOW THEORY 技術分析世紀經典——道氏理論

《華爾街日報》1909年9月11日，價格變動的變化

面對周五的驚人復甦，指數走勢中出現了保守觀察者不能忽視的跡象。任何想要相信這些跡象的人都應該非常仔細地考慮。哈里曼（E. H. Harriman）的去世應該是牛市恢復的信號。

從指數的角度來看，周四出現了自1907年11月大牛市開始以來最重要的走勢變化。該年度和整個漲勢的最高點出現在8月14日，用於比較的二十支交易熱絡的鐵路股觸及184.46點，十二支工業股觸及99.26點時，兩者都與有史以來最高點相差不到4點。從那時起，鐵路股下跌了近6點，跌至128.71點。隨後市場出現逆轉，只花一周多一點的時間就收復跌勢。

有人指出在那次反彈中，如果突破了前高，將是一個獨立於所有其他考慮因素之外的多頭論點。在過去兩年中，每次反彈後指數都以絕對一致的方式提供了這樣的領先指標。因此，市場的新特點是回漲力道沒有持續下去，到了星期四已跌破前低128.71點，而工業股指數也出現了較小的波動。

這樣的走勢並不構成熊市，但很可能代表大牛市走勢的結束。近兩年的上漲絕不是史無前例的，但足以顯示市場的重大主要變動，這是所謂的道氏價格變動理論所定義的。其他的則是相反方向的次級走勢，以及單日波動。在多頭市場（現在可能已經結束，也可能尚未結束）中，我們很少出現過大幅度的次級走勢，只有一次超過6點。

在1907年的大熊市中，從低點反彈後，進一步拉回時跌破低點，無一例外地總是一個可靠的看跌指標。即使在10月的危機過後也是如此。直到11月底，市場的反向走勢才確定開始。星期四的下跌在過去經常代表下跌的開始。目前的指標還不是非常明確，但無論我們對於牛市走勢認為是否「現在已利空出盡」，現在指數更看空。

本報向來不持悲觀主義，但在市場處於高峰時，本報懇切地呼籲投資人保守觀望。自那時以來，還沒有發生任何事情，這都凸顯了我們所採取的立場。

《華爾街日報》1909年10月28日，價格走勢

八月中以來，股票指數的情勢發生了有趣的變化，當時二十支交易熱絡的鐵路指數創下當年的高點。8月14日，鐵路指數達到134.46點，

距離1906年1月創下的歷史高點不到4點。指數至今仍未站上8月時的高點。同一天，工業指數創下了當年的新高；但兩個指數後來都回落，9月9日時鐵路指數已經跌破前低，這通常顯示的是相當看跌的指標。

最近本專欄刊登的評論指出這個事實，但是必須承認，儘管工業指數拉回超過4點，但並沒有顯示出同樣的看跌走勢，後來在10月1日漲至100.36點，創下了當年的新高，距離歷史高點只差不到3點。當達到這個新高點時，鐵路指數7點的跌勢已收復了5點，並收在132.64點上，看起來很可能有機會突破前高。如果這樣的進一步漲勢確實發生了，那麼根據近兩年前的牛市經驗，我們可以合理地說市場將進一步普遍上升。

但是從那時開始，工業和鐵路指數再次同步行動並開始下跌。10月23日，鐵路股票跌破了9月9日的低點，工業指數也出現了類似的指標。根據過去兩年來對指數的解讀，使得投資人將每一個新高都視為看漲的跡象，但是目前的指標可以明確地被視為看跌。市場無疑一直在上漲，然後再次下跌，但是跌幅都超過了漲勢，顯示股票大量拋售，而且比主要漲勢期間的弱手的投機部位更為薄弱。過去三周的反彈走勢沒有持續的現象尤其明顯，值得從這三十二支股票指數中推斷出市場情況的市場研究者關注，沒有任何任何單一大戶有能力操縱這三十二支股票。

根據這個論點，我們必須承認，市場在9月9日出現了看跌的指標，但隨後股票的行動卻背道而馳。這在市場顯示轉向的跡象時並不罕見；但整體而言，這次走勢指示未來價格下跌的跡象，比指向主要牛市走勢的恢復更引人注目。鐵路指數需要上漲7點以上，而工業股票需要上漲5點，我們才能夠有信心說牛市已恢復。

我們並不打算從任何其他觀點發表意見，只是純粹根據多年來價格走勢的經驗，從技術的角度來評價市場。然而，這裡顯示的晴雨表氛圍低迷，確實值得深思的交易者注意。

《華爾街日報》1909年12月18日，價格走勢

一位密切關注指數走勢的麻薩諸塞州記者寫道：「也許鐵路大亨想要將罷工當成一個可怕的例子，我認為報價可能會因此降低一點；但最終結果將在六個月內，展現為對未來價值預期的失控。」

奇怪的是，這種關於隔年牛市的想法會被廣泛接受。這類空軍似

THE DOW THEORY

技術分析世紀經典——道氏理論

乎認為暫時波動讓他們有機會買進一些低價的股票,以便從他所描述的最終上漲中獲利。許多專業人士在市場上漲時做空,但他們幾乎一致認為股市尚未達到最高點。試圖與如此普遍的觀點背道而馳似乎是沒有用的。指數完全沒有提供任何跡象。連續幾個星期,指數一直在幾點的範圍內波動,在10月的高點和本月初的低點之間波動。成交量呈現減少的趨勢,而投機活動則僅限於少數幾支股票。

這並不能說明什麼,但確實在某種程度上顯示市場正在接近均衡,需要新的推動力來使鐘擺再次擺動。只從技術條件來看,誰也無法推測大的波動可能會以何種方式發生。股民沒有進場。自1907年恐慌以來,股票可能集中在更少的人手中。大戶似乎不想出售,不過人們懷疑大戶可能已經花費了大量的資金來試圖刺激股民。六條主要鐵路已增加或恢復股利,而更多的寶貴股權也已分配。所有的「福利」還是無法喚起股民的熱情。

現在市場存在一些很高的可能性,包括勞動情況和華府受到威脅的立法行動。在罷工時,從來沒有人因為放空市場而賺到很多錢,但是公司慷慨分配給股東,遲早會激起勞工也該分享好東西的需求。在其他因素之下,有一個因素是如此無所不在,所以幾乎沒有被注意到。那就是高昂的生活成本。在過去類似的情況下,我們知道當超過容忍點時,某些事確實會崩潰。

這不是要表達對市場的任何空頭觀點,而是合理地指出,在華爾街,少數人通常是是對的。

《華爾街日報》1909年12月20日

各種說法都認為,在未來的六個月內會有一個大牛市,投資人會把股票推向頂峰。到目前為止,謹慎地拋出的誘餌還沒有吸引來大量的魚群。

《華爾街日報》1910年1月18日,價格走勢

本專欄在12月18日發表了一篇關於價格變動的研究報告,指出正如股票指數所反映的,股市已趨於均衡了,似乎需要一個新的動力來讓鐘擺再次擺動起來。沒有表達明確的看跌觀點,但指出了勞動狀況的可能性和華府受到威脅的立法。當時據說壓倒性的輿論認為1月份會開始出

現榮景,而在華爾街,多數很少是正確的。

到目前為止,從新的一年出現的任何漲勢中,指數顯示市場不只是擺脫了舊的區間,而且開始明確表示有可能進一步下跌。從9月20日鐵路股創下當年高點,到10月1日工業股創出當年高點以來,市場不但沒有創造新高,反而一次又一次拉回、反彈,以致於整個秋季波動幅度趨於緊縮。每當接近12月初的低點時就會出現反彈;在真正令人信服的復甦出現之前,市場交易變得平淡和低迷,即使在新的一年裡,同樣的情況仍然持續,不過,在1月的第一周,技術條件正在發生變化則是已經很明顯了。

大量的賣出使市場充滿了股票,1月14日,無論是工業股還是鐵路股,市場價格都明確突破了六周前的低點。可以說於9月和10月初結束的長期漲勢中,近兩年來,每次在溫和衰退之後,指數突破前高時,市場都會給出明顯而有利可圖的牛市跡象。隨後,空頭的跡象變得模糊且不確定。拉回的程度不足以令人信服地創造新的低點。現在的跡象更加清楚了,工業指數較1909年高點回落超過6點,鐵路指數下跌超過8點,可以合理地假設技術條件已經發生了根本性的變化。

至少很明顯的是,大牛市已經結束了,需要時間來建立新的牛市。我們不能抱怨。我們享受了指數史上最長、最有利可圖的主要上漲趨勢。價格範圍如此之高,以至於對投機性的股民毫無吸引力。這並不是表示股價不會再漲更高,但是根據通常和相當合理的解讀指數方法,目前的指示明顯是看空的。

《華爾街日報》1910年1月24日

股票在長期上漲後承受巨大壓力後,大幅反彈是正常的過程。當股票開始賣光時,熊市中的復甦總是很迅速,但隨後通常會出現一段交易平淡和不確定的時期,因為需要賣出之前買進的股票來支撐市場。本周可能會出現這樣的情況,真正的考驗將在於市場吸收此類個股的能力。

《華爾街日報》1910年2月19日,價格走勢

在1月18日的價格走勢研究中,有人指出,自1908年和1909年的長期漲勢開始以來,鐵路股和工業股指數首次出現明顯的空頭跡象。兩個月來,市場一直在窄幅區間波動,用一個老生常談的比喻來說,就像

鐘擺正在減緩至平衡狀態,市場正在等待新的動力。股市突破12月的低點,創下新低,儘管當時價格較去年10月的高點略差了幾點,但仍顯示出進一步的下跌走勢。

這個走勢來得正好,直到2月8日,持續了數周的熊市波動才結束。與1909年的高點相比,工業股的平均跌幅為15.50點,鐵路股的平均跌幅為18.93點。自2月8日以來,出現了明顯的大幅反彈,每次的跌幅都被收復80%。拋開外在影響,只根據指數的指示加以推理,從技術條件能推斷出什麼?

現在普遍認為,我們正處於一個明確而成熟的熊市。牛市在去年十月已經結束,但我們花了一些時間才發現這一點。本周的反彈是否表示一個新的牛市已經開始了,還是這只是熊市擺動中典型的急遽反彈?過去的經驗確實比較傾向於後者的推論。

在整體的牛市走勢中,劇烈的拉回是很正常的。原因很明顯。市場上的多數個股都是看漲的,收取佣金的公司因而擴張過度。大幅低價買入的大型操盤手發覺到部位的走勢疲軟,而一個在七個月內平均上漲25點的市場,很容易在七天內回吐20%的漲幅。同樣地,熊市中的反彈總是很劇烈,一周多一點的時間出現的大幅回升也沒有什麼好奇怪的。在經歷了長期的下滑之後,也該是時候回漲了。

在下跌的市場反彈30%,足以消除熊市的多頭部位提供的許多寶貴支撐力道。情緒會發生變化,牛市再次變得自信甚至強勢。結果可能會也可能不會證明這種信心是正確的。指數本身還沒有提供任何真正看漲的跡象,現在任何相反的走勢都將顯得看跌,特別是如果低於2月8日的價格的話。

《華爾街日報》1910年3月19日

本專欄在一個月前討論了十二支工業股和二十支鐵路股的波動所顯示的價格變動。當時指出,工業股從1909年9月和11月的高點15.50點、鐵路股從18.93點的高點下跌後,八個交易日出現了約30%的反彈。自那時以來,這兩個指數的走勢並沒有像平常那樣緊密。鐵路股略低於一個月前的點數,工業股則略高於一個月前的點數。

在這次大幅上漲之後,工業股在一個月內波動了不到4點,而鐵路股則在不到3點的範圍內波動。換句話說,儘管3月7日有一些當時看起

來像是恢復的情況，但急遽復甦並沒有持續下去。然而，這是本月的高點，從那時起，之前的不確定性又再次出現。光是從技術條件來看，似乎顯示有人在提高和支撐股價以便賣出股票。

從指數證實所得的長期經驗告訴我們，在持續時間超過一年或更長期的牛市走勢中，對比偶爾發生的迅速拉回走勢，上升的過程顯得比較緩慢。同樣地，在熊市中，反彈的速度也會很快。從去年秋季的高點回落之後，我們可以看到股市的恢復速度比下跌的速度快得多。在場內活躍的交易者很容易解釋這一點。市場上的股票暫時銷售一空。價格對於直接購買股票的人來說變得有吸引力。大量而脆弱的空單餘額逐漸形成，這些因素加在一起使得反彈一旦開始，價格就很容易迅速上漲。

由此產生的購買動能，通常在之前下跌幅度的80%到50%之間具有反彈力量，直到動能耗盡，價格達到某種平衡為止。到了此時，市場通常已經供應了用來保護下跌過程中的股票，並形成為了獲利了結而賣出的股票，由不信任市場恢復的持有者實現，以及一個夠強大、能夠自保，而且知道需要一個真正而廣泛的新動力來恢復以前活力的新空軍陣營。因此價格開始猶豫，我們現在正處於這種關鍵且有趣的時期之一。

從股民興趣缺缺來看，幾乎不可能存在廣泛擴展的多頭部位。市場上肯定有很多專業大戶，與純粹的業餘者不同，大戶在交易時可能是次數少，但累積起來的成交量較大。然而，相對而言，肯定存在一個有影響力的派系，對當前市場水準持懷疑態度。根據指數所顯示，儘管過去一、兩天市場走勢強勁，但趨勢似乎更低，但除了反彈動力消耗完畢外，目前還沒有明確的指示。

《華爾街日報》1910年4月16日

一個月前，我們考慮了股市的技術條件。當時指出，如果有任何趨勢的話，那就是向下趨勢。當時二十支鐵路股指數是123.66點，而《華爾街日報》指數中十二支代表性的工業股指數是92.33點。從這些點數開始，鐵路股下跌了2.44點，工業股下跌了2.97點，然後經歷了一次反彈，將指數拉回到一個月前的水準附近。

當市場在等待一個新的動力時，每天的波動就變得重要了。讀者可能還記得，去年8月市場達到了高點後，市場開始下跌，一直到隨後的2月，跌幅比1907年10月危機後的長期升勢中的任何回檔都更為可觀。

在市場出現相對劇烈的下跌後，隨之而來的是通常會發生的反彈，收復了50%的跌勢。然後便是可以稱之為次級跌勢的階段（這基本上就是這種市場波動的一個常態特徵），之後整個市場交易變得極其平淡，沒有任何明確、決定性的動作。

我們可以再次使用那個經常引用的鐘擺比喻，因為沒有其他比喻更適合用來形容市場的波動了。正如所引用的數字所顯示的，每次重複的擺動都涵蓋了鐘擺弧段的較小部分，直到鐘擺達到平衡。顯然市場正在等待新的動力出現。

接下來的情況是，這樣的市場上股票完全銷售一空。正如交易者所說，並沒有輕鬆地形成多頭市場，因此專業人士開始放空，因為在缺乏積極的多頭領導之下，他們感到安全。同樣地，交易不熱絡會使多軍筋疲力盡。沒有券商喜歡「睡著的帳戶」，最終市場處於一個位置，只需要一點點的動力就能讓它朝著某個方向啟動。從上周一開始的急遽反彈，當時已知標準石油和美國菸草的決定，至少在未來的一段時間內不會懸而未決，似乎顯示價格現在脫離了谷底，至少目前正朝著上升方向發展。

目前並沒有任何證據顯示，可以說始於去年9月左右的熊市已經結束了；但從技術上來看顯示出向上的波動。這個走勢不一定要走得很快或很遠，但是現在空軍的跡象距離還很遠，顯示上升的走勢還有空間，特別是如果股民顯示出重新參與市場的意願的話。在次級波動結束後，指數的表現可能會非常有趣。

《華爾街日報》1910年6月16日，價格走勢

不到一個月前，本專欄在討論價格波動時，發現儘管技術條件並不特別令人鼓舞，但市場似乎有些意願進一步反彈，而且有鑑於秋季的不確定性，如果有的話，一場多頭行動可能會在早期取得成功。在那些文字刊出後，市場繼續上漲，並且在5月21日，工業股和鐵路股指數觸及了自3月8日以來的高點。

指數勉強得以維持在高點，但直到5月25日前並未出現真正的壓力，那天兩個指數都出現了疲態的跡象。儘管隔天出現了一次反彈，但這些跡象已經變成強勢的賣壓，表面上是由於政府對鐵路公司的態度，導致了嚴重的下跌，工業股下跌至82.05點，鐵路股下跌至114.59點，

這是當年的新低，分別比 5 月 21 日的前高還要低了 7.61 點和 8.73 點。

在政府與鐵路公司達成和平協議後，市場出現了一次適度的反彈，鐵路股收復了 85% 的跌幅，而工業股則收復了 87% 的跌幅。從這次波動中可以合理地推斷一點，如果下跌只是由於司法部長針對西部鐵路採取引人注目的行動，那麼回漲應該會更快並且涵蓋得更廣。目前，我們只是研究市場的技術條件，正如指數的變化所顯示，經驗告訴我們，如果需要很長時間才能證明其真實性，那麼指數的變化是受一段時期內確定的規律所支配。在此並不需要深入討論下跌的真正原因與表面原因。

研究價格波動的人會注意到，這次反彈應該會繼續，而 50% 的跌勢被收復後，交易開始出現平淡的現象，與市場在意外情況下崩盤的正常反應一致。對於一個只有少數大戶和積極的專業投資人進行交易的市場，幾乎完全排除了投機性的交易，因此不太可能有足夠的動力推高價格。

謹慎的交易者可能會持保守的多頭觀點，如果指數在 5 月 21 日至 6 月 6 日跌幅收復 50% 以上，那麼交易者很容易就會發現市場出現新的多頭。

《華爾街日報》1910 年 7 月 19 日，價格走勢

本專欄上一次討論價格波動時是在 6 月 16 日，那時市場正在一次反彈，這是在月初政府對西部鐵路發動突襲之後，市場嚴重下跌的情況下。由於突如其來的消息，當時的反彈已經擴大到這波嚴重跌勢的約 80%。過去的經驗顯示，反彈應該會繼續，或者至少會收復一半的跌幅。這就是目前正在發生的情況。反彈一直持續到 6 月 22 日，然後市場再次顯示出疲態。

技術上來說，空頭已經回補，用於保護市場的股票出售的數量足夠，使市場完全吸收。任何根據技術條件操作的交易者，在 6 月 22 日和 28 日應該會充滿信心地放空。接下來發生了進一步的急遽下跌，持續時間短暫，但程度嚴重，使工業股和鐵路股都創下了今年的新低。在 7 月 5 日，也就是在九個交易日內，兩個指數分別下跌了 6.05 點和 8.77 點。

研究指數的人都知道，一旦再次拉回並且跌破 6 月的低點時，就代表明顯看跌。工業股回升了 2 點，鐵路股則是漲了近 4 點，然後指數才開始在低點形成某種支撐。從那時開始，反彈的走勢並沒有將指數推回至 6 月的低點之上，因此，雖然指數有所收復，但我們可以說市場尚未收回看跌的立場。

這些研究一直都只考慮技術指標，並且並未討論一般大眾買賣股票的一般條件。在華爾街有一群人數不多但非常有用的交易者，他們對的機率比錯的還要多，而且他們通常是無意識地運用技術分析，不太會根據農作物收成展望或政治猜測進行交易。根據今天的指數所呈現的跡象，這群人可能正在根據對進一步反彈的期望而交易，但是也可以快速出脫手上的部位。回漲的走勢若出現任何暫緩，或是跡象顯示出這些交易者所說的「強勢多頭」，都會讓他們轉為放空。我們至少可以說，目前沒有任何跡象顯示整體熊市已經結束了，但可能會有非常小的進一步反彈，可能引發持續大約一個月的次級多頭走勢，而這是整體下跌的跡象。

《華爾街日報》1910 年 7 月 29 日，股市反彈

在上周二最近一次且非常嚴重的跌勢之後，股市出現了反彈，按照以前的經驗，反彈走勢應該會持續。我們自去年 10 月以來，實際上一直處於整體下跌的趨勢，即使真正的下跌並沒有比較早，至少事實上我們已經歷了大約八個月的熊市，沒有任何非常顯著的反彈，尤其是在上周二的劇烈跌勢之後，也差不多該有一次反彈了。

本專欄經常指出，熊市反彈往往是急而相對短暫的。股價回升的速度似乎比下跌的速度更快，連續四個月下跌 30％ 到 40％，卻在幾周內就收復跌勢的情況並不罕見。這就是市場的次級走勢。第一個是主要走勢，通常維持兩年以上，熊市走勢通常不超過十二個月。在整體的上升趨勢中，我們可能會遇到突然和迅速的反彈，而在整體下跌走勢中則會有對應的回升。這些回升通常會持續三十天並構成了次級走勢，與日常波動區分開來。一般來說，可以說走勢愈短，預測就愈困難。

有一個指標對交易者來說有時會有用，如果我們足夠精明可以解讀，股票行情就能講述所有的情況，那就是從長期下跌的最後一次嚴重下跌中的反彈。我們可以認為市場最近一次下跌在連跌十個交易日後結束，鐵路股平均下跌 8.06 點，而工業股下跌 7.79 點。正常的反彈走勢現在似乎已經開始了，40％ 的跌勢很快就將會被收復。但是，反彈之後的市場交易會變得平淡，絕大多數的專業投資人都會在這時選擇把股票賣出。因為在他們看來，市場現有的買方力道還不足以確認此時真的已進入牛市了。

另一方面，如果股市繼續走強，並在回漲後逐步改善，專業交易者

就會跟著市場的漲勢交易。專業交易者不會立即認為大空頭走勢已經結束。技術指標尚未顯示這一點，即使市場一如近幾年來在8月時上漲，技術指標也不會顯示空頭已經結束。

　　如果市場在低水準附近保持遲鈍和不活躍狀態，在恢復之前需要相當長的時間，那麼專業交易者可能會更加重視目前的反彈。促使主要類別產生大規模上升或下跌走勢的條件，實際上幾乎不會在一夜之間改變，無論第一次復甦看起來有多鼓舞人心。

《華爾街日報》1910年8月30日

　　在撰寫鐵路股及工業股指數每日及好幾年內所顯示的價格變動時，本報於7月19日刊出的文章指出，沒有任何跡象顯示大空頭已經結束。這個推論獲得準確的證實，二十支鐵路指數在七個交易日內，從當時的112.64點跌至當年低點105.59點；同時，工業股也進一步下跌8點。

　　在長期熊市走勢後的短期下跌過於猛烈，不可能不帶動急遽回漲。這次回漲始於7月27日，並持續到8月17日，鐵路股已回升9.88點，工業股回升7.79點。這次的走勢持續了三周，可以合理地視為代表熊市中的短期或次級牛市波動。值得注意的是，這種波動的常見特徵很明顯。相較於長期上漲走勢中經常發現的偶爾突破，這次既短暫又尖銳。

　　當每個人都認為市場能夠滿足他們想要的結果時，上漲趨勢就停止了，而且自8月17日開始，也就是在九個交易日內，出現了明確的拉回。這至少顯示市場的次級走勢，也就是熊市中短暫的牛市波動已經結束了。為了相信大趨勢真的已經改變，指數就必須漲破8月17日的高點。市場的單日波動偶爾會有某種幫助，但目前沒有跡象顯示指數會回升。

　　我們要重申，正如我們在這些研究中經常做的，這些只考慮市場的技術性部位，並且不考慮外部的影響。用於比較的二十五年指數經驗顯示，這些外部影響在成為民眾討論的主題之前，就已經反映在價格變動中；唯一的例外是人類無法預見的事件，例如舊金山的震災。即使在這種災難引起的走勢中斷，後來的迅速回漲也傾向於恢復整體市場狀況，而這些研究就是以整體市況為基礎。

　　從目前的指數來看，我們似乎已經歷了一次典型的回升，並且恢復了整體走勢。由此推斷，廣泛的跌勢尚未結束，儘管隨著時間過去已經接近結束。紀錄顯示，這類走勢的持續時間通常不會超過一年。

《華爾街日報》1910年9月20日，價格走勢

當股票指數只顯示名義上的波動時，仍然可以從這種狀況中得出有用的推論。在這種情況下，對在場邊等待的人來說也有幫助。自8月22日以來，十二支工業股指數波動幅度不超過1.80點，二十支交易熱絡的鐵路股指數波動幅度只有2.31點。在8月17日短暫的上漲結束後，市場顯然已經穩定下來並且在等待新的動力。

在一些容易誤導的平行走勢例子中可以發現，市場在大跌之後會連續上漲40%或更高，隨後股市的拉回速度會較慢，而且上漲或下跌都會有小幅波動，就像鐘擺一樣向下走，直到達到平衡為止。在市場恐慌性崩盤之後，這種情況並不罕見。正是由於這種恐慌中斷具有容易誤導人的相似性，所以值得說明這種差異。

1907年的危機期間，股市並沒有發生真正的恐慌。那一年的3月和10月股市都非常疲軟，但並沒有完全失控，這就是恐慌性突破的本質。根據這些技術證據交易的人因此而被誤導，在1907年10月危機之後買入股票，結果卻在11月熊市轉向之前進一步下跌時被掃出場。

在目前的熊市中，指數在8月17日之前迅速上漲，但在耗盡了次級或上漲走勢後，無論是在市場走勢還是交易量都已經力氣放盡，從那時起我們就一直處於無可救藥的低迷狀態。這裡沒有可與1907年的熊市進行比較的類似情況。市場遲早必須擺脫目前約束它的狹窄區間。無論是向上還是向下，這樣的變化會有什麼技術價值呢？

如果市場上漲到上述反彈的高點，也就是8月17日鐵路股和工業股分別跌至115.47點和81.41點，那麼這種跡象將是溫和上漲。這本身並不表示目前發生了整體變化，直到在同一方向上的進一步價格變動強調了這種變化為止。另一方面，如果市場跌破了7月26日的全年低點105.59點和73.62點，結果將是極為看跌。這將表示可能會有進一步的暴跌，甚至可能將指數拉到接近1907年下半年的位置。

顯然，我們還沒有走出熊市，而這樣的市場往往會以最後一次劇烈下跌作結。即使我們假設主要的下跌走勢直到1909年12月才能真正確認，但我們正接近技術條件顯示的整體走勢結束。

《華爾街日報》1910年10月18日，價格走勢

一個月前根據十二支工業股和二十支鐵路股的指數討論股市時，本

專欄曾指出，如果指數分別漲破8月的高點81.41點和115.47點，走勢將會是溫和看漲。當時市場陷入狹窄的區間，一個月或更長一段時間的極端波動只有約2點。10月3日和4日，指數接近當年的前高，並且10月10日時，兩個指數皆高於8月的位置。

有鑑於指數過去的紀錄，我們可以相當有信心地進行預測。股價在兩個指數的保證下上漲，繼續上漲2到4點。市場準確實現了先前的預測，這是一種危險的誘惑。我們可以相對容易地說，市場突破了一個月前的區間後，不論上漲或下跌都會發展出強勁的走勢。然而，對於建立了上升趨勢之後價格可能會如何表現，我們並沒有這樣的指南。幸運的是，本報並不鼓勵根據對歷史比較所做的推斷，來進行日常的投機行為。

毫無疑問，我們至少已經在熊市中發展出一個強勁的次級牛市。主要趨勢已經改變，而價格在很長一段時間內的整體趨勢可能是向上的，指數確實未顯示出這一點。從7月份的低點至今，鐵路股票上漲了12點，此前已大跌了約30點。要建立對市場主要走勢是向上的合理推測，需要進一步的上升，持續時間要比目前的反彈所持續的時間更長。另一方面，市場必須顯示實質的下跌，以重新確立過去一年來相對容易預測的整體下跌趨勢。

看起來要確立目前多頭漲勢的次級特徵，交易熱絡的鐵路股指數需要回落到112點，而工業股則需要回落到78點。根據先例，要給出一個真正令人擔憂的熊市點，反彈需要更為顯著。任何將指數壓低到7月的指數以下的情況，都顯示可能會出現進一步的下跌，屆時指數範圍可能會達到低水準，就算沒有跌到1907年的程度也會很接近。

這次上漲的一個強烈特點是，隨著價格每日連續上漲，成交量也在增加。這樣的走勢往往會在一、兩天的明顯大宗交易中結束，但指數分析的本質，是將這些視為反映這些和所有其他因素的指標。

《華爾街日報》1910年11月29日，價格變動

在我們於10月18日討論過，光是透過指數走勢判斷股市狀況後不久，鐵路和工業股票都創下了今年的高點，隨後回落了約3點左右，並在回落時交易變得明顯平淡。在這些討論中，我們的想法是將指數視為正反兩方面所有影響的總和，並純粹根據多年的數字顯示的先前經驗來討論價格的變動。

在達到高點之前，股市曾在一個狹窄範圍的一長串行情中上漲，建立了一個牛市論點，這個論點至少在一段長時間的熊市中維持了一個相當可觀的牛市。自那時以來，市場已有回落，建立了另一個在狹窄範圍內的「震盪區間」，大約在牛市最後一波開始的地方。對於有經驗的觀察者來說，其中一件很明顯的事，就是這兩條線之間重要的區別。

在10月20日達到高峰之前，市場令人意外地穩定顯示了一段累積的時期。自那次高峰以來，市場一直接近前高但未能突破。鐵路股的前高是118.43點。11月11日觸及了115.09點，隨後有一些反彈，但都在同一個狹窄的範圍內。在指數回落的過程中，這條線顯示相當多的證據，證明這些股票的賣盤被處理得很好。

我們知道有很好的論點支持同時考慮成交量和指數的變動，但在實務上對這種方法有一些反對的意見。要使這種比較有價值，就需要在一季內每個交易日的成交量，屆時我們可能會發現，指數早晚會考慮到這種影響以及所有其他的影響。同樣地，目前還有一些可以追溯到特殊原因的效應正在發揮作用。按照我們每個月的習慣，我們傾向忽略這些因素。

根據過去市場的經驗，如果交易熱絡的鐵路股跌破115.09點（這是11月10日確定的回落點），而工業股跌破同一天創下的83.50點，就表示前景明顯看跌，進一步的回落將指向更明確的跡象，也就是過去一年的主要熊市依然在發揮作用。

《華爾街日報》1911年1月5日，價格走勢

自從我們上一次於11月29日發表有關這個主題的社論以來，工業股和鐵路股指數波動的價格變動沒有引起這樣的討論。當時我們說指數，特別是鐵路股指數，正在形成一條看起來像是空頭力道的盤整區間；並且如果跌破11月10日拉回的低點115.09點，前景將會是看跌，儘管不一定代表回復到1910年的主要空頭走勢。

當市場突破11月10日的價位時，這項推論是完全合理的；隨後，工業指數下跌4點，鐵路指數下跌近5點，並於12月6日創下低點。隨後出現的反彈，似乎使鐵路股漲破115點，工業股則是站上82點。跌破11月的程度不足以讓我們回到同一個熊市期間的價格觀點，而過去一個月的反彈最能說明的是，鐵路指數必須漲至10月的高點118.43點，才能證明任何積極看漲的推論是合理的。

我們在這些研究中傾向忽略成交量和交易特性，並且相信絕對公正的指數本身，會針對這些因素以及意外事件、交易狀況、貨幣市場的態度、投機大眾的情緒甚至投資需求的特性，做出對應的調整。指數並沒有什麼可以絕對斷言的。指數在指導市場的長期波動方向時非常有價值，但對於日常交易來說，不僅沒有價值，而且可能很危險。

那些每天根據指數炒股票的人，就和蒙地卡羅賭場的賭徒一樣，無論他們是否根據指數得出結論，都不會比有系統的賭徒更好，而且最後也會遇到與賭徒相似的命運。

如果參考廣泛但合理的資料，我們可以合理地推斷，如果鐵路股漲破118.43點，將會明顯看漲；而如果跌破111.33點，尤其是伴隨著工業指數的對應波動時，則可能會得出明確的空頭推斷。哪一種情況比較有可能發生是一個主觀的問題，指數本身並沒有給出確切的答案。

《華爾街日報》1911年2月1日，價格走勢

根據1911年1月5日的走勢討論市場指示，我們指出如果指數漲破1910年10月18日的高點，就會是比去年熊市以來的任何波動更明確的看漲指示。儘管工業股距離前高還有一段距離，但這個最新的動向具有相當的重要性。

自從去年十月的反彈結束以來，市場一直在波動，導致對於學習市場走勢的人們來說，指數幾乎沒有什麼研究價值，更不用說根據指數得出廣泛結論的投機者了。然而，仔細觀察價格的變動會顯示，最近每次拉回，最後都高於先前的低點，而回漲則會漲到新高。在市場的較大波動之後，當存在不確定性時，這在以前的情況下已被證明是一種明確的多頭暗示。

工業股必須進一步上漲約2點，才能印證鐵路股的走勢，這麼一來多頭才會真正感到安全。這兩個指數經常會一起行動，但是其中一個可能比另一個更強或更弱，儘管美鋼普通股的成交量很大，但是自從今年初以來的主要走勢一直是鐵路股的發行。由於有這麼多的鐵路股新股發行，這一點也不令人意外，特別是因為新股的發行似乎比去年任何時候，都更受到股民的青睞。

目前的走勢可以說始於去年12月的低點，工業指數跌了約5點，鐵路指數則跌了約7點。這仍然有可能是在我們從1896年以來就不太習慣

的熊市中,一次有力的次級牛市行情。然而,這個次要走勢無疑已經獲得了相當大的力量。我們可以說,股民並沒有進場,但是整體漲勢顯示出大量空頭的力道,而對華爾街整體成交量的估計,通常是根據消息來源自己所採取的行動。

在不談論失控的牛市或回歸「繁榮」時代的情況下,我們仍然可以說,根據對指數的分析,市場看起來會走高。

《華爾街日報》1911 年 2 月 6 日

上周股市幾乎持續上漲,星期五走勢稍有抑制。鐵路指數在星期二漲破了去年 10 月的高點,這讓研究股價走勢的人和部分從事統計分析的人感到滿意。在上漲過程中似乎有大量的股票賣出,但市場已經充分吸收這些股票,這顯示在技術性市場走勢中。市場在小幅回檔時交易變得低迷,顯示在回漲時活動增加。正如任何專業人士所知,這是市場仍然偏向買方的一個良好指標。

到了周末時,市場充滿足夠的股票,足以正當化一次適度的回檔;但必須承認,空軍主要是那些太早賣掉股票而想要買回來的人,或是一開始就不信任漲勢,想要命運再給他們一次機會的人。後者通常會在高點增持,如果回檔足夠吸引人們再次大舉買入,他們可能就會比先前更加看淡市場。

《華爾街日報》1911 年 2 月 13 日

上周股價在狹窄的區間內波動,無論是工業股還是鐵路股指數都未漲跌達 1 點。似乎有一個計畫正在進行中,要持續過去一個月左右的漲勢。交易者普遍指出,在溫和的回檔時市場上沒有多少股票,而在上漲時則出現有大量的賣出,而且都已被市場吸收。這就是專業人士所說的,讓股民習慣更高的價位。

在一段時間之後,即使只是很小的回落,股票看起來也會變得便宜,而價格變更容易上漲。實際上,市場會自己消化,對於任何消息都處於一個良好的策略地位。從表面證據很難推斷股票已經失去了最初的推動力。大多數有經驗的判斷者會得出結論,價格正在自行穩定下來,為進一步上漲做好準備。

《華爾街日報》1911年3月6日，價格走勢

自從我們上次討論了股市的波動，根據指數的變動來看，因為多頭非常清楚，我們不得不從中得出一個明確的多頭推斷，而且已經得到了證實。然而，自從那次進一步的漲勢以來發生了一個相當重要的變化。最有趣的特點是自2月1日起，在十二個交易日內，二十支交易熱絡的鐵路指數既未跌破119點，也未升至120點。

在下跌了約1點後，股價回到這個水準，並成功維持了四天。第一次嚴重的下跌發生在鐵路運價決定之後，出現一些明顯的賣壓。顯而易見，在二月初一定發生了大規模的賣壓，市場一度看起來似乎能夠吸收這些股票，並且還能夠重新啟動上升走勢。這是我們一個月前就應該採取的觀點；但過去一、兩周的發展非常像對次要上漲行情的明確中斷，因此我們必須指出，指數顯示出更保守的指示。

先前的經驗告訴我們，區間頂部被向下突破時，無論是工業類股還是鐵路類股的情況，我們需要再次達到前高，才能夠假設指數出現看漲跡象。工業股需要大幅上漲86點以上，鐵路股價需要上漲到120點以上，以顯示最近相當廣泛的多頭行情已經重新啟動。

另一方面，指數必須經歷一次相當大程度的跌勢，我們才能真正認為前景看跌。我們可以認為次級多頭行情始於1910年12月6日的低點，當時工業指數為79.68點，鐵路指數股為111.83點。如果跌破這些數字，就表示鐵路指數從目前的水準下跌超過4點，而工業指數則要下跌3點。跌破前低就絕對是看跌的跡象。

因此，可以看得出來沒有什麼絕對肯定的事情。現在看起來比較像是次級多頭擺盪走勢結束了；或者至少是對於可能存在的整體牛市，也就是從1910年12月6日的低點到前一個高點的上漲走勢，產生了嚴重的懷疑。

《華爾街日報》1911年3月27日

上周一整周的股票走勢持平，僅有微小的變動和微不足道的成交量。事實上，在星期四這一天，二十支交易熱絡的鐵路股平均價格沒有變化，而十二支工業股的平均價格下跌了0.01點。這是指數顯示最接近絕對平衡的事情。這在某種程度上僅僅是一種巧合，但這明顯說明了股市的停滯現象。這樣的不活躍本身就是一種症狀。

THE DOW THEORY

技術分析世紀經典——道氏理論

只看表面的觀察者經常因為股市沒有對突然和重要的發展做出反應，卻似乎受到了難以追蹤的莫名力量影響而感到震驚。無論是有意識還是無意識，價格的波動反映的不是過去，而是未來。當即將發生的事件產生影響時，會反映在紐約證交所。

　　目前的市場不只是顯示一般的商業環境很低迷。如果我們的推理有任何價值，它正在預測未來一段時間的停滯期。但是還有另一種看待它的方式。可能需要一股新的刺激。由於信託公司的決策已經決定，不論決策的性質如何，都可能會是一筆不錯的交易。人們將會記住，北方證券案的判決在技術上對華爾街不利，卻標誌著我們有史以來最好的牛市之一的開始。

《華爾街日報》1911年4月5日，價格走勢

　　本專欄根據二十支鐵路股和十二支工業股指數的波動，於3月6日討論股市的價格走勢，價格當時在12月6日至2月1日的低點之間徘徊，這只是2月4日記錄的今年初步結果。當時有人認為，超過前高將是明顯的看漲信號，而跌破去年12月的價格將在很大程度上顯示去年的熊市可能回來了。

　　自上次研究以來，價格的變化很有趣，但並未得出明確的結論。工業股甚至未接近79.62的低點，儘管指數距離86.02的高點只差2.02點。同樣地，鐵路股在過去一個月根本沒有表現出任何下跌的趨勢，更不用說將指數拉到低於111.83點的程度了。指數接近119.97點這個高點，但自從一周前創下這個數字後，指數就有些拉回，本周略微下跌。

　　這絕對是一種不確定性，但是可以注意到，在每種情況下，指數幾乎都普遍高於我們上次分析時的水平。指數看起來似乎想要上漲，但有些指數研究者可能會認為交易量的小幅減少，削弱了這些變化的重要性。然而，趨勢明顯是看漲的。就交易量而言，在這些研究中，我們寧可忽略交易量，主張在比較任何相當長時間內的價格波動時，這個點以及所有其他考慮因素都可以被排除。這樣的成交量，就像意外事件本身一樣，在這些時期傾向於平均化。所有的股票市場成立以來，交易情形一直都是平淡和活躍交替出現。

　　雖然沒有明確的看漲跡象，但我們在上一次研究中得出的推論似乎仍然成立。目前鐵路股的程度上漲到120點，只要再上漲2點多一點，將

是春季和初夏市場強烈看漲的指示;而工業股移動到86點以上,也就是再漲不到3點,將有助於確認鐵路指數所給出的指示。

《華爾街日報》1911年4月24日

股票上周下挫,只有星期三反彈,完全未能在假日後發展出不尋常但某種程度上並不罕見的漲勢。周二出現相對急遽的跌勢,比過去一段時間顯示的活動還要多一些。市場上最弱的特點或許是,股市在下跌時變得更加活躍。

表面上看來,並沒有明顯的投機性多頭帳戶,但在每種情況下,股票都是以保證金進行交易,並且必須保持穩定,當超過一定程度的壓力時,即使先前在交易廳的交易中無法明確看出其存在,長期持有的股票也會被擠壓。交易熱絡的鐵路股指數現在大約介於去年2月的高點和去年12月的低點之間,而工業股則更接近低點。

從純技術指標來看,在一種情況下,如果跌破111.83點,另一種情況下,如果跌破79.68點,將會呈現熊市跡象,這可能會使一些專業人士變得積極買進,但也可能會帶來獲利了結的賣出行情。但是市場的上漲和下跌仍然勢均力敵。

《華爾街日報》1911年5月4日,價格走勢

連續三個月,工業和鐵路股指數都未跌破去年12月6日的低點,也未突破去年2月的高點。一個月前當我們討論價格走勢時,市場似乎陷入了一個區間,而在4月中似乎傾向於下挫。至少在幾天內,積極的交易者發現下跌活躍,反彈無力,因此在市場上做空。

上周交易的性質發生了實質的變化,但是不能說成交量比之前更為明顯。價格反彈相當有信心,上周三收盤時,二十支交易熱絡的鐵路股指數距離最後一個高點只有0.74點;而工業股只比今年2月4日創下的高點稍微超過2點而已。

在進行科學研究時,這些討論中的指數被視為代表市場上所有變化影響的總和,甚至包括成交量。因此,新聞對市場的影響很小或幾乎沒有,這是次要的。如果一個月前交易得變冷清,是因為關於關稅的不確定性和最高法院的裁決仍然被延後,那麼今天依然會受到相同的影響。我們傾向於認為這些影響被高估了,因為歷史顯示,當對這些問題達到

一定的確定性時，即使是最有經驗的新聞價值判斷者也會被市場欺騙。

關於市場全年的走勢有一些老生常談的規則，但是也許一整年下來違反這規則的時候比遵守的時候還要多。其實正常的市場根本就不存在。換句話說，我們可以說長期來看，三月和四月的趨勢是上升的，而五月和六月的趨勢是下降的。這與一般商業活動情形相符，但如果過於密切地追蹤這個趨勢，就不太可能為價格變化帶來太多預測的價值。

在考慮到這些事實的情況下，根據指數的先前經驗，如果鐵路股漲破120點，工業股漲破86點，距離目前高出1至2點，就可以明確指出這是明顯看漲，而且可能表示會延續到夏季。

《華爾街日報》1911年6月1日，價格走勢

本專欄於5月4日發表有關價格走勢的討論中指出，為了進行多年比較而採用的二十支鐵路股和十二支工業股指數，正逐漸接近2月初的高點，而跨越該點就是看漲的指示。這些指數在過去三個月，一直在去年12月的低點和去年2月的高點之間震盪。根據先前的經驗，從這樣的區間中往任何方向移動，最後都可能代表相當重要的變化。

在5月22日，二十支鐵路股指數創下當年新高，而工業股指數在5月29日也達到當年高點。鐵路指數在5月16日突破了2月的高點，工業股指數在5月18日漲破前高。自那時以來，市場雖然猶豫不決，工業股甚至偶爾跌破2月的高點，但顯示出相當的強勢。

儘管考慮到這一點，以及市場的冷清和偶爾的拉回，我們仍然可以說，當指數創下當年新高時，市場給出了看漲的信號，並且尚未撤回這個信號。將市場的一切細節排除在外，僅考慮市場的純技術層面，我們在這些研究中總是那麼做，將指數視為反映多年來包括商業活動在內的所有因素，現在的指示甚至可以說是強烈的看漲。

要撤回這種看漲的指示，與之前的指數走勢相比，鐵路指數就必須下跌至少5點，也就是跌破今年3月2日的低點115.75點，而且工業指數要下跌至81.82點，也就是4月22日的低點。表面上看來，這並不是一個很糟的點，而交易者如果這麼認為，就可能會選擇做多市場，設定比目前價位低1或2點的停損單。

《華爾街日報》1911 年 7 月 14 日，價格走勢

自我們上次在 6 月 1 日討論指數顯示的價格走勢以來，市場已陷入交易不活躍的狀態，但是這不應該被解釋為在狹窄範圍內沒有意義的波動。在對價格走勢的研究中，交易平淡和活躍都有其價值，並且通常能提供重要的指示，顯示未來更徹底的變化。

自 6 月 1 日以來，也就是在六周的期間，二十支交易熱絡的鐵路股指數一直在 123.81 點和 121.09 點之間波動；而十二支工業股指數的波動更小，介於 87.06 點和 85.28 點之間。在每種情況下，低點都是在同一天創下的，自那時以來，已經回漲 1 點或更多，使得這兩個指數在這段等待的期間，大致處於波動的中間或稍微高於中間。在進入這樣一個引人注目的穩定時期之前，市場已經在兩個指數中創下了新的年度高點，從這個角度來看，這無疑為研究市場走勢的人提供了一個稱為看漲的指示。這一點顯然仍成立；在最糟的情況下，這次的衰退還沒有變成所謂「先蹲後跳」的程度。

過去六個星期，指數顯示的這條長區間，即使在交易量有限的情況下，也可以視為指示出一或兩種情況。無論是股票已經成功在新高點上出現賣盤，還是買盤已經足夠強大，可讓人們合理地假設一個有力的觀點，認為價格應該走強。

在這些研究裡面，我們寧可選擇忽略國家的經濟總量、貿易狀況、農作物狀況、政治前景，和其他可能影響股市每單波動的因素，這些因素對股票市場的短期波動，通常只有微不足道的影響，而對市場的主要走勢則無法產生任何作用。透過長期研究指數，我們可以知道指數反映了所有因素，而且如果忽略那些極其短暫的影響，就可以把指數當成非常值得信賴的投資指南。

我們要重申，沒有人應該根據指數來進行投機。交易熱絡市場的日常波動可能使此類操作變得危險。但是，指數是寶貴的指南，可以預測股市未來的走勢——畢竟股市是我們最好的交易晴雨表。指數在六周多前給出了一個看漲的指示，而這個指示至今仍成立，從技術上來看，在這段狹窄區間內長期微幅震盪，似乎提升了市場的力道。

《華爾街日報》1911 年 8 月 10 日，價格走勢

7 月 14 日發表的一個略晚的研究中，對工業股和鐵路股指數變動進

行了分析。當時最可以推斷的是，六周的期間內指數在約2點的範圍內波動，代表當價格以任何一種方式打破這個區間時，將會出現一種顯著的狀況。當六月底站上當年新高時，由指數提出的看漲點在那個時候很明顯，但當時的指示不足以支持任何廣泛的推斷。

上周市場出現了一個重要的變化，整體指數下跌了5點，觸及了自5月15日以來未見的低點。整體來看，這次拉回具有顯著的意義。可以說，從過去四分之一個世紀以來，以這種方式反映的市場走勢紀錄來看，這次的跌勢肯定使牛市觀點被撤回了。至於是否已經確立了任何可靠的熊市指示，各方的意見將有所不同。如果要真正再次看漲，指數必須漲破7月21日的價格，鐵路股指數要漲破123.86點，而以工業股來說則是6月19日的87.06點。

從更廣泛的角度來看，這個情況變得有趣。市場絕對在1910年7月26日當天轉向，自那天以來，經歷過四次不同的波動，即使交易者沒有從股市的漲勢中賺到錢，現在也絕對處於一個看漲市場的情況。從這個角度來看，淨漲勢是從1910年7月26日的鐵路股105.59點，到1911年7月21日的123.86點，幾乎正好過了一年。

如果指數清楚顯示某件事，那就是在延續幾年的榮景後，牛市的持續時間比熊市長；而在下跌和復甦時期，伴隨著經濟蕭條和商業活動嚴重萎縮的時候，熊市的持續時間則傾向於比牛市長。指數於1906年創下高點，經歷了一段長達九年的榮景，不過中間偶有中斷幾次。即使考慮到1908年至1909年股票價格和一般商業活動大幅復甦，我們也不能假裝自市場創新高以來，有任何時期是回到了繁榮的時期。

這並不是說我們正處於一個大熊市的開端。但是指數顯示，這有可能是熊市的開端，無需多說，這只是對價格走勢與過去時期的比較，沒有考慮華爾街內外的整體狀況。目前的指示是否明確看跌是個人的觀點，但市場走勢已不再指向上漲。

《華爾街日報》1911年9月9日，價格走勢

一個月前，在討論由《華爾街日報》指數顯示的工業股和鐵路股的技術狀況時，提到了儘管對於這些指示的看跌意見可能存在分歧，但指數至少已撤回了夏季初提出的所有看漲點。在寫下那個分析時，二十支交易熱絡的鐵路股指數比8月底觸及的價位高出4點，而十二支工業股則

超過 3 點。

　　從鐵路股於 8 月 30 日觸及的 112.60 點這個低點，經過四天的溫和上升後，價格回升到 114.11 點，隔天拉回的走勢將之前所有的漲勢幾乎全數回吐。工業股的反彈則較不規則且規模較小。在反彈過程中的交易呈現出停滯的趨勢，市場只有在下跌時才變得活躍，對於專業交易者而言，這顯示的是熊市持續的指標。

　　讀者可能還記得，在狹窄波動了數周，只在距離 120 點 3 點左右的範圍內，鐵路股突破了這個區間並且開始下跌，而實際上另一個指數也發生了幾乎相同的走勢，顯示出相當廣泛的市場趨勢，兩個指數彼此印證。許多研究指數的人可能會認為這個跡象夠好，足以在第一次下跌時放空，而且幾乎可以肯定的是，股價走勢完全證明他們是正確的。

　　根據技術指標的顯示，以我們通常的方式將指數視為反映農作物收成、一般商業環境、成交量和所有其他因素，可以說目前顯示看跌，並且隨著鐵路股指數現在低於 8 月 30 日的 112.60 點，而工業股指數接近 78.93 點，這是 8 月 26 日跌勢的低點，這種趨勢正在加強。若要形成類似牛市的觀點，大多數投資人可能認為必須先形成一個「盤整區間」，並在在一個窄幅內合理被視為買進的時期之後，急遽上升到去年 7 月的程度。

　　到目前為止還沒有時間形成這樣的「區間」，必須承認，從指數來看，市場現在看起來完全不是買進的好時機。

《華爾街日報》1911 年 10 月 9 日

　　從鐵路和工業股指數來看，本周價格波動幅度較小，沒有顯著變化。五、六支交易熱絡的股票每天都有超過 1 點的變動。但市場在任何時候都沒有受到廣泛的影響，小幅反彈成量清淡，下跌也同樣沒有活力。

　　可以稱之為華爾街半專業人士（這些人把願望當成觀點）的理論是，這代表一種穩定的狀態，市場上所有的股票都已經被吸收了。如果不是龍頭股已經有了相當的反彈，以及一些公司宣布事項預期會推高股價卻完全沒有得到回應，這種看法可能是有一定合理性的。

　　確實，對指數的技術分析並未示太多資訊，但即使工業股票從最低點反彈了 4 點，而鐵路股票則反彈了 2 點，先前兩個指數下跌了 11 點。理論上，至少鐵路股的反彈應該會相對應地更大。但所謂的「區間」，也就是在這個程度上價格正在形成的情況，可能顯示股票在可能的

操縱範圍內，有些人正抱著股票以等待時機賣出。如果是這種情況，市場應該在幾天內達到飽和點，然後就應該會出現跌勢。如果真的有強大的買進力道，未來應該會在目前未顯示的股票短缺中表現出來。

《華爾街日報》1911年11月8日，價格走勢

從10月10日起，二十種交易熱絡的鐵路股指數每天在112.08點和114.18點之間波動，幅度幾乎正好為2點。從9月30日到10月26日期間，十二支工業股指數沒有跌破76.15點也沒有漲破78.11點。值得注意的是，10月27日時，指數突破了這個極為狹窄的工業股指數區間。

根據一般的指數理論，突破這樣的區間，無論是向上還是向下，都很強烈地顯示市場未來一段時間的走勢。當工業股跌破區間時，顯示的是空頭觀點。但是，這個線索並不像看起來那麼好，因為鐵路股票沒有同時發生變化。此外，工業股在四個交易日內收復所有跌勢，只差不到1點就會回到反彈的高點。

與此同時，這二十支鐵路股也創下了在7月底開始的下跌後反彈的新高點。至少對於短期的波動而言，工業股在反彈中創下的新高點，印證了鐵路股的運動，顯然是看漲的。在最近的波動範圍內，我們所見證的一段時期內，只要市場不是絕對停滯不前，就可以合理地得出兩種推論中的一種。不是在操縱允許的範圍內持有股票以促進買盤力道，就是支撐股價以便賣出。

如果是後者的情況，市場上將會充斥一大堆股票，飽和點及其不可避免的跌勢遲早會到來。當美鋼普通股在一天內下跌6點時，如果市場上有太多股票，本來應該會引發鐵路股指數的同步下跌。但是這種下跌並未發生；而且，一旦市場從一個意外地被證明是非常短暫的影響中恢復過來，鐵路股就會領導漲勢。

就市場的更大波動而言，也就是持續一年或更長時間的波動，從指數中無法得出真正令人滿意的結論。相對平衡來看，似乎在7月底時開始了一個熊市，已經被一次相當不錯的反彈所打斷，現在很可能會再次被另一次典型的向上次級走勢所打斷。忽略外部影響，就像忽略指數本身一樣，只根據技術條件進行操作的人，現在可能正在關注更高的價格。

《華爾街日報》1911年12月6日，價格走勢

　　一個月前，工業股和鐵路股指數都顯示出多頭觀點，在11月3日對價格走勢的研究中曾提到，僅根據技術條件進行操作的人將迎接進一步的反彈。他們的判斷事後證明是正確的，因為到了11月23日，二十支交易熱絡的鐵路股指數上漲8.49點，而十二支工業股指數則上漲8.79點。

　　這是目前反彈的高點，自那時以來，鐵路股已拉回，過去的九天一直在形成另一條區間，價格範圍約為2點，但一方面沒有顯著趨勢尋求新的高點，另一方面也沒有回到在9月底結束的熊市。

　　研究指數的人會說，儘管有溫和的拉回，但上次討論到高點時指示的多頭觀點並未消失。實際上，從目前的程度來看，如果鐵路股上漲不到3點，而工業股上漲不到2點，使指數站上高於11月23日的程度，將會重申前一個多頭觀點。至少對於短期而言，如果價格看跌，指數跌破我們提到的那條區間，情況就會看起來變得有趣。

　　正式恢復今年主要的熊市走勢，可說是從7月底開始，需要從目前的點數下跌約7點，也就是鐵路股要低於109.80點；工業股則需要下跌至72.94點或更低。顯然這是一個不小的挑戰，專業人士仍比較傾向於在拉回時買進，而不是在市場上漲時放空，因為理論上，要恢復自信的牛市走勢，價格必須移動不到一半的距離才能提出權威的看跌點。

　　我們必須承認，技術上如果確實建立了主要的多頭市場，將打破一些備受重視且行之有年的理論。在11月23日，股票已經從一次13點的跌勢中收復了8點。這絕對高於像那次在9月結束的劇烈跌勢後的慣例。看起來我們似乎不會創下今年的新高；很難看出是什麼原因會使其創新高點；但是股票目前走勢不明朗，使得預測變得異常困難。

　　也許這仍然表現出一種保守的看漲態度，但是與11月8日討論這個主題時相比，這個推論相當缺乏信心。

《華爾街日報》1912年1月1日，本周發展

　　上周的股市在聖誕節假期後迎接一波漲勢，在星期五出現反彈，但與平均價格相比，僅顯示出輕微的淨虧損。這些走勢並不重要，技術指標也未能提供太多對市場情況的實質指引。專業人士要對新的一年感到樂觀，股價肯定必須超過最近漲勢的高點；而要建立任何看起來令人信服的整體多頭走勢，工業股和鐵路股指數都必須超過去年7月底的高點。

THE DOW THEORY

技術分析世紀經典——道氏理論

另一方面，指數並未顯示任何熊市動向，也沒有顯示在九月底開始的漲勢已經結束。實際上，市場正在進退兩難，有時看起來市場上的股票量相當充足，彷彿最近的活動中有大量的賣盤，但也在出現一些相對淺層的「空單餘額」時迅速恢復，這主要是由交易員在交易所進行的。星期五的回升漲勢中，市場最不受青睞的特徵，其實是在空頭被引誘回補後出現交易平淡的情形。

　　無論股民在新的一年會有什麼舉動，可以確定的是目前市場上缺乏廣泛的興趣。很難找到一支股票，在目前情況下能夠大量出售而不只不會壓低自己的價格，也不會影響其他交易熱絡的個股。就對整體商業前景的預測而言，市場所表達的只是，在可預見的期間內交易將會持續一段平淡期。

《華爾街日報》1912年1月17日，價格走勢

　　在六周前關於股票價格走勢的描述中，曾在此處提到指標不夠樂觀，而用於比較的二十支交易熱絡的鐵路股和十二支工業股指數看起來並不悲觀，但仍不足以激發市場上的樂觀情緒。令人驚奇的是，在那段期間，二十支交易熱絡的鐵路股指數沒有跌到觸及115點，也沒有漲到118點；而在同一段期間，工業股的高點為82.48點，低點為79.19點。

　　這是我們在一周前刊出的專欄中確認的一條買盤或賣盤區間，而且非常顯著地持續著。對於經驗豐富的研究者來說，這種窄幅的波動可能和任何方向的急遽變動一樣重要。如果價格持續一段時間沒有什麼變化，是買盤為了進貨而不推升股價，那麼當兩個指數都向上突破區間時，結果應該很快就會顯現出來。請注意，這裡使用的盤整區間一詞是股市中的意義，並非表示「長而窄」。「區間」是指對鐵路指數來說不到3點，而在工業指數則略多於3點的寬度。

　　這表示鐵路指數站上118點看起來會明顯是多頭，而對於工業股來說則是83點。如果我們假設可能的牛市點，則是相反的情況。如果工業股為79點，而鐵路股為115點，那些根據指數晴雨表來決定一般部位的交易者就會在市場放空，這麼做通常是為了保護自己，避免受到繪製整體市場走勢線圖時最令人困惑的日常波動所影響。

　　如果這種已經持續了大約七個星期的穩定狀態，並非預期未來上漲而積累買盤，那麼唯一的其他解釋似乎是賣盤謹慎而有效地賣出股票。

從中得出的推論可能是，有錢有閒的人可以慢慢分批將手上數量充足的股票分批出貨。持股大戶絕不是以股民所想像的方式一起行動；但有心理因素可能會同時影響著他們。市場終將顯示出這一點，因為無論投資人多麼謹慎地支撐股價，總會有一刻達到飽和點；而華爾街的所有的財力，甚至是全世界的資金，都無法阻止股價下挫。

　　在對指數的最後一次討論中，有必要修改之前合理得出的樂觀推論。目前可以說，就指數來說，市場似乎呈現下跌走勢，工業股若下跌2.5點，鐵路股則是下跌不到1點，看起來確實會是看空的。

《華爾街日報》1912年1月29日

　　上周股市在波動範圍不到四分之三點，略微下跌，但並未形成之前三個月左右一直持續的長期偏低區間。自11月以來，工業股和鐵路股指數的波動都不到4點。當然，也有個股的走勢較為顯著，例如上周新的美國菸草公司普通股上漲。但單一例子不能造就整個市場，單一個股交易熱絡的特殊情況也不能形成一個活躍的市場。

　　這個事實很可能已經讓一直活躍於利海谷（Lehigh Valley）的投機者有所領悟。與其像這樣的操控可能提升股民的興趣，對於其他煤炭股而言，結果是讓股民完全退出市場。這種情況下對小散戶來說確實不具吸引力，並且幾乎不足為奇，小散戶會拒絕與比自己更厲害的人競爭，特別是當散戶認為交易不公平時。在這方面，市場的品質明顯下降，在走出目前的區間之前，情況改善的機會很小。

　　在工業股方面，只從技術的角度來看，指數升至83點時看起來是看漲的，而跌到79點時則是看跌；而鐵路指數若只從技術角度來看，118點會代表價格續漲，若是跌到115點，則會被專業人士視為放空的好理由，尤其是如果工業股也出現類似的跌勢時。

《華爾街日報》1912年2月1日，走出區間

　　比起從漲跌走勢活躍所得出的推論，從不活躍的市場中得出推論通常更有份量。考慮到各種特殊情況的波動，從指數的角度來分析，股市表現出驚人的穩定。例如，二十支交易熱絡的鐵路指數，自11月28日以來一直未漲破118點；而逾兩個月來，指數一直在118點和底部115點之間波動。

工業指數的走勢也出現了幾乎一樣的情況。工業股指數最後一次跌至79點是在11月6日；之後將近三個月的時間，指數從來沒有漲到83點。這是一個引人注目的一致性動向，應該充滿很多意義；過去曾發生過十二支工業股指數連續三天文風不動的情況，和這次非常相似。在《華爾街日報》過去的四分之一世紀的指數中，完全沒有發生過類似的情況。

對於研究指數波動的人來說，這樣如此穩定的市場所顯示的，可能投資人看好未來上漲而精心組織的買盤，不然就是同樣仔細組織的賣盤，每一種情況都受到市場上相對均勻的多空情緒影響。在所指示的這段期間內，鐵路股在一天的交易中有三次波動超過1點，其中兩次是上漲。然而，儘管有這樣的漲勢，鐵路股看起來比工業股更為空頭，而工業股在12月13日的上漲以來，每日變動還沒有出現超過1點的情形。

根據經驗中最經得起考驗的指數解讀方法，可以說鐵路股在115點或以下的價位會顯得空頭；而工業股則需要下跌至79點才會顯示空頭。至少就鐵路股來說，市場似乎正在區間的邊緣徘徊；而為了提供一個相對樂觀的指示，這兩個指數都需要出現非常實質的漲勢。

《華爾街日報》1912年3月7日，價格走勢

自11月9日以來，十二支工業股指數並未跌至79點，或站上83點；而用於比較的二十支交易熱絡的鐵路股，除了一天的例外情況，自11月23日以來一直未跌破115點或漲破119點。這近四個月來表現出的穩定性非常顯著，一些個股偶爾熱絡的交易，對整體市況展現的重要性並沒有影響。

有一次，鐵路股票看起來要突破區間，跌破115點，但工業股並沒有出現相同的走勢。如果這與工業股同時發生下跌，那些根據多年的指數紀錄判斷市場的人，可能會認為這是一個廣泛普遍下跌的訊號。然而，工業股並未印證這個走勢。鐵路股幾乎立即反彈，自那時以來，這兩個指數一直保持在舊的範圍內，很少顯示出未來趨勢的跡象。

我們可以觀察到，工業指數正在接近區間的壓力線。例如，如果工業指數站穩在83點之上，而且鐵路指數也漲破119點，因此印證了工業指數的漲勢，這將無疑代表整體市場進一步的漲勢。股市交易平淡的期間，可能和交易熱絡的期間一樣重要。如果股價長時間徘徊在同一個價位附近，那麼可以得出兩個合理的推論，而其中一個指數後續動向將印

證另一個指數。其中一個推論是,價格可能受到強大的力道所支撐,以便出貨。或可能是市場受到控制,讓小散戶對持股失去信心,以便買盤在便宜的區間掃貨,以待後續整體股市的漲勢。

我們在這裡經常要對指數走勢進行說明:股價指數反映一切,包括成交量、總體環境、股利、利率、政治等等。正因為是平均股價指數,所以它對可能對影響市場的各種因素並沒有任何偏見。從這個角度來看,此時指數並未提供我們多少資訊。鐵路股票短暫跌破115點時,呈現出一個虛假的看跌點;而如果工業股漲破83點,但鐵路股沒有對應的漲勢加以印證,那也會是一個誤導投資人的指標。

這是一個相當模糊的觀點,但顯然並沒有令人不安。事實上,比起一個月前討論這個主題時,現在的跡象更是看漲。

《華爾街日報》1912年3月25日

過去一周股市顯著擴大,展現出持續的強勁走勢。在過去的幾個月中,商業活動似乎至少只有三支股票有投機的情況,分別是聯合太平洋、瑞汀和美鋼普通股。然而,上周至少有二十支股票的成交量顯示出股民對這些股票的興趣。就工業和鐵路股指數而言,本周的淨漲幅超過了自十月底以來任何相似的時期。就指數而言,與先前紀錄的走勢相比,市場的行動呈現出多頭趨勢。

工業股自從擺脫79至83點之間的區間以來,已經上漲了近5點,而鐵路股則以較溫和的程度升至118點以上,顯示類似的上漲到了119點時變得更加明顯。當然,這是根據一個簡單的假設:長期下來,指數可以說是代表一切並且反映了一切,比較幾年內的總體經濟狀況和股價指數就能清楚顯示出這一點。

實際上顯示出的情況是,市場在一個狹窄的區間內震盪了將近四個月的時間,使得市場上的股票量耗盡。市場沿著最小阻力的方向移動,顯然在這種情況下,最容易的走勢是向上。對勞力市場、政治和農作物收成的所有可能性都充分理解的情況下,我們可以說這個走勢目前還沒有中斷的跡象。

《華爾街日報》1912年4月1日

儘管每日波動有些不規律,但上周鐵路股仍繼續上漲,而工業股在

大量賣壓下仍持穩。牛市不會有新聞,是華爾街的老生常談。事實是,一旦報導出一支股票上漲的原因,通常就是上漲走勢結束的時候。但是市場上對投機性證券感到更有興趣,而且不只是在美國股市中,在倫敦和歐洲交易所也產生了影響。在一段緊張和不信任的時期之後,投機性的投資人又開始重振勇氣了。

根據股票指數揭示的技術條件與先前的統計紀錄,比較指向進一步漲勢。值得記住的是,工業指數約四個月的時間沒有跌破79點或漲破88點,而鐵路股則保持在115點和119點之間類似的區間裡震盪。在3月8日,工業股走出谷底,顯示在這兩個低點之間出現了買盤,市場上的股票供給已經減少到足以推動股價上升。鐵路指數略為落後,但在星期五突破了119點,進而印證了工業股的牛市指示。自從工業股的重要走勢以來,指數已經上漲逾5點。

《華爾街日報》1912年4月5日,價格走勢

大約一個月前本專欄討論工業股和鐵路股的平均價格時指出,當時十二支工業股指數低於83點,而用於比較的二十支鐵路股只略高於116點。當時指出股市在狹窄的區間震盪,並且從這個狀態中的任何走勢,不論是向上還是向下,都應該是很好的指示,顯示未來一段時間的走勢。當時工業股大約已有四個月的時間沒有跌破79點或漲破83點,而鐵路股在刊登分析的當天(3月7日)到去年11月28日之間,都沒有真正跌破115點或漲破118點。

從這些事實中,我們推斷股票正在形成專家所謂的「盤整區間」,顯示可能是有買盤進場或是有組織的賣盤。遲早必然會顯示出來的結果,可能是類似當大氣中充滿過多水氣,隨之而來的就是降雨;不然就是市場上的股票已經不合理地減少,因此價格必須上漲,以滿足市場在經濟好和不好的時候,基本需求不可減少的最低程度。

有趣的是,在上一次的價格走勢分析發表的當天,工業股突破了83點。就工業股來說確實是看漲的,但是對鐵路股來說只是溫和的漲勢,因為當鐵路指數在一天內跌破115點時,後續並沒有發生熊市的走勢,而這個數字本身其實是意外。然而,工業股的看漲點進一步證實,自從在本專欄指出其重要性以來,指數已經上漲了超過6點。

對於鐵路股來說,直到兩周後的3月20日,工業股的上升趨勢才得

到確認，當時上漲超過118點，這是自1911年11月28日以來，近四個月以來第一次漲到這個數字。過去對這樣發展所做的推斷仍然有效；在股市暫時充斥著過多股票時，無論是工業股還是鐵路股都已經穩步上升，並出現了小幅反彈。

無論商業的整體展望如何，股市指數看起來都是多頭的走勢。這明確地顯示一個上漲的市場，以至於只有在交易所的交易員才有理由做空，而且只能用於迅速的市場轉折。而且，不只需要一個重要的走勢，還需要相當長的時間才能使指數跌回到看漲點。舉例來說，如果鐵路股只是回到118點，或者工業股回到83點，那麼這只是一個普通的拉回，並沒有顯示更多可能的走勢。

應該充分理解的是，這些討論並不適合打算從日常交易中迅速獲利的投機者。這是假設指數消除了一切個別的考慮因素，包括政治、資金、農作物——除了意外事件的可能性以外；現在顯示的似乎是一個多頭市場，而指數沒有顯示出看跌點，除非指數在較高的位置時震盪了一段期間，就像在11月到3月初之間，之後緊隨著一次急遽的下跌。

《華爾街日報》1912年5月2日，價格走勢

在4月5日的專欄中指出：「現在顯示的似乎是一個多頭市場，而指數沒有顯示出看跌點，除非指數在較高的位置時震盪了一段期間，就像在11月到3月初之間，之後緊隨著一次急遽的下跌。」

有趣的是，在這些討論中拿來進行比較的十二支工業股指數，從撰寫評論的那天開始就呈現了這樣的走勢。從4月4日星期四到現在工業股的波動範圍不到2點，沒有突破91點，也沒有跌破89點，只有一天例外，就是4月22日的收價盤。鐵路股在3月29日至4月24日之間，除了一次例外，也沒有跌破119點或漲破121點。

在這段走勢平淡的期間，這兩個平均價格都給出了錯誤的信號。4月22日工業股跌破89點的情況看起來像是看跌的；而4月9日鐵路股漲破121點的情況看起來像是看漲的。在這兩個情況下，市場都撤回了其預測，回到舊有的區間繼續震盪。然而，在鐵路股的情況下，似乎在4月23日碰到121點，指數形成了一個真實的看漲點，隨後是一段研究指數的人習慣於期望的漲勢，也就是指數在大約相同的範圍內持續一段期間後出現的漲勢。

似乎相當明確的是，市場已經在一個月的賣壓中承受住了考驗，還有待觀察的是，接手股票的新手是否和老手一樣強大。指數並沒有就這一點表態，而是一視同仁地反映交易熱絡和清淡、好消息和壞消息、農作物收成的預測和政治情勢的可能性，而最終的結果就是指數。正是這一點使指數如此具有研究價值，並且可以了解以任何其他方式無法獲得的未來市場走勢。

　　可以合理地假設，市場在2月初出現了真正的上升趨勢，而上個月顯然見證了第一次大量上漲交易。這完全不表示牛市走勢的結束，完全有可能出現第二波漲勢。如果工業股價超過91點，指數應該會發出這樣一個第二波漲勢的信號。鐵路股已經在121點給出了相同的訊號；而兩個指數的走勢一致將顯示市場上的股票供給已經被吸收，正常需求正在運作以建立一個更高的價格範圍，而不需要外來的幫助支撐股價。

　　根據目前的情況，指數呈現出看漲的態勢，如果要呈現任何真正重要的看跌訊號，那麼鐵路股必須下跌超過2點，以及工業股跌破89點。

《華爾街日報》1912年5月27日

　　上周股市沒有出現重大變化，極端波動在鐵路股指數上幾乎沒有變化，而在工業股中也只超過了一半。整體來說有下跌的趨勢，但市場並沒有賣壓，走勢完全正常，沒有任何操縱的跡象。

　　交易大部分是由專業人士所進行，偶爾會有較小的特殊活動，而且每一次成交量都有限。追求上漲的操作者這一周並不太滿意，而放空方面，只有在交易廳的交易員才能賺到錢。市場確實正在觀望，指數和任何外部影響一樣，對未來走勢所提供的暗示都令人無法理解。

　　事實上，上周並未出現任何能夠使股票走出區間的消息，儘管有一些人巧妙地嘗試將一些微小的波動與政治、金融或天氣連結起來。從指數看來，很明顯自一周前以來，市場的狀況並未特別改變。鐵路和工業股指數仍然在一個狹窄的範圍內波動，兩個指數需要同時做出明確的移動，才能對市場未來動向提供任何可靠的指引。

　　確實，沒有什麼能夠改變這樣的結論，那就是股市的主要趨勢仍然是上升，伴隨著長時間的停滯和偶爾的回跌。主要的波動現在已經持續了一年多，而且在整體經濟狀況下，可能隨時發生變化而毫無預警。

《華爾街日報》1912年6月8日

上周，股價呈現下跌趨勢，最後於星期五重挫。顯然，一個已持有很久的多頭部位正在賣出，最近在市場中占據領先地位的操作者將股票交由市場自行處理，對於小幅度的交易者產生了災難性的結果。

整體而言，這次的投機沒有表現多少智慧。一位知名的操作者被股民認為具有前所未有的智慧和實力，是其他股市領袖不曾表現出的能力。有人推測，在成功投機美國罐頭公司後，受到同一操作者影響的其他股票也會上漲，結果小散戶交易者在岩島一般承運（Rock Island Common）的股價達到30美元或更高時進場，結果星期五股價卻跌破23美元。

從指數的角度來看，市場並未提供太多鼓勵。星期五的跌勢使得工業股和鐵路股指數都跌破了兩者長時間以來震盪的範圍，工業股在89點到91點之間，鐵路股在119點到121點之間。因此顯示的情況似乎是市場已經充斥著股票，直到達到飽和點後開始下降。因此，大多數專業人士可能會採取較保守甚至是看跌的態度，等待一些真正鼓舞人心的多頭消息。

《華爾街日報》1912年7月8日

繼上周表現出相當強勁的表現後，股市在假期後遭到拋售，幾乎失去了本周所有的漲幅，而工業股的跌勢更大。股票本來想上漲，但顯然股民的態度冷漠阻礙了漲勢，在這種情況下，專業交易者毫不猶豫地發動攻擊。本周剛開始較好的基調，可能是對黨代表大會順利召開而感到滿意，雙方都有直接且有代表性的提名；而且還知道政治至少在二到八個月內不會那麼緊張。

從純粹技術性的角度來看，我們無法得到太多資訊。工業股在這次的走勢中，於星期二創下新高；但是鐵路股卻沒有跟上，所以沒有提供明確的指引。對價格走勢的研究者而言，最多只能說指數並未撤回原先的看漲點，也沒有任何值得相信的看跌跡象。

實際上，價格仍然處於三個月或更長一段時間以來的區間裡，根據廣為接受的解讀指數方式，工業股要漲破92點、鐵路股要漲破123點（後者要比目前高3點），就會形成最接近的看漲點。

《華爾街日報》1912年7月10日，價格走勢

在6月4日關於指數走勢的描述中指出，工業股和鐵路股指數在5

THE DOW THEORY

技術分析世紀經典——道氏理論

月31日同時突破了近三個月內建立的區間,根據常見的指數解讀方法,這是經驗中表現最佳的方法,這看起來是看跌的,不過價格在幾天內又恢復到了舊的區間上。當時曾說過,儘管價格反彈,但已經形成了看跌點,而且儘管有所回升,這個看跌點並未被取消。

按照相同的理由,如果那時是真的,那麼今天也是真的。當時正在進行的小幅反彈,只是將工業股平均價格從88.1點提升到90.67點,鐵路股則從118.87點漲到120.66點。自那時以來一直沒有觸及後面的數字。只有工業股表現出一些強勢的力道,於7月2日達到91.69點這個不太可能的看漲點,然後幾乎馬上就被撤回;隨後的跌勢使兩個指數跌至幾乎比過去四個月的低點更低。

儘管在5月31日出現了一個會誤導人的看跌點,但結果仍然顯示了一種狀態,顯示在長時間內成交量龐大的賣盤維持在舊的區間內,這可以被視為有組織的賣盤或是買盤,很大程度上是在自然且未被操縱的市場中,即使其中相當大的一部分交易是由專業交易組成的。賣壓的區間甚至可能有更多的彈性,分別代表了工業股和鐵路股的支撐線,分別為88點和118點;雖然有必要同時或幾乎同時站上92點和123點,然後才預示任何看似牛市的跡象以及擺脫區間的向上走勢。

在目前的程度上,工業股距離高點幾乎有3點的差距,離低點只有不到一個點;而鐵路股距離看漲點是略高於3點的差距,並且接近或略低於5月31日給出的看跌點。價格走勢變得愈來愈有趣,而且應該很快會在一個窄幅區間波動的時期後提供更確定的資訊,這本身就是極具暗示性的。從純粹技術的角度來看,指數完全不具有看漲的特點,不過自從上次討論以來並沒有出現明確的看跌點。

《華爾街日報》1912年7月15日,本周發展

漲多拉回的股市

在來自多個地區令人鼓舞的報告,以及鋼鐵、運輸和其他基本行業顯示出基本穩健狀態的情況下,上周股市明顯受到壓抑。下跌趨勢是一致的,最不好的跡象是小幅反彈時交易清淡,但是下跌時交易活動明顯增加。

專業人士在過去幾個星期對市場抱持相當看跌的觀點,或多或少是因為這樣的理論,那就是如果股票無法在好消息和前景,以及消除像政

治大會這類干擾因素的情況下上漲，那麼必定有一個已經持續一段時間的多頭部位，遲早會面臨有組織的賣壓攻擊。

從指數的技術角度來看，對於專業理論有很多論點。在工業股相對狹窄的區間88到92點，以及鐵路指數的118到123點之間，市場在過去的幾個月裡一直陷在區間震盪，因為在5月31日兩個指數同時下跌，雖然後來未經證實，但也沒有撤回。上周五，兩個指數分別跌破了88點和118點。

這當然符合專業觀點。在狹窄區間內長期震盪被認為表示賣盤很謹慎。任何市場都不會持有無法管理的股票量，一旦超過這個量，就會達到一個可以稱之為飽和的點，然後股價就會開始下滑。

《華爾街日報》1912年8月19日

上周初股市表現強勁，但最後三天轉為保守。然而，整周的漲勢顯著，市場至少擴大到足以承受大量的獲利回吐，並保留了大部分不可忽視的漲幅。雖然專業人士主導了大部分的市場走勢，尤其是在周末前，但市場的興趣可以說比之前更廣泛，而且聽到利多願意進場的意願，也比過去幾周更強烈。

銀行和其他放款機構是否會在農作物的資金外流前，鼓勵增持股票的投機性部位，又是另一個問題了。但是令人滿意的是，無論是透過倫敦還是歐洲大陸，可以注意到上周外國對我們市場的投資更加活躍。

從指數的角度來看，展望比一周前更加看漲。二十支交易熱絡的鐵路股仍然遠高於123點，這在幾個月內一直是區間波動的高點；而工業指數則已經接近同樣是高點的92點。從這些事實中得出的技術推斷是，自今年春季以來一直在等著上漲的買盤，而且在買盤吸收市場上流動股票的過程中，股價應該已有所上漲。

《華爾街日報》1912年9月28日

可以注意到，指數在這一周顯示實質的上升，而工業股已經突破了8月的高點，目前處於全年最高價位。鐵路股仍然低於8月的前高；但是如果從現在開始上漲，那麼以一般對指數的解讀會認為這是一個普遍看漲的趨勢，不過金融困境可能會抑制漲勢的操作。

《華爾街日報》1912年9月30日

　　從指數的角度來看，前景明顯看漲；工業股和鐵路股都已經走出了春季和夏季的長期區間，後來還超過了第一波的漲勢。排除其他考慮因素後，研究股價走勢的人會認為這一波上漲絕對還沒有到盡頭。

《華爾街日報》1912年12月9日

　　指數開始再次變得有趣，並在上周五（12月6日）出現了類似看跌點，儘管只有其中一個指數創新低。然而，市場似乎已經脫離了區間範圍，技術觀點認為股價會走低，但這也很可能像那句老話說的，這是先蹲後跳。

《華爾街日報》1912年12月16日

　　一周前本報曾指出，指數已跌破區間的下限，顯示出真正的看跌訊號。事實充分證實了這個結論；然而指數並未顯示12月的跌勢可能會多大，而通常1月的反彈跡象可能不太明確。

《華爾街日報》1912年12月23日

　　從純粹技術的角度來看指數，股市的行為彷彿是12月常見的拉回走勢，目前正在反彈，進入新的一年將大幅上漲，並可能會延續到春季。12月這兩個指數都下降了近9點，跌幅比平常更大。按照一般解讀指數的方法，從低點開始的2點反彈看起來是看漲的。

《華爾街日報》1913年1月20日

　　當華爾街在面對持續龐大的成交量時會感到不安時，這表示股市在提前反映未來可能的部位。股票市場的交易並不是建立在眾所周知的事情上，而是建立在那些消息最靈通者的預測上。股票市場價格的每一次變動，總能夠在未來得到反映。而對於人們口中經常提到的操縱行為，在股票市場運動中反而微不足道。

　　在一個持續超過一個月的狹窄範圍內形成了有趣的盤整區間，上周初鐵路和工業指數突破了這個區間，出現了一個充分得到印證的看跌訊號，隨後市場的走勢也進一步確認了這一點。這個走勢更加引人注目，因為僅十天前的跡象卻正好相反，但工業股沒有印證鐵路股的一些多頭

跡象。指數並未顯示出看跌行情已經結束。

《華爾街日報》1913年2月8日

指數自一月中旬開始下跌時顯示出的看跌訊號，絕對沒有被撤回。但是股票正在開始形成一個新的底部，指數看起來不像一周前那樣看跌。實際上，技術上的推斷暗示可能會有進一步的反彈。

《華爾街日報》1913年2月10日

從指數的角度來看，股市出現了一個相對看跌的訊號。上周四，交易熱絡的鐵路指數接近1月20日的低點，而工業股則距離當時的數字不到1.5點。如果跌破這些點就會是明顯看跌的訊號，這是最令人能接受的指數解讀的方法。

《華爾街日報》1913年2月17日

這一周兩個指數都創下了新低，從可接受的市場走勢解讀方法來看，這件事本身就明顯看跌。自指數開始拉回以來，先前的看跌信號得到了證實，而在1月底就結束的反彈失敗，則是另一個看跌的訊號。

《華爾街日報》1913年3月3日

市場上漲和下跌時，在當下總是會有特殊的原因來解釋，但其實並不能真正解釋，因為市場走勢的原因是絕對意想不到而且無法預料的，原因在股民開始注意到之前，早就已經反映在股價中了。沒有別的地方會像股市一樣，即將發生的事情早在事先就已經造成影響了。

外部影響方面，那些可以明確追蹤的影響，比較是朝著打擊投機活動的方向發展，尚未發展成為主動出售股票的積極原因。根據普約委員會（Pujo Committee）的報告，紐約州的主要立法無論在華爾街還是在國會中都非常受到輕蔑，而且也是應該的。

從指數的技術位置來看，目前看來短期內不會有明顯的變化。當股價跌破了一直維持到1月中以前的支撐線時，出現了一個強烈的看跌訊號，而且我們必須承認這個訊號並未被收回，不過如果指數在目前的價位附近形成了某種區間，那麼兩個指數的反彈會顯得看漲。

《華爾街日報》1913年3月17日

指數的跡象有點負面。市場並未顯示真正的轉向，而是在一次嚴重下跌後出現了一些狹幅的區間盤整，而超出這個範圍的波動可能看漲或看跌，而究竟是哪一種則要視情況而定。1月顯示的看跌訊號尚未被收回，但下跌趨勢已經停止了，至少目前是如此，市場正在等待新的動力。

《華爾街日報》1913年3月29日，價格走勢

根據指數走勢的公正觀點判斷，股市可能已經歷了次級下跌走勢，大致在3月20日結束。廣義上來說，「道氏理論」的次級走勢會持續幾個星期。第三個走勢是每天的波動，而主要走勢當然是那種可能需要兩年甚至更長時間才會結束的大趨勢。

從指數來看，今天的市場情況相當有趣。股票重挫，但已自3月20日的低點以來反彈，且工業指數在78.25點和80.20點之間形成一個區間，鐵路股則是在108.94點和110.79點之間。

在自1月的年初高點以來經歷如此大幅的跌勢之後，市場的下跌趨勢很可能已經結束了，但整體趨勢可能還沒跌完。請一定要記住，指數被認為可以反映一切資訊，無論是交易平淡還是熱絡、繁榮還是恐慌，市場趨勢的研究在某種程度上是學術性的，不過以前這種方法曾經非常有用。

在9月底和10月初，工業股的股價比一周前高出16點，鐵路股票的跌幅幾乎相同。這比道氏所謂的短期或次級擺動要大得多。這顯示在去年秋季可能已經開始了一場熊市。然而，這並不表示立即的前景甚至在未來相當長的一段時間內一定是看跌的，即使按照最嚴格的指數解讀方式也是如此。

在主要的熊市中，反彈往往劇烈而不穩定，而且花的時間總是比下跌還要短。而牛市的情況則是剛好相反。市場會繼續前進，就像在麥金利當選連任後一樣，在1901年5月的北太平洋軋空恐慌中經歷了一次明顯的災難，然後繼續其真正的方向，這個上升趨勢一直到持續到1902年底才達到高峰。在那段時期，下跌幅度雖然大，但持續時間很短。

如果正如指數似乎所指示的那樣，價格的廣泛趨勢是向下的，這時應該會發生劇烈的反彈，將指數推高幾點。但這會造成誤導，因為反彈總是會誤導人，但對於熟悉指數歷史的人來說，這是股價走勢更進一步

的證據。

《華爾街日報》1913年4月7日

可以說市場已經建立了兩個讓人信心的基礎，也就是在摩根先生過世以及中西部的水災中，市場都有能力應對。這在指數中得到了些證實。3月時，工業和鐵路股指數都在2點的範圍內劃出了一條區間，而且當時在本專欄中已經指出，一周多前的上升走勢顯示是看漲的。自那時以來，指數上漲了3點，比3月20日的低點上漲了近5點。從技術上來看，這顯示進一步的回升。

《華爾街日報》1913年4月14日

在指數中，排除所有外部影響，因為這些影響已經反映在價格中，本周的表現並不悲觀。工業和鐵路指數回升2點至前高（4月4日）會是看漲的跡象，而且不需要太多的上升；而跌破3月20日的低點，才有可能讓研究指數的人認為是看跌點。

《華爾街日報》1913年4月28日

指數顯示情況看跌。價格從4月4日的高點逐漸下滑，鐵路股只要進一步下跌不到1點，工業股也只要再跌不到1.5點，就會突破3月20日的低點，根據一般習慣的指數解讀法，這將顯示一個確定的看跌點。

《華爾街日報》1913年5月5日，本周發展

股市溫和反彈

在上周初（尤其是在周二）顯示出新的弱勢後，股市在周三穩定下來，並在隔天實現了自4月初以來的最佳反彈走勢。這次的回升相對來說比較是技術性的，因為股票被賣光了，但是賣壓減輕，使投資人對整體前景恢復了信心。

很難說股票是因為某個特定的消息而移動。這種壓力很大程度上看起來實在是太過美好而不真實，例如紐海芬公司（New Haven）在以前從未是投機性的證券。該股的弱勢持有者顯然受到驚嚇，而這當然是創造個股跌勢必要的條件，市場上一定有許多股票可供借券。

股票沒有因為新聞報導而動搖，到目前為止，倫敦以及歐洲大陸並

未受到歐洲局勢的影響，整體而言正大舉買進。無關是否愛國，我們可以公平地說，當主要商品和證券看起來很便宜時，倫敦會因此買進，而不擔心未來可能會更便宜；但我們傾向當大家都在買的時候買進，舉例來說，當英國紡織業者的棉花降至10美分時，我們的製造商卻為最差的農作物付出最高的價格。

從星期三的情況看起來，已經跌到新低的鐵路股會再創下新低點，以此為指數提供一個明確的領先訊號。但是並沒有發生這種情形，儘管指數的展望悲觀，但仍然缺少鐵路股和工業股同步走勢的特點，根據長時間的指數走勢經驗，這會是一個明顯的危險訊號。

《華爾街日報》1913年5月12日

從指數的角度來看，市場顯示明顯的悲觀訊號，如果鐵路股只要下跌一點點，而工業股下跌不到1點，這種情況將會更為明顯。這將確立今年的新低，根據先前對指數的經驗，這將顯示市場上原本充斥的股票已在目前的價位賣出。

《華爾街日報》1913年6月4日，價格走勢

二十支交易熱絡的鐵路股和十二支工業股指數，在星期一時同時發生了一個可能會對股市未來走勢產生相當影響的變化。鐵路股在不到2點的區間內震盪了一個多月，而工業股票則在更狹窄的區間內波動，兩個指數一起突破了交易平淡的區間，並創下了今年的新低。

《華爾街日報》1913年6月4日

有些讀者還沒讀過本專欄先前的討論，也就是有關透過指數來判斷價格走勢，因此我們在此要先說明，指數本質上會將一切納入考慮。呆滯和不活躍只是症狀，指數會反映這些症狀，就像指數會反映交易熱絡、意外消息、股利和其他一切有助於構成波動的因素一樣。這就是為什麼在這些研究中忽略了成交量的原因。四分之一世紀以來，道瓊公司記錄的價格波動中，成交量對價格趨勢的影響幾乎可予以忽略。

應該特別強調的是，兩個指數同時創下新低。由其中一個股票製造的新低或新高幾乎總是會造成誤導，但如果未經另一方確認，則更是如此。原因不難理解。一組股票會對另一組產生影響；如果鐵路股供不應

求而工業股供過於求，則無法帶動整個股市。

用一個以前很好的比喻來說，我們可以說當指數突破一個持續很久的區間時，市場已經達到了飽和點，因此顯示股價將下滑。券商手上沒有太多的股票，股票都在別的地方了。指數顯示得非常清楚，市場上有夠多的股票被賣出，以壓低價格並且保護市場。

實際上，指數看起來明顯是看跌的。指數並沒有告訴人們下跌的原因，實際上，下跌或上漲真正的原因只有在發生後很長一段時間才會充分揭示。指數走勢反映了未來事件，整個市場的知識多於任何單一個體所能擁有的知識。我們並不是暗示股票昂貴，或者其中一些不是真的便宜。但是根據到目前為止最保守和公正的二十五年紀錄，不論價值高低，股市的走勢指向價格將近一步下挫。

《華爾街日報》1913 年 6 月 16 日

從指數的角度來看，市場可以說剛發展出一個次級走勢，可能會進一步發展。如果保持目前的反彈走勢，在較高位附近波動一周左右後漲破區間，那我們就可以安全地假設，在自去年秋季以來一直是熊市的市場中，出現了次級牛市波動。但是如果這次的漲幅回吐，而且工業股和鐵路股指數創新低，那麼指數會再次顯得明顯偏向熊市。根據過去的經驗，指數現在可以說相當準確。

《華爾街日報》1913 年 6 月 23 日

很難將市場的走勢歸因於任何具體的影響，每當國會開會時，政治人物的反覆無常，都會被認為是投資人股票波動不穩定的原因。

一般貿易條件和農作物收成的預測也可能被認為是原因，但由於超賣所致的市場技術狀況以及清算股票被市場完全吸收，可能也是構成價格變動的充分解釋。

對指數進行公正測試時，這一點仍然成立。從 6 月 12 日開始到 6 月 18 日為止，十二支工業股票上漲了 3.74 點，二十支交易熱絡的鐵路股上漲了 4.55 點。這是一次實質的回漲，而在經過一段長期的大跌之後，這也是預期會發生的事。

目前，指數提供了相當多的資訊。價格似乎處於類似我們自去年秋季以來所經歷的熊市的次級漲勢。這次反彈很可能繼續進一步發展，根

據過去的經驗,如果股票繼續像上周那樣形成一個「區間」,在狹窄的範圍內波動然後漲破區間,就可以合理地認為牛市行情將進一步發展。然而,如果指數回到 6 月 11 日的低點,那麼情勢顯然將是看跌的。

《華爾街日報》1913 年 6 月 30 日

就指數而言,股票尚未顯示出任何明確的建議,但只要工業股和鐵路股的走勢同步,價格稍微變動就能提供重要的線索。下跌 2 至 3 點,兩個指數就都會跌破 6 月 11 日的前低,這就表示主要空頭走勢恢復。然而,如果指數上漲 1 或 2 點,漲破 6 月 18 日的高點,那麼看起來就會像是自去年 10 月以來一直處於熊市的次級反彈動力還沒有完全耗盡。

《華爾街日報》1913 年 7 月 14 日

從指數中無法獲得太多資訊,但絕非顯示看跌的走勢。鐵路股僅上漲不到 2 點,工業股僅上漲 0.5 點,看起來會明顯呈現看漲的走勢,特別是如果這兩個指數的上漲是同時發生的。兩個指數都需要下跌超過 3 點,就會顯示自去年秋季開始更廣泛的熊市走勢恢復。對於研究價格走勢的人來說,他們可能傾向於認為技術位置有進一步反彈的機會。

《華爾街日報》1913 年 7 月 21 日

從指數來看,跡象明顯是看漲的。這並不表示指數顯示這是主要牛市。但在星期五,十二支工業股和二十支鐵路股指數穿過了這一波反彈在一個月前創下的前高。這似乎表示自去年 10 月開始的熊市中的牛市行情完全沒有結束。換句話說,指數顯示 8 月份股票會上漲,這是 8 月常發生的情況。

《華爾街日報》1913 年 8 月 11 日

市場似乎顯示出進一步的改善。一個多月前本專欄曾指出,指數在一個範圍內形成了區間後,已經漲破了這個區間,清楚顯示市場上的股票已被吸收,並且只有在更高價格時市場上才會有更多股票。看漲點得到了確認,可以說是到目前為止指數還沒有撤回這個觀點。

《華爾街日報》1913年8月25日

指數並沒有提供多少資訊。價格正在形成某種趨勢，稍後可能會提供一些啟示。8月13日工業股觸及80.93點，而鐵路股觸及107.76點。後來工業指數一直沒有拉回，距離前高只差1.5點，鐵路股也一樣。

這代表了九個交易日的波動，如果再持續一段時間，可能顯示賣盤或是買盤帶動進一步上漲。如果上漲超過8月18日的高點，走勢將看漲，但如果確定突破了這條區間，表示自去年10月以來的主要熊市中，典型的次級牛市行情可能已經結束。

《華爾街日報》1913年9月8日

從指數的角度來看，前景並不像之前那樣看漲，但也缺乏明確的看跌指標。以每個指數來說，價格在不到2點的範圍內震盪了將近一個月。8月28日當天，工業指數上漲超過這個區間，但鐵路指數並沒有印證。

鐵路指數在9月3日下跌，但工業指數保持不變。對於解讀指數的人來說，這形成一種僵局，尤其是因為兩個指數現在都在之前的區間內。根據先前的經驗，兩個指數同時朝任何一個方向，尤其是向下走勢，都將提供進一步行動的重要線索。

《華爾街日報》1913年9月15日

從指數的角度來看，股市似乎正在往上走。在8月和9月初，價格形成了一條長長的區間。工業股在8月28日漲破這個區間，鐵路指數在9月8日跌破區間。工業指數在9月5日上漲超過了其區間的壓力線（81點可以視為壓力線），但工業股卻稍顯猶豫。

根據先前的經驗，這些獨立的走勢通常是會誤導人的，但是當兩個指數同時上漲或下跌時，顯示市場趨勢一致的跡象良好。星期五出現這種同時上漲可以合理地視為一種暗示，也就是市場上的股票已經被吸收了，股價必須漲得更高，才會再有更多的股票出售。

《華爾街日報》1913年9月24日，價格走勢

本報多年來為比較而記錄的十二支工業股和二十支交易熱絡的鐵路股指數，於9月18日創下自6月12日觸底後的一波上漲走勢的高點。工業股的淨漲勢超過了11點，而鐵路股則略低於9點。

在這次上升之前，市場自1912年10月初以來一直下跌，只有極短暫的反彈。在這九個月的跌勢中，工業股跌了超過22點，而鐵路股則跌了24點。在主要或初級市場走勢中，通常在一個牛市之後的不確定波動期之後下跌。假設市場的趨勢在去年10月發生了根本性變化，那麼自去年6月以來一直在進行的反彈是市場走勢的主要變化，還是仍然處於熊市的次級波動中？

這次的回漲所花的時間，並不比歷史上熊市中的牛市波動，或熊市中的牛市波動所花的時間更長。另一方面，先前的九個月下跌所花的時間，對任何次級走勢來說都太長；但是對於那些顯示整體狀況發生巨大而徹底的市場變化來說，這段時間還不夠長，我們可以假設股市反映了這一點，並且很大程度上預測到這一點。

根據先前對指數的所有經驗，似乎合理地假設最近的上升趨勢是周期性的次要走勢，而不是一個廣泛的方向改變。然而，這並不表示次級走勢已經結束，而根據真正有用且可信的測試指數方法，推論是走勢尚未結束。在8月5日至8月31日之間，工業股價沒有跌破79點或漲破81點。在8月4日至9月2日期間，鐵路股票沒有跌破106點或漲破108點。這顯示的是一個區間 —— 也就是買盤或是賣壓，需要藉由後續的走勢突破這個區間才能加以解釋。

兩個指數都顯示會誤導人的跡象。工業股在8月的最後兩個交易日漲破區間，但未能帶動鐵路股一同上漲。在9月3日和4日，鐵路股價跌破了區間，但工業股沒有出現類似的走勢。然而到了9月12日，兩個指數則是同時創下了新的高點。這合理地顯示市場上的股票已經被吸收了，而且股價必須漲得更高，市場上才會出現更多股票抑制或扭轉走勢。

從高點以來，指數在一個相對狹窄的區間內持續盤整，但如果先前的推論是正確的，則9月12日的看漲點並未被取消。

《華爾街日報》1913年10月18日

必須承認，指數看起來明顯地呈現看跌。隨著工業股低於79點，鐵路股低於106點，實際上整個9月都同時下跌超過盤整區間。在9月12日股票漲破區間時顯示的看漲點並沒有維持太久；從那時以來市場的走勢顯示，已經有大量的股票賣盤。

市場似乎已達到飽和點，價格可能會開始下跌，而且不排除可能重

新啟動去年開始的主要熊市波動。一年前開始的牛市波動於6月初開始，並在9月13日達到高點，完全符合這個假設。

《華爾街日報》1913年10月27日

從指數的角度來看，市場可說在10月11日顯示了一個權威的看跌點，而且這個點至今尚未被收復，而且在一次急遽的跌勢中，證明了看跌點是正確的。雖然有一次回升接近當時的點數，但要顯示在6月開始並在約9月13日達到高峰的熊市已真正恢復次級牛市走勢，還需要一個更為廣泛和更深刻的走勢。

我們有必要再次重申本專欄偶爾會提出的警語，那就是從一個客觀的角度來看，指數是一個很好的晴雨表，但如果把它當作在市場中操作的「系統」來對待，那麼就可能會讓任何人陷入困境。

《華爾街日報》1913年12月8日

從指數的角度來看，沒有什麼特別引人注目的資訊。工業股和鐵路股比目前走勢的支撐線分別高了1點和2點；但是在實質的秋季反彈開始之前，去年6月時的低點並未再次觸及；而自廣泛的熊市以來，對研究指數的人並不非常相信這次的反彈。

如果價格在目前價格附近形成一個區間，這表示在不考慮成交量的情況下，在狹窄的區間內進行一段長時間的震盪，那麼當突破這個區間時可能會顯得相當看漲。目前還沒有足夠的時間形成這種令人信服的區間；而那些一直持看跌態度的指數研究者，很難找到改變立場的理由。

《華爾街日報》1914年1月5日

從上周指數的波動中無法獲得太多資訊。在一個市場中，這個市場應該正在接近一個長期下跌趨勢的後期，進一步的反彈似乎即將來臨，儘管從指數中得出的推斷比較適用於次級走勢，而不是價格走勢的廣泛基本趨勢。

《華爾街日報》1914年1月12日

指數中沒有任何能刺激投機活動的資訊。自12月中達到前低以來，市場已經顯著上漲了許多，工業股漲了4點。上周，工業指數站上新高；

但鐵路股並未跟進。與過去的指數進行比較後,可以保守推斷在主要熊市的市場中,次級牛市走勢仍在進行中。

《華爾街日報》1914年1月19日

根據指數的走勢,工業股和鐵路股持續展現了在主要熊市中的次級牛市波動的典型例子。這樣的走勢很少發展成更大的走勢。但是因為主要熊市自1912年10月以來一直在進行,合理地假設最終反轉向下的時間不遠了,而且主要趨勢可能在今年某個時候發生逆轉。也許市場正在反映的就是這個情況。

《華爾街日報》1914年1月26日

目前的反彈呈現出在(主要)熊市中非常有力的次級牛市波動,而且在其進展中只有另一次類似的走勢。目前的反彈是否代表了整體方向完全改變了,每個人對此看法都不一樣。研究指數的人會發現,市場對於某些重要仍然沒有共識。

《華爾街日報》1914年2月2日

指數仍然無法顯示目前的走勢只是熊市中的次級牛市波動,而且主要走勢尚未結束,還是情況已發生了逆轉,而目前的漲勢是主要趨勢的變化。兩個指數都顯示出在目前的價位附近形成一個區間的跡象。

這可能顯示了組織有序的賣盤,或者有買盤進駐為漲勢累積力道,究竟是何者則仍有待確定。接下來的兩周左右,市場應該會有所定論,當兩個指數都漲破或是跌破區間時,都將具有同樣重要的意義。

《華爾街日報》1914年2月9日

研究指數的人應該會覺得很有趣。目前的反彈走勢已經多次接近或超過了去年秋季結束的反彈走勢的高點。工業股和鐵路股指數分別站上了反彈的高點,但並非同時發生。

過去四個星期以來,兩者指數的極端波動都遠低於3點。這顯示了「狹幅盤整區間」的所有跡象,應該能夠為市場未來的走勢提供一些資訊,因為這清楚顯示了大量的賣盤或買盤。

如果兩個指數同時跌破80點和106點,或者漲破84點和110點,

一方面可能表示主要是熊市中次級牛市波動的結束；而另一方面可能促使研究者思考，當目前的反彈開始時，主要趨勢是否發生了變化。

《華爾街日報》1914年2月12日，價格走勢

在過去的二十四個交易日中，二十支交易熱絡的鐵路股和十二支工業股指數一直在形成所謂的「狹幅盤整區間」。例如，在這段時間內，工業指數的價格一直未跌破80.77點，也未漲破83.19點；而鐵路指數則在106.52點和109.43點之間波動。在這段時間內，成交量相對較大。

根據所有先前對指數的經驗，這顯示市場中可能有大量的股票正在賣出，而且正受到有組織的支持，也就是預期股價進一步上漲而有大量的買盤。事實上，對於研究指數的人來說，唯一的困難是判斷自1913年12月16日開始的反彈是熊市的次級牛市波動，還是主要趨勢根本就已經完全改變了。

1912年10月初時，工業指數為94.12點，鐵路指數為124.85點時，一個主要熊市開始了，到1913年6月中，工業指數跌至72.11點，鐵路指數降至100.50點。隨後出現了一個典型的次級牛市波動，一直持續到接下來的9月，工業股淨回升了近11點，鐵路股回升了8點多。這只收復了先前跌勢的不到一半。

恢復熊市走勢將工業指數拉回至6月低點附近，鐵路指數跌幅不到2點。自那時以來，市場經歷了大幅的反彈，2月初時工業指數回升了近8點，鐵路指數也回升了大約相同的幅度。

研究指數的人可以自行選擇，判斷兩個月前開始的牛市波動是否已經失去動力。根據以往的經驗，如果同時走到80.50點和106.50點左右，則可能相當清楚地顯示主要的熊市已經重新開始。另一方面，如果工業指數漲破83.19點，鐵路指數漲破109.43點，這可能顯示主要趨勢已徹底改變了。如果熊市重新開始，可能會指向跌破去年12月的水準，也可能跌破前一年6月的價位，但是根據先例，主要熊市應該會在今年某個時候結束。

《華爾街日報》1914年3月2日

要令人相信真的有趨勢，兩個指數必須同步移動。如果過去一個月的平穩市場是由於有組織的賣盤所導致的，飽和點會在工業指數的跌勢

中表現出來,對應於鐵路指數已經顯示的情況。根據過去的經驗,可能會有隨之而來的大跌勢。

《華爾街日報》1914年3月9日

從指數的角度來看,周末結束時市場出現了一些跡象,顯示自1912年10月以來一直在進行的主要熊市確實恢復了。兩個指數都形成了顯著的「區間」,而跌破區間的走勢就足以清楚顯示有組織的賣盤使市場充斥著股票,而空單餘額不足以吸收這些股票。

《華爾街日報》1914年3月16日

有人曾說,股市是很好的商業活動晴雨表,這個說法在很大程度上是正確的,因為指數預言了可預見的未來會發生的事。然而,股價的變動很少與整體商業活動的即時變化一致。因此,目前的股市精確反映了整個國家的商業活動情況,這種情況更令人感到好奇。

股市在12月份反彈,在1月份和2月份的前半部分上漲,與一個普通的季節性商業復甦同步發生。然後出現了停滯,隨後在狹窄的區間內震盪,大致符合美國目前的一般商業活動情況。

一周前,市場似乎充斥著股票,在某些情況下突破了支撐,再次與整體商業活動一致。同樣地,市場與商業活動似乎正將陷入萎縮;而股市整體走勢必須發生徹底的變化,才能恢復一個月前普遍認為的榮景。

這似乎是指數反映市場的情況。工業股和鐵路股形成了所謂的「狹幅盤整區間」,一個月以來,交易都在不到3點的範圍內震盪。鐵路股跌破了區間的支撐;而工業股則很接近支撐點。隨著鐵路股進一步下跌,工業股仍然堅守支撐。這是指數唯一的牛市跡象,否則就會被解釋為,強烈顯示自1912年10月開始的熊市已經重新開始。

《華爾街日報》1914年3月23日

從指數中能得到的資訊有限。可以說鐵路指數跌破區間支撐很多,而且工業指數徘徊在支撐線上,就是撤回之前的看跌點。這兩個指數都需要一段時間才會顯示看漲,同時指數若重複月初的跌勢,就顯示市場上的股票太多,除非股價跌得更低,否則會賣不掉。工業指數必須跌到80.5點,鐵路指數約為108點。

《華爾街日報》1914年3月30日

無論是工業指數還是鐵路指數都出現了大跌，現在距離低點不到2點，這將顯示主要的熊市動力已明確恢復了。若要充分顯示股市已經達到飽和點，兩個指數必須同時移動。鐵路股103點和工業股80.5點，才具有顯著的意義。為了顯示獨立的牛市走勢，指數還需要漲更多才行。

《華爾街日報》1914年4月16日，價格走勢

到4月14日之前的七十個交易日裡，十二支工業股的平均價格沒有漲破84點或跌破81點。在之前的四十天，二十支交易熱絡的鐵路股指數也沒有漲破106點或跌破103點。這兩個指數都在3點的區間內，並且於4月14日同時突破了區間的支撐。根據以往的指數經驗，跡象顯示看跌，指向1912年10月初開始的主要熊市恢復。實際上，兩個指數都形成了一個區間，而且跌破支撐就顯示，市場中的充斥賣盤，市場已無法再承載更多的股票；就像當大氣中濕度達到夠高時，水滴就會自動掉下來，在股市中則是股價下跌。

在此可能需要再次解釋，道氏的「理論」是對市場多年的觀察，認為市場同有三種走勢。首先是最為關鍵的主要走勢，會持續一年或更久；第二是偶爾發生的熊市中的反彈或是牛市中的下跌；第三種走勢就是股市的每日波動。而針對目前的討論，我們可以不理會第三種走勢。

在目前明顯運作中的主要熊市中，出現了兩次明確的次級熊市。自1912年9月底，當時工業指數為94.15點，後來6月時下跌至72.11點。同時，鐵路指數從124.35點下跌至100.50點。然後，次級牛市使指數分別漲到88.43點和109.17點。在去年9月市場認為熊市重新開始時，跌勢擴大到75.27點和101.87點。今年初的第二次回升時，工業指數上升到83.48點，鐵路指數上升到107.26點。

這些數字的一個未解之謎是，主要趨勢是否發生了變化。最近的下跌顯示走勢並沒有改變，除非指數自己作假，那就會是有史以來第一次發生這種事。當一個指數突破而另一個指數沒有突破時，經常會造成誤導。然而，當走勢同時進行時，就會有一致的經驗來呈現市場趨勢。

對於在發生徹底的變化前，每個人對熊市走勢可能發展到什麼程度的意見不同。如果在今年夏天跌破1913年6月的低點，就是符合先前的走勢。

《華爾街日報》1914 年 6 月 8 日

指數出現了一種有趣的情況。自 4 月 30 日以來,十二支工業股指數在三十二個交易日內沒有跌破 79 點或漲破 82 點;而在這段期間,二十支交易熱絡的鐵路股指數也沒有跌破 101 點或漲破 104 點。這是一個非常明顯而且典型的區間,只會表示其中一種情況:一段期間的買盤或是一段期間良好的賣盤。

如果鐵路股跌到 101 點而工業股跌到 79 點,這將是非常明顯的熊市跡象,並且可能指向在 1912 年 10 月開始的主要熊市走勢恢復了。然而,如果兩個指數同時上升到 82 點和 104 點,則絕對是牛市的跡象,可能很容易指向市場走勢的主要變化,預示著將出現一個持續一年或更長期的牛市。

《華爾街日報》1914 年 6 月 15 日

指數發生了一個有趣的情況,可能在不久的將來具有重要意義。自 8 月初以來,工業股未曾跌破 79 點,也未曾漲破 82 點,而鐵路股也未曾觸及 101 點或 104 點。在三十七個交易日內,兩個指數的極端波動都遠低於 3 點。即使考慮到市場的走勢狹窄,這似乎顯示買盤或賣盤的交易順利。如果兩個指數同時升至 82 點和 104 點,也就是這兩個指數都漲不到 1 點,這將是明顯的牛市跡象,顯示的是市場完全吸收市場上的股票。如果這個變動開啟的是一個主要的牛市,那將是完全符合先前的例子,就像在 1912 年 6 月達到高峰的漲勢一樣。

《華爾街日報》1914 年 6 月 22 日

股市的走勢具有超越證券價值的意義。但人們通常沒有意識到,股市停滯本身就是一種症狀,我們可以從中獲得有用的教訓。上周工業股和鐵路股指數的淨波動都不到 1 點。

如果成交量排除了任何大型買盤的可能性、市場穩定性以及缺乏強烈需求或有組織的支撐,可以為未來的市場趨勢或狀況提供有價值的觀點。事實上,價格變動非常具有價值,可以提前反映國家商業活動的情況,就像一個國家金融中心所有人的智慧和資訊所能看到的。

在這樣的主要前提下,幾乎相當於公理,可以說股市晴雨表指出,在相當長的一段時間內商業狀況不會更糟,而且可能會有所好轉,而這

個觀點在過去七個星期指數驚人的表現中，得到了奇特的佐證。

在這段時間，工業指數下跌時未觸及79點，另一方面上漲時也未觸及82點；而在鐵路股的波動中也有相同的限制，價格既未下跌到101點，也未漲到104點。儘管有連續幾天的市場交易不活躍，但在這段時間內可能有組織良好的賣盤，最終將使市場裡的股票飽和，隨之而來的就會是價格下跌；或是當人們發現市場上的股票供給很少時，股票被有秩序地買走，那麼就會促使價格急遽上漲。

換句話說，兩個指數同時漲破82點和104點，將表示一個廣泛且顯著的牛市走勢，而同時跌破79點和101點，則會產生同等的熊市影響。情況愈來愈指向前者發生的可能性較高。

《華爾街日報》1914年7月14日，價格走勢

本專欄於4月16日討論了兩個指數所顯示的價格波動。當時可以說，十二支工業股在七十天內既未漲破84點也未跌破81點；而鐵路股在四十天內既未漲破106點也未跌破108點，這顯示有一個賣盤區間。兩個指數在4月25日同時突破區間，鐵路股下跌至99.24點，而工業股下跌至76.97點。

我們可以合理地假設，這次的跌勢顯示自1912年9月底開始的主要或初級熊市恢復，當時鐵路指數為124.85點，工業指數為94.15點。有兩次次級牛市波動，但當這些牛市波動的力道耗盡時，兩個指數就一致向下走。

過去六十一天來已經出現了類似於去年4月我們所描述的區間。當時的工業指數介於79點與82點之間；而同時期的鐵路指數也介於101點和104點之間，不過鐵路指數一度突破區間，但這並不能證明什麼。其實跌破101點時的小「警示」，立刻就被收回了。

在一個無疑已經進行了將近兩年的主要熊市中，主要趨勢的改變可能不遠了。這樣的變化並非來自於一次大跌後的快速反彈，而是經過了一段長時間而且被確認的狹幅區間波動。這樣的時期現在正在進行中。如果指數同時跌破79點和101點的低點，那麼我們就可以推斷主要熊市的力道尚未結束。

然而，如果兩個指數同時漲破82點和104點，那麼推斷就會是看漲，甚至表示一個主要的牛市開始了，只會偶爾被次級熊市波動打斷。

那麼就可以明確知道已經形成了一個穩健的買盤區間，而且這些被吸收的股票不會再回到市場上，除非一年或更久之後的未來股價漲得夠高。

指數從來沒有像現在這麼有趣。在這些研究中，我們假設指數是公正的，並且反映了所有因素。指數所包含的股票太多所以不可能操縱指數，而且過去已經反映了所有的不確定因素，包括商業活動量。

《華爾街日報》1914年7月20日

從兩個指數的確無法得到安慰。二十支交易熱絡的鐵路股在101點和104點之間波動的時間很長，並於周四跌破了支撐。工業股沒有跟上跌勢，仍然在79點和82點這個區間之間震盪，已經持續了一段很長的時間。然而，如果工業指數跌破支撐，就是明確指出了自1912年10月以來一直在進行中的主要熊市恢復了。

《華爾街日報》1915年2月10日，價格走勢

自從1914年7月14日討論《華爾街日報》追蹤的十二支工業股和二十支交易熱絡的鐵路股指數以來，發生了兩個前所未有的情況。一個是股票交易所關閉了十八周；另一個是重新開放交易所時設定了過低的價格。

儘管如此，這些情況仍然不足以改變分析指數的方法。毫無疑問，戰爭已經導致了熊市的延續，在交易所關閉前再過三個月就會持續了將近兩年。可以說，在市場關閉前的最後四天差不多發生了一場半恐慌性的暴跌，並且在重新開放市場時可能會預期到先前的恐慌市場的再現。在某種程度上，發生的情況就是如此。截至7月30日，工業指數收在71.42點，而鐵路股價則為89.41點。

市場可能會出現一輪反彈，接著是一次回檔，指數會跌到之前的恐慌價位或附近。這次走勢在兩個指數並不一致，工業指數從反彈最高點下跌了2.54點，到了12月24日跌至78.48點；鐵路指數在同一天跌了4.89點，收在87.40點，比7月的收盤價低了2點。

儘管如此，這仍然是相當典型的情況，代表了恢復正常的條件，未來可以預期指數會提供相當可靠的指示，就像過去一樣。在恐慌後的反彈之後，股民終究發現到了這一點，然後出現了真正的復甦。鐵路股指數上漲6.55點至94.05點，工業股指數上漲4.98點至78.41點，兩者均

在1月21日達到最高點。

　　從那天之後市場下跌，兩個指數都跌了不到3點。有跡象顯示它可能在目前的價位周圍形成一個「區間」，值得注意的是，兩個指數的走勢非常密切，這通常是一個有趣的跡象，當一個指數獨自突破前低時，或是當一個指數在沒有其他支撐的情況下短暫創新高時，這個推論幾乎總是會誤導投資人。

　　顯然跡象並不明確。但指數會反映所有資訊，並恢復經得起考驗的晴雨表功能，這件事本身就很令人鼓舞。

《華爾街日報》1915年4月6日，價格走勢

　　這是一個主要的牛市嗎？在交易所重新開放後，股價出現了一次不規則的恢復，但以鐵路指數來說，價格還是跌到87.40點，比股票交易所在7月30日收盤關閉時的價格低了2點。然而，在第一次反彈之後，工業股拉回低點，並未達到交易所收盤價的2點以內。市場當時處於平衡狀態，關鍵問題是會發生什麼事。這涉及一個關鍵點，因為自1912年秋季以來一直持續的熊市可能正在轉向。

　　12月時兩個指數都穩定下來，工業股於1月4日上升至75點以上，鐵路股超過89點。指數保持這個最低點，工業股在2月5日的時候曾經稍微低於75點直到2月24日。到那時，鐵路股觸及略低於重新開放後的低點，而股票交易所重開以來，還沒有達到工業股的低點78.81點。

　　我們可以看到，這其實是在股票交易所關閉後的自然上漲和拉回，和恐慌後回漲的方式非常類似。趨勢是要收復重挫的一部分指數，例如7月18日的價格，這表示鐵路股下跌了約13點，而工業股下跌了約7點。

　　從那之後情況變成一個未知數。如果兩個指數形成一個區間，這將表示股票有買盤或賣壓。從後來的發展來看，情況似乎是確實有買盤進駐。

　　自2月25日至3月20日的二十四個交易日，工業股未跌破74點或漲到78點；而在同一時期，鐵路股票的價格未跌破87.91點或漲破90點。這明顯是一個「盤整區間」，在隨後的市場走勢中顯示了真正的買盤。事實上，鐵路股票已經接近於恐慌性下跌後的短暫反彈；而工業股票的價格高於7月中以來的異常高位，實際上高於戰爭影響時期的價位。

　　這是一個最重要的趨勢。可以說，自1912年秋季以來，股票市場一直處於熊市。這場熊市已經持續了兩年半多的時間，整體看來，過去四

分之一個世紀的指數顯示，這對於主要波動來說是一段很長的時間。

牛市的時機似乎要到了；如果是，自市場呈現明顯的買盤區間以來的漲勢具有極大的意義，顯示可能輕鬆達到主要的上升趨勢。這並不是說不會出現次級跌勢，因為市場變得買超；也不是說不會有常見的每日第三級波動。

然而，從指數變動中強烈的跡象顯示，指數已經顯示出顯著的好轉，類似1904年夏季初的情況，一直持續到1906年的1月，甚至可能持續到8月。

《華爾街日報》1915年6月9日，價格變動

本報多年來一直追蹤指數的變化，對今年4月6日所做的推論提供了顯著的證實，那就是市場發生了重大的變化。當時指出，兩個指數一直在形成所謂的「盤整區間」，不是有買盤就是有賣盤；而且指數已經開始上漲，顯示先前超過兩年的熊市，已經轉變為主要上升趨勢。

值得記住的是，對所有研究股市價格波動法則的人來說，道氏理論指出，主要波動可能持續一到三年；而次級波動，也就是在熊市中的快速反彈或是在上漲後的快速拉回，可能會干擾但不會阻礙主要趨勢；而日常交易的第三個影響因素，在廣泛的觀點中可能不需要認真考慮。

在4月6日所做的推論得到證實之後，股市似乎出現了其中一次這樣的次級反應。工業股一度跌至近91點，鐵路股未跌破98點，但兩者都經歷了大幅下跌，工業股拉回近10點，而鐵路股則拉回了9點。

但在這次應該歸類為次級波動的大跌之後，工業股二十一天內在79.83點和84.99點之間波動，並沒有觸及先前區間的前高，這是形成牛市推斷的基礎。與此同時，鐵路股形成了更具說服力的區間，因為在二十八個交易日內沒有跌破90.75點或漲破94點。其實，兩個指數目前仍然在各自的區間內。

再一次強調，除非這兩個指數走勢一致，否則單一走勢會誤導投資人。鐵路股仍然處於可以說是次級區間的買盤之上，就這一點來說，是否有賣盤並不重要，因為只要有人賣出就會有人買進。如果工業股突破4月30日的前高90.91點，並在短時間內鐵路股也漲破4月20日的前高98.75點，就幾乎可以證明市場的主要趨勢，就像在4月初本專欄對股價走勢研究的推斷。

《華爾街日報》1915年6月26日，價格市場

　　工業股指數在從5月15日開始的三十四個交易日內，實現了超過10點的淨漲勢時，鐵路股只在2.49點區間內波動，基本上相當於獨立的工業股走勢開始時的程度。

　　從一個指數得出的結論，未經另一方印證，有時會誤導投資人，所以必須謹慎對待這樣的結論。鐵路股的顯著穩定性具有意義，就這一點而言可以公正地看待。很少發生一個指數開始重要的走勢，但另一個卻保持不動的情況。但是這次卻是這種情形，我們必須回到十一年前才能找到一個類似的走勢。當時的情況和現在完全相反。當時是鐵路股上漲，但工業股卻沒有反應。

　　在今年初，正如後來的事件所證明的，我們在這裡推斷出價格走勢已經完全改變了，而主要牛市走勢正在蓬勃發展。當這二十支交易熱絡的鐵路股在三十四個交易日內波動區間只有2.49點時，根據過去指數的所有經驗，我們可以假定這是兩種情況之一。有買盤在支撐股價，為接下來重要的上升走勢做準備，或是有組織良好的賣盤。

　　由於「區間」如此清晰和確定，比較有可能的推斷是，鐵路股正在為上漲走勢做準備，而工業股則是已經漲了一波。如果鐵路指數漲破94.17點，這就會是市場上的股票已經被吸收的強烈指示。這必然代表股價會大幅上揚，然後市場上才出現新一波的股票。

　　另一方面，如果跌破91.68點，也就是目前區間的支撐，並不一定是非常熊市的跡象。工業股不可能發生類似的走勢，使這樣的跌勢具有特殊的意義。這種情況很值得留意。這個情況所指示的上升趨勢，將是對夏季和秋季走勢一個非常強而有力的預測。

《華爾街日報》1916年3月20日，指數

　　很多本報訂戶提問，為什麼本專欄不更頻繁地從股市指數的角度討論價格波動。答案是，目前指數並沒有給我們什麼啟示。指數並未顯示出比明顯的事實更為明確的內容，那就是在交易所重新開放後所展開的牛市趨勢尚未失去動力。

　　這個主要趨勢可以說幾乎沒有引起足夠引人注目的次級波動。工業股在一個異常時期呈現最顯著的上升，當然這是因為其中一支交易最熱絡的「戰爭」股票——通用汽車。這開始看起來應該只是一種暫時的現

象,而指數會恢復正常。

　　讀者可以注意到,鐵路股並不像工業股那樣出現對應的漲勢。新年過後,鐵路股價在100點和103點之間波動,但是讀者應該記住,所有過去對指數的經驗都顯示,除非工業和鐵路股同時形成這樣的『區間』,否則單一指數很容易會造成誤導,而不真正具有預測的價值。

　　然而,從鐵路股指數隨後的動作中可以合理推斷,走勢曾經暫緩並由買盤進駐,隨後出現了充分的證據顯示市場上的股票量已經減少,因此價格將往上走。這完全符合市場的其他狀況,而且符合工業股整體向上的主要趨勢。

　　然而,值得記住的一點是,主要趨勢現在已經持續了十五個月,根據指數過去的經驗,在自然情況下走勢將趨於結束。然而,這樣的趨勢可能輕而易舉地持續數個月,不過能用於推斷的資料非常少。

　　在這種情況下,兩個平均數同時形成區間的任何跡象,都將具有相當的重要性。這幾乎肯定表示主要趨勢即將被次級波動打斷,甚至可能指示整個市場的根本變化。這是一個未來需要考慮的問題,但是目前還無法提供任何見解。

《華爾街日報》1916年8月6日,牛市已經到頂了嗎?

　　在今年2月8日到7月14日期間的牛市中,二十支工業股指數從79.15點漲到112.23點,漲勢為33.08點,以及在1月21日到5月26日期間,二十支鐵路股上升近11點的明顯反應,是否代表主要上升趨勢的頂點?任何對過去二十四年平均值進行比較的價格走勢研究者,都會回答「否」。

　　事實上,這樣的反應本身就是典型的牛市特徵,根據經驗顯示,除了微不足道的波動外,急遽的回檔很典型,而這正好對應於熊市的迅速反彈。對於研究價格走勢的人來說,這種典型的急遽下跌還需要更具說服力的因素,才能說服他們相信牛市已經結束。

　　檢視一開始宣戰之後,交易所封關一百天之後的指數走勢,應該能夠清晰地解釋這一點。在股票交易所重新開放後,有一段時間市場呈現出1914年底到1915年初幾點波動的時期,市場呈現在相對狹幅區間內的買盤支撐,隨後是一波強勁的牛市,然後典型的急遽下跌,一直持續到1915年底。

股價波動相對狹窄，然後出現一次下跌，顯示賣盤正在進行中，雖然這次下跌並未將價格拉回前一年的低價位。隨後出現了一次特別的漲勢，鐵路和工業股都達到了新高。後來股價急遽下跌，到了1917年初，事件證明這是一段賣壓期。股市上充斥著股票且達到飽和點，於是一場真正的熊市開始了，並且一直持續到年底，尤其是工業股的情況更是一直延續到1918年。

那一年初又出現另一個區間，事後證明是一個買盤出現，指數急遽上升代表著一場中度力道的牛市，而且一直延續到後來的秋季。然後，在停戰協定之前下跌了一波，隨後再次進入一段後來被證明是買盤進駐的時期，於年初轉化為目前的牛市。

這些是典型的波動，我們可以說，長期計算指數的意圖和效果，是為了反映所有的考慮因素——勞動力、威脅、政府資產，甚至是大戰本身。如果在目前的拉回走勢中，市場在兩個指數上同時形成一條線，並在可預期的一段時間內，例如一個月或更久，如果跌破了區間的支撐，那麼就可能預期價格會大跌。

然而，如果區間後來被證明是一個買盤進駐，那麼根據所有的先例來看，突破其狹窄區間的壓力線就代表市場上的股票已被吸收，而且牛市再次全面展開。目前的證據顯示，這次比較屬於漲多拉回的情況。

《華爾街日報》1919年8月8日，股市分析

一位讀者問，透過分析工業股和鐵路股指數顯示的先前波動以評估股市趨勢的方法，是否不是根據過去的經驗？當然是，但並非完全如此，這種方法絕對不是江湖騙術。任何根據大量過往紀錄實例的結論都可能受到這種批評。這取決於所使用方法的科學準確性。

醫學診斷是根據經驗，症狀只會與過去觀察到的類似症狀進行比較。但是當診斷得到血壓、血液和其他分析、神經反應、細菌學檢查、脈搏、體溫和其他輔助方法的檢測而確認時，就是一門確切的科學，當然其中仍然包含著人類的推論。我們仍然無法預測未來，唯一的方法是透過以前的紀錄，並在紀錄中確保準確性和公正性，從中可以學到很多東西。

對指數的研究是根據「道氏理論」，這是本報的創辦人，已故的查爾斯·道所提出的理論。發表這個理論的書籍似乎已絕版，但簡而言之是

這樣的：在任何大盤中，同時存在著動作、反應和交互作用這三個明確的動作。最明顯的是每日波動；第二種是較短的走勢，典型的特徵是牛市中拉回，或是在超賣的熊市中急遽的復甦；第三種則是主要的走勢，是決定幾個月內的趨勢，或市場真正的動向。

　　研究指數的人要將這些事實牢記在心，並預設廣泛的結論對每日波動來說完全沒有用，而用於次級走勢則會誤導投資人，但是應用於市場的主要走勢上可能會有益處，對於整體商業活動具有真正的預測價值。我們可以說，在充分考慮到這些事實的情況下，本專欄不時刊登對股價走勢的研究（特別是在戰前的幾年）通常是正確的次數遠多於錯誤的次數，而且大多數情況下，當分析偏離了道氏明智和科學的規則時才會出錯。

　　這就是為什麼上周三能夠說，市場從本周一開始的急遽拉回是一個典型的次級走勢，而且沒有使今年初開始的股票買盤進駐帶動的牛市失效。沒有明智的人會夢想根據這樣的概括進行交易；但是這些結論足夠有用和確定，已經贏得了深思熟慮和聰明觀察者的信任。

《華爾街日報》1919年10月9日，股市平均水準

　　由道瓊公司編纂的二十支工業股和二十支鐵路股的每日指數與過去的走勢相比，目前已經達到一個有趣的比較點。在周二和周三結束時，工業指數剛超過了7月中旬的112.23點。指數在8月時下跌了15點。鐵路指數為82.04點，仍然低於本年度的高點，也就是5月26日創下的高點，只比8月20日的78.60點還要低4點。兩個指數在年中高點後的拉回幅度，都不到2月第一周後漲勢的一半。

　　《華爾街日報》於8月6日的社論指出，當時的指數並未顯示牛市已經達到高峰。指數還沒有給出任何明確的理由來確定甚至補充這個結論，因為有鑑於後來指數的回漲，8月的跌勢很可能被視為次級走勢，也就是牛市的急遽拉回特徵。在同一篇社論中還表示，如果指數低於年中的高點然後向下突破，則是顯示真正的熊市將要來臨了。

　　實際上後來的情況是工業指數的一連串劇烈的波動，並且在8月20日的程度比當月初更低，之後迅速而持續回升，到了9月8日漲破108點，比8月份的低點高了10點。在那個點數附近，工業指數在兩周內形成了一個相對平穩的區間，然後在9月下旬和10月初的幾天內急遽上升。現在已經超過了7月的高點。

自 8 月初以來,鐵路指數一直保持著一個區間,唯一的重大偏離是過去三、四個交易日的漲勢。從外部的角度來看,相較於工業股,鐵路指數的情況不太具有賣盤進駐的特徵。

有些研究股價走勢線圖的人太過傾向於尋找諸如「雙重頂」這樣有如預言一般的表現,他們聲稱工業指數現在提供兩個可能的指示,可能是絕對不會錯的熊市警告,不然就是指數大幅突破到更高的點數,如果是後者,則結論將是目前真正的主要走勢仍然是牛市。然而這兩種推斷都沒有說服力,因為如果考慮到整個戰爭時期工業股次要走勢的異常激烈性,可能會假定從目前的指數下跌代表雙重底形態的第二部分,而第一部分則是在 8 月時形成的。

這樣的理論可能有而且需要鐵路股指數持續的支持。然而,目前工業指數的任何持續下跌都值得認真思考。我們要一再強調,這些指數不能單獨被視為對未來市場的確定預測。這些只是金融狀況眾多指標中的一個,不應過分看重。

《華爾街日報》1920 年 6 月 7 日,本周發展

上周的股市波動典型而狹窄,整體上在本周一開始的假期後壓力過後表現比較好。從這些指數中可以明顯看出,工業股在大約兩周內已經回升了 4 點多,而鐵路股則回漲不到 8 點,這是從去年 5 月的一個低點開始的,當時工業股比牛市在 11 月達到的高點低了 82 點,而鐵路股則是低了約 15 點。

根據對市場指數的解讀,這似乎是市場中的次級走勢波動,而市場的主要走勢是向下的,而且不能說已經結束了。根據過去所有的經驗,這次的反彈應該會繼續走下去,因為市場上缺乏股票,而各大券商報告稱客戶持有的活躍股票很少。

《華爾街日報》1920 年 6 月 21 日,價格走勢研究

人們似乎一直對解讀股市走勢的方法很感興趣,而每日收盤時記錄的工業和鐵路股的平均價格,就代表股市的走勢。有些讀者寫信詢問有關一種眾所周知的方法,該體系在最近的一個星期一出版的〈本周發展〉中描述市場當下的趨勢。道氏理論大約二十年前制定的市場走勢「理論」經得起實踐的考驗,雖然在他的時代,股市這個相對準確的總體經濟條

THE DOW THEORY 技術分析世紀經典 —— 道氏理論

件晴雨表，其價值尚未被世人充分認識。他可能有將近十五年的市場走勢紀錄可供參考，而我們現在則已經有超過兩倍的紀錄。他的理論是正確的，這一點幾乎沒有疑問，但是這當然並不是當成「破解」華爾街銀行體系的「馬丁格爾」（martingale）而被提出來運用的。

道氏理論指出市場有三種走勢，其中兩種是同時進行的，有時甚至三種。主要的基本走勢揭示了當下是「熊市」或「牛市」，無論是向上還是向下，這個過程的期間很少不到一年，有時候更長。次要走勢是指牛市中的拉回，或在熊市中突然的回漲，期間相對較短而劇烈。經驗顯示，這種次級走勢可能會持續三個星期到幾個月，然後走勢力道消耗殆盡，就會恢復為主要走勢。第三種就是每日波動，一般可以忽略。指數一直會按照這個方式走，即使是非凡的事件也能反映出來，而戰爭也不例外。稍微看一下指數就會發現，一個主要的牛市，偶爾出現次要的回落，於去年10月達到頂峰。然後開始了一個熊市，被5月下旬開始典型的次要反彈所中斷。目前沒有證據顯示，除非市場的整體趨勢發生根本變化，否則在次要反彈結束之前，主要的下跌走勢還不會重新開始。

10月至5月之間的跌勢可能代表了整個主要趨勢，而股票的低價格，從價值上看，似乎創造了一個新的先例。成交量和此理論相違，而如此短暫的走勢則與所有經驗相悖。需要有大量買盤的證據。市場本身應該很快就會檢驗這個理論。如果在目前的反彈之後顯示出所謂的飽和點的跡象，則顯示當主要的下跌走勢恢復時，根據這個理論，在夏末或初秋時股價將大幅下跌。

《華爾街日報》1921年3月30日，股票便宜得沒人想買

大量的智慧金句和現代的例證顯示，投資者絕少在市場的底部買入，也極少或絕對不會在頂部賣出。廉價的股票從來就沒有吸引力。這不是自相矛盾的荒謬說法，而是根據市場的事實資料。如果便宜的股票具有吸引力，那麼今天的市場就應該是活躍的，投資人會感興趣甚至感到興奮。顯然我們可以更進一步推斷，股票不會維持這麼便宜太久。對於那些能夠買進股票然後忘了它的人來說，市場充滿了吸引人的機會。可惜現在市場中沒有足夠的這種人。

你或許可以給這樣的投資人看美國鋼鐵公司的報告並告訴他，根據資產負債表，美鋼的普通股價格只有帳面價值的不到三分之一。他也許

有錢買進股票，但是心裡卻總是記得這支股票，他認為應該在每天的早晨閱讀股票的價格。當他看到美鋼普通股每股下跌了5點，就忘記有關帳面價值的事，他就說要停損了，並且要牢記教訓。他所學到的教訓完全錯了，他忘記的不是他的損失，而是他買進這支股票的理由。

在股市中，當多頭部位的套現活動造成市場不穩定的波動時，有一點很容易會被人們忘記，那就是其實績優股經常比垃圾股更脆弱。績優股是真正有市場的，而垃圾股的市場卻是只是名義上的，必須償還借款而套現的人，會把手上能以一定價格賣出的股票拿來套現，原因是他們所持有的其他股票，不管價格跌到多少都賣不出去。

有任何根據說這是牛市嗎？根據道氏理論，確實可能存在一個很好的基礎可以啟動主要的牛市走勢。目前的主要熊市在1919年10月形成。自今年初以來，工業和鐵路指數一直在形成一個區間，在幾點的範圍內，但相對於下跌的幅度來說相對較接近。對於長期投資的投機者來說，他可能會問自己這是否表示有買盤進駐。

讀者可以注意到，工業股票在2月16日的時候達到區間壓力線77.14點，然後拉回了近5點，並於3月23日再次觸及77.78點；而鐵路股在1月15日回升到77.56點之後，下跌了超過8點，並在3月16日收復了2.52點，目前仍然在其區間內震盪，但仍比可以稱之為壓力線的價位還要低了6點。主要熊市中典型的次級反彈非常明顯。解讀指數的舊規則仍然有效。如果兩個指數都達到78點，則這個跡象就會非常像主要牛市的開始。就工業指數而言，這個數字可能很容易誤導投資人。

《華爾街日報》1921年5月10日，價格走勢

在《紐約美洲報》（*New York American*）的財經版面上，嘗試研究一段時間內股票指數的線圖走勢。那張線圖是借用的，數字則是未經同意即從眾所周知而且已有超過四分之一世紀的道瓊指數中取得的。相信取用不義之財不會有好結果的利他主義者可以放心，因為赫斯特（Hearst）連他所盜用的東西都不理解。他的推論只是自以為是的猜測。

在根本不了解指數解讀原則的情況下，他宣稱工業股將出現牛市，甚至規定了其限制，而鐵路股則是「標示時間」。如果真的發生這樣的走勢，根據指數或是任何具有代表性的股價表，那絕對是股市前所未有的。有時，一個指數比另一個移動得更快。鐵路和工業指數暫時交叉。

THE DOW THEORY

技術分析世紀經典——道氏理論

但無論如何,任何主要的走勢都是兩者一起的。事實上,可以說,單一指數的新高或新低如果未經另一個指數的印證,則總是會誤導投資人。自建立指數以來,每次主要走勢之前都是兩個指數同時創下新高或新低。

本專欄在3月30日的文章中就曾提到,這位預測者不知道,或者更可能是不理解經過考驗的指數理論,他被工業股票漲破78點的情況誤導了。然而,最令人振奮的特徵當然是,他忽略了是鐵路股票在5月5日、6日和7日回升到距離78點只剩下4點的位置。第二次反彈才是重要的。如果反彈繼續上漲4點以上,而工業指數只要維持不變,那麼就會是個強而有力的證據,顯示在基本面或主要牛市之前,買盤已經完全吸收了市場上的股票。

但根據道氏理論嚴謹的推論,目前並沒有顯示持續獨立的工業指數上漲的跡象。如果鐵路指數沒有拉回,工業指數可能會陷入另一段交易平淡期。但是我們可以保守地說,目前的跡象絲毫不悲觀,而且可能很容易變得普遍看漲,尤其是鐵路指數。

《華爾街日報》1921年6月16日,指數研究

從年初開始,股市指數,無論是工業股還是鐵路股在接近72點時,都表現出了顯著抗跌力。值得注意的是,工業股票在12月跌破,創下66.78點的新低,但沒有得到鐵路指數充分的印證,這證實了解讀指數的最佳理論;而鐵路指數在4月下跌到67.86點,也沒有得到必要的工業股印證。工業股在5月時出現了一個在78點以上的看漲點,最高達到80.08點,但鐵路並沒有加以印證。

現在兩個指數都突破了72點這個頑固的支撐線。如果這些是自1919年10月以來一直在進行的主要熊市走勢的新低點,那麼跡象將會是最悲觀的。這樣的推論已經足夠悲觀了,但如果工業股低於12月的價位,鐵路股跌破4月的價位,那麼情況肯定會更加如此。一位謙虛而解讀指數能力好的研究者說得很正確:

「儘管這可能是一個微不足道的依據,然而在像這樣的時候,我經常發現神聖的道瓊指數以前的低點很令人感到安慰。不管我們怎麼說,工業指數仍然比12月份時高出3點,即使在北太平洋股價的跌勢令人感到挫折,鐵路指數仍然比今年的低點高出一點。」

這種安慰並不是非常令人振奮，但是比沒有好太多了。兩個指數都顯示了一個明顯而堅定的區間，並且突破這個區間顯示這是一條拖得很長的反彈走勢的賣壓，而不是買盤進駐。當然，目前還沒有新的區間形成的跡象，但很有可能在比78點低得多的數字上，提供一個令人相信的看漲點。指數是公正的，它代表了每個人對情勢的了解或預期。

今天最令人沮喪的熊市論點是國會。九成的鐵路公司可能在未來幾個月甚至幾周內搖搖欲墜瀕臨破產邊緣，國會卻毫不在意。修改稅務法規非常急迫，但是國會卻把時間浪費在花更多錢的計畫上——簡直就是在吸納稅人的血，例如軍人的獎金和可能在啟用前就過時的50億美元的軍艦經費。

本專欄不是總結市場一般觀點的地方，但顯然看不到前景，而且指數也是這麼顯示。指數所給出的指示可能並非像看起來那麼悲觀，但也早就取消了之前可能提出的任何看漲點。

《華爾街日報》1921年6月23日，指數的指標

在72點的價位形成阻力線之後，指數跌破了這個阻力，顯示出低悲觀的跡象，對於工業股票而言，截至6月20日，已經從這個區間下跌了7點，而鐵路指數下跌的幅度則是差了0.5點。雖然一度看來是買盤進駐，這個區間並非買盤，而是賣壓。市場上充斥著股票。市場已達到飽和點，幾乎肯定會下跌。

此外值得注意的是，在下跌中，工業股在12月底和鐵路股在4月底令人感到安慰的低點也被跌破了。主要走勢的新低點確立了。1919年10月初開始的主要熊市又重新開始了。在經歷如此沉重的下跌之後，交易者自然會根據過去的經驗來尋找指標。

為了消除誤解，應該說明沒有前例要求市場在反彈之前必須形成另一個區間。根據道瓊指數的舊理論，在主要牛市的次級回落和主要熊市的次級反彈都是突然而迅速的，尤其是在實際的恐慌性下跌後的反彈中。測試不是在谷底，而是在市場在像現在這樣的條件下反彈之後的表現，在這種條件下，股票很容易被賣光或超賣。市場底部的情緒總是極為悲觀，而連電梯服務員在談論他的「空頭部位」時，專業的交易者就會「反其道而行」。

如指數在過去許多年所顯示的，熊市中的次級反彈具有驚人的一致

性，次級反彈都是在一個市場的狹幅盤整區間形成之後發生，而這個區間是徹底檢驗股民的吸貨能力。在發生嚴重的跌勢時，總是會有大量的買盤支撐，並為了避免手上持股過多無法變現，而在反彈時逐漸賣出。股票的跌勢大部分被空頭回補和逢低買進所抵銷，但是如果買盤的吸貨力道不足，股價就還是會進一步緩跌，而且通常會創新低。

不是從指數進行科學推斷，光是就機率來說，就像任何其他可能性一樣，現階段很可能會有一場急遽的次級反彈。指數只是顯示主要的熊市還沒有結束，雖然熊市已經持續了很久。其他的就很難說了，看不出來是否可以在任何價位上任選，還是沒有什麼選擇。

《華爾街日報》1921年8月25日，價格走勢研究

雖然指數的確具有無可質疑的重要意義，但是從收到的信件來看，似乎對於將股市指數視為晴雨表的讀者，認為目前股市的疲軟具有過高的重要性。在周二的收盤價中，二十支活躍的工業股跌破了1921年6月20日的前低。同一天鐵路股也創下最低點，以及自1919年10月以來一直是主要熊市的主導影響的低點是65.52點，可以看出鐵路指數仍然遠高於這一數字。

兩個平均值必須相互確認才能為任何可信預測提供基礎，這一點再怎麼強調也不為過。鐵路股仍比6月的低點高出4點；雖然有看跌的跡象，但在跡象轉好之前，還有一段下跌。指數最近做出了重要的表態。連續十六個交易日，指數沒有升至78點，也沒有跌到70點。星期二時跌破71點，初步顯示賣盤已經開始，周三收在69.87點證實了這一點。

在應用道氏價格走勢理論的所有情況中，經驗證明最好的是賣盤或買盤。正如經驗所顯示的，當正常交易在這樣的範圍內繼續時，一定就是其中之一。如果鐵路股突破了這個區間，顯示市場在這個價位上已經吸收了所有能夠吸收的股票，必須在新的買家能夠買進多餘的股票之前找到新的價位。當雲已達到飽和點，自然結果就是降雨。

聽到某些著名的公司成了股市借貸群體中的放貸大戶，真是非常有趣，而且也很有啟發性，這也許代表空單餘額。但是這絕不表示那些借股票的人假如選擇交付股票，會拿不出股票來。確實，假如他們想賣出更多同一種股票，就會想辦法製造一個脆弱的空頭的帳戶假象，以期取得優勢。經驗豐富的華爾街老手對這樣的跡象會持懷疑態度。市場記得

1919年，戰爭利潤的投資是如何將大量股票從紐約運出的。市場想知道這支股票是否會回來。兩個指數本身並不顯示牛市，但也尚未顯示主要的空頭走勢已明確恢復。

《華爾街日報》1921年9月21日，價格走勢研究

本專欄上一次討論價格走勢時是在8月25日，使用每天記錄的鐵路股和工業股指數進行測試時，指出工業股一個新低點可能會使走勢看起來非常看跌，這個情況尚未得到鐵路股的印證，當時（現在仍然是）鐵路股正在狹窄的範圍內形成一個顯著的區間，經驗已經證明這不是有賣盤就是有買盤進駐。

工業股在8月24日以63.90點，創下了自1919年10月至11月以來的主要市場新低點。在同一天，鐵路股削弱了阻力，在夠多的交易日中進行測試，價格都沒有觸及74點或跌破70點。當時記錄的69.87點是一個警告，任何低於69點的價位都將被視為明確的空頭訊號。就鐵路股而言，這不是主要空頭走勢的新低，但將顯示市場充斥著股票。

然而並沒有得到印證，而且隨後反彈站上70點又回到區間內。自那時以來，9月18日，該區間的上半部分出現了相當強勁的反彈，指數收在74.30點。這看起來更加看漲，因為工業股同時從底部反彈了8點，站上71.92點。這時再次發出了看漲的警告，買盤或賣盤重現。鐵路股指數仍然在區間內，而工業股則在69點和73點之間的區間內呈現平行走勢。

這是非常重要的，接下來的幾天內可能會出現至少是次級甚至主要走勢的跡象。這可以視為一條合理的規則，如果在指數的波動中，兩個指數的新高點甚至稍微高於上次記錄的高點，我們都可能進入牛市。如果鐵路股超過75.21點將給出這樣一個看漲的跡象，特別是如果工業股在72點或更高，就是反映出類似的走勢。

這個推論並不深奧，結論也絕對不牽強。很明顯，市場上的工業和鐵路股已經被吸收了，因此迫切需要大幅提高股價才能吸引新的賣方。這波熊市再過一個月就已持續了近兩年，這呈現的是異常長的波動；而市場傾向的徹底改變，是在新的高點發展出買盤區間。

我們正面臨嚴寒，這樣的觀點並不是重點。如果股市不能超越這種偶發事件，那麼它就失去了意義。股市預測的似乎是更穩健的基礎，以待春季時更好的整體商務環境。主要牛市很可能正在建立舞台。

《華爾街日報》1921年10月4日，展望未來

不只一位記者在本報撰文，提醒讀者注意這令人不滿的狀況，並由此發出疑問，為什麼針對9月21日的指數的走勢研究，認為股市價格似乎正在為進入長期上升的牛市做好準備？能列出的所有理由都是悲觀的論調，例如：德國的企業倒閉、鐵路運輸的價格和工資、關稅和稅收的不確定性，還有遲鈍的國會沒有考慮這些事情的常識。對這個問題的回答是，股票市場已經反映了所有資訊，股市所包含的資訊來源，比任何一個評論者所能掌握的資訊來源都要大得多。

根據解讀股市指數的成熟方法，只有當工業平均下跌8點，鐵路平均下跌9點，也就是跌破6月20日主要熊市走勢的低點時，才會顯示走勢的恢復。另一方面，光是鐵路股目前的價格，只需要上漲不到1點，這兩個指數就會雙雙創新高，這將顯示的是主要牛市。工業指數已經站上新高，兩個指數都顯示了一個明顯且清楚的買盤區間，隨時可能顯示市場上的股票已經被賣完了。

我們要一再強調，股市絕對反映了所有人對一國商業活動的所有了解。賣給農民農具、車輛和化肥的公司，比農民自己更了解他的狀況。在股票交易所上市的公司，符合其嚴格的上市要求，涉及國家生產和消費的幾乎所有領域，包括煤炭、焦炭、鐵礦石、生鐵、鋼錐、製造的手錶彈簧等。他們的所有知識都正確地反映在股價中。所有銀行都知道這些商品的交易與融資，以及產品的生產和行銷，這些都反映在根據每一項資訊進行調整的股價中，不論這些資訊的大小如何。

價格之所以低，是因為我們評論的所有悲觀因素都已經充分反映在價格中了。當市場感到意外時，就會出現恐慌，歷史顯示市場很少會感到意外。今天所有的悲觀因素都是已知的，而且的確是很嚴重的因素。但股市並不是在交易現在共同的知識，而是根據專家預見的未來幾個月條件總和而進行交易。

《華爾街日報》1921年12月30日，價格走勢

本專欄於8月25日指出，當時的股市指數對多頭來說一點也不令人振奮，但並未顯示出主要的熊市運動將在截至去年6月為止的十八個月重新開始。在9月21日，明確地得出了這樣的推論，也就是市場的主要趨勢已經改變，為1922年的牛市做好了準備。從8月24日開始，這二十

支工業股指數現在顯示出將近17點的淨漲勢。鐵路股票的漲勢則是少得多，到了11月22日只漲了7點。現在收盤價比8月24日的低點高了4點，但是比去年6月底主要熊市的最低點高了8點以上。

根據股市指數所描繪的股市晴雨表，我們正處於一個主要的牛市，到目前為止已經出現了兩段次級拉回，而這兩次拉回都並不太嚴重。在每一次情況下，市場在拉回之後交易都表現出特徵性的低迷。針對指數經過良好測試所得出的規則，只要從次級拉回中的反彈，確立了兩個指數的新高點，不一定是在同一天，甚至不在同一周內，只要兩個指數互相印證，主要的看漲趨勢就會持續下去。

若工業指數從目前的價位上漲不到1點，而鐵路指數上漲不到3點，那麼本專欄在初始階段就明確表示並非常自信地預測主要牛市的恢復，就會得到確認。華爾街的一條古老格言是：「絕不要在低迷的市場裡放空。」熊市中的反彈很劇烈，但是當市場在復甦後變得清淡時，經驗豐富的投資人會明智地再次放空。在牛市中則正好相反，如果市場在次級走勢後變得清淡，投資人就會買進。

有一個不變的規則是，股市總是比整體商業環境提早好幾個月反映，而且受到每個人實際所知的總和的影響。沒有比使用「操縱」這樣的詞來描述市場走勢更為幼稚的了，尤其是當走勢與大眾的想法相反時。每一次市場走勢都有充分而令人滿意的原因。但膚淺的財經新聞記者懶得查明事實真相，卻將「操縱」當成最簡單的解釋。任何報社的老闆就算是不了解華爾街如何蒐集新聞，都應該對以這種理由解釋股市走勢持極大的懷疑態度。這通常代表這名記者懶惰，逃避自己分內應該做的工作。

在這個地方發表的以前的預測中，沒有理由收回任何東西。我們正處於一個主要的牛市，趨向於在反彈時變得低迷，但慢慢地累積力量，準備展開更大規模的漲勢。

《華爾街日報》1922年2月11日，價格走勢

研究股市走勢的人根據道瓊二十支工業股和二十支鐵路股指數的收盤價紀錄進行比較，要求根據道氏著名的股市解讀理論對市場進行一些討論。道氏清楚地指出，主要的波動是同時發生的三個走勢，持續一年到三年；牛市或熊市中的次級拉回或反彈，持續時間為幾天至一個月或

THE DOW THEORY

技術分析世紀經典——道氏理論

更長時間；最後是每日的波動。目前市場似乎很容易解讀，但人們仍在寫信來本報，肯定是為了證實自己的觀點。

目前市場的主要波動是向上的。上一波熊市持續了一年十個月，低點可以說是在去年6月時創下的，不過8月時只有工業指數後續創下新低。這並沒有得到另一個指數的印證，而印證是必要的，但如果計算市場的轉折點是從去年8月開始的也沒有關係。早在去年10月時本專欄就指出，市場正在「為一個牛市的興起而準備舞台」，隨後的走勢充分確認了那個推論。

自1921年6月20日鐵路股的低點以來，到2月9日為止鐵路股已上漲11.80點，達到76.81點。從1921年8月24日的低點開始，到了2月6日工業股已上漲19.80點，達到83.70點。這是一個完全一致的漲勢，有幾個小但特徵性的次級反彈，隨後進入一段交易平淡期，然後重新開始主要運動，其中一個指數創下新高點，在當時或不久之後，另一個指數也確認了類似的新高點。這次的走勢沒有什麼引人注目的地方，但很難找到一個更能確認道瓊經過考驗的理論的走勢。它甚至沒有呈現出那些被認為是證明規則的例外。

我們可以再次強調，股市的走勢不是根據當下已知的新聞，而是根據華爾街所有人的智慧和知識所能預見的未來條件。歐洲複雜的情勢、稅收的不確定性以及國會利益的失常提供了足夠的看跌理由。所有這些因素都是已知的，而且甚至也被過度討論。

最為壓倒性的多頭特徵是資金的便宜和小規模的投機帳戶。投機是總體經濟的晴雨表，而股市顯示在初春和夏季將會有真正的但緩慢的改善，股市無法預見會持續多久。對這些詢問者的回答是，我們仍處於一個牛市而且可能會持續很長時間，可能一直到1923年，而且肯定會比預測的總體經濟改善時間更長。

《華爾街日報》1922年2月28日

在反映了商業活動中所有令人沮喪的可能性之後，股市自去年8月以來顯示出它看到了這些可能性的結束和更好的時光將回來。股市今天顯示在即將到來的春季和夏季，整體商業環境更會更好。股市晴雨表從指數的收盤價來看，工業指數已經上漲約20點，而鐵路指數則是上漲了15點左右，這再次精確地證實了其實用性。

《華爾街日報》1922年4月6日，價格走勢

　　二流的報紙作家喜歡說：「現在沒人讀社論了。」這在他們的經驗中或許是真的吧。這取決於社論的內容。但似乎人們對本專欄中討論股市價格走勢的興趣始終不減，即使預測的實現似乎使此類討論變得不必要。一間報社應該有比「我早就告訴過你了」更有用的內容。但對於以指數顯示的價格走勢的研究者來說，他們要求對股市進行討論。他們詢問多頭行情是否已經結束了。

　　在去年9月和10月，這些研究中看出了現在的多頭走勢，那時那些在1919年看不到頂部的人，也看不到已經下跌了超過兩年的市場已經觸底。上一次對價格走勢的研究是在2月11日刊登的。最後一段回應了對價格走勢的研究和其他人的詢問：「因此，對於這些建議的回答是，我們仍然處於牛市中，而且應該還會持續更久，可能會一直到1923年，而且肯定會在它預測的整體經濟改善之後持續一段時間。」

　　自從那些評論刊登以來，這兩個指數都有進一步實質的上升。這二十間工業股指數現在比去年8月的低點高出26點，而二十支鐵路股指數也比前一年6月的低點高出約15點。如果有一個非常正常的牛市特色，那就是次級反彈通常比平常短。這使得許多專業人士感到振奮，因為認為反彈走勢已經差不多了而放空。這在技術分析來說當然是進一步支撐一個足夠強大的市場，能夠吸收他們選擇出售的所有股票。

　　沒有理由認為目前的牛市在幾個月內將達到高峰。劇烈的反應可能會更加強烈，儘管目前的空頭（他們只是賣光的多頭）是否會在平均下跌5點的情況下更加悲觀，因而再次錯失市場，這是值得懷疑的。市場比任何操縱的力量都要大得多。股市在煤礦罷工之前六個月前就預測到了。當時預示的改善愈來愈明顯，將在接下來的幾周引起普遍關注。

　　除非經驗沒有給我們任何教訓，否則商業活動的改善將和股市一直同步進行，直到股市不再是根據事實而是根據期望運作。對於那些似乎會感到更快樂，如果他們能夠確定沒有人在股市或其他地方賺錢，可以說即使經濟情勢依然被看好，市場最終會轉向（下跌），而且經濟不久也會轉向。但這些人在那時將和現在一樣樂觀，就像他們現在是悲觀的一樣。

《華爾街日報》1922年5月8日，價格走勢研究

　　在股市中的多年經驗，經過道氏理論的驗證，已經教導學習者理解

指數中盤整區間的意義。條件必須很嚴格才會有實際價值。工業股和鐵路股指數應互相印證。所選擇的時間段應該夠長，以對成交量進行實際測試。每日的波動範圍應該夠窄，要在至少不到4點的範圍內波動。在滿足這些條件的情況下，就可以得出重要的推論了。

股市出現了這樣的情況，這對目前和最終的意義都很大。從4月7日到5月5日為止，共計二十四個交易日，這二十支交易熱絡的鐵路股未跌破83點也沒漲破86點。這是一個非常狹窄的區間，特別是唯一一次指數漲到85點是在4月25日，收在88.09點。在幾乎相同的期間，也就是從4月10日到5月5日，總計二十二天，這二十支工業股沒有跌破91點也沒有漲破94點。這段期間夠長，符合經驗要求的時期。這樣的區間顯示有買盤或賣盤進駐。

由於這個區間的強勁走勢，一位讀者寫信給波士頓的報社指出他的悲觀看法。他表示「大戶」和「內線」似乎一直在出貨給小散戶。這可能是事實，但這個結論並不是從這個前提得出的。在這兩個指數的市場中，多頭點比空頭點更接近。實際上，如果這二十支工業股價格在94點以上，而且鐵路指數在此之前或之後站穩86點，這就會是買盤已經吸收了市場上股票的最佳證據。這樣就幾乎可以確定多頭走勢強勢回歸。

另一方面，如果鐵路指數續挫並跌破83點，而工業股也幾乎同時跌破了91點的看跌點，那麼肯定會顯示進一步的回落。推斷是市場已經達到飽和點，至少需要一段次級的波動。這並不表示牛市的結束，後續指數回升至94點和86點將是強烈的多頭。這位波士頓的朋友可以確信的是，市場本身比所有「大戶」和「內線」加起來還要大。

但是這一個區間非常有意思。自去年秋季以來，在目前的主要牛市波動開始之前，還沒有出現過類似的情況。

《華爾街日報》1922年5月22日，價格走勢研究

股市指數周五在同一天各自印證了彼此的多頭觀點。這是股價變動紀錄中最有趣、甚至最引人注目的「區間」之一。將股市視為非常重要的商業晴雨表，並使用經過四分之一個世紀考驗的指數與道氏市場走勢理論相結合，可以從價格中得出整體商業活動展望的一些重要指標。

在連續三十四個熱絡的交易日中，這二十支鐵路股指數只在3點的範圍內波動。指數一度站上85.09點，只有一天漲破85點，而且從未沒

有跌到83點。星期五指數突破了區間的壓力，站上85.28點，創下今年以來的新高。同時，這二十支工業股連續三十二個交易日未跌破91點或上漲觸及94點。星期五時指數也突破了區間的壓力，收在94.80點，證實了鐵路指數所顯示的今年新高。

根據所有對指數的經驗，對於這樣的區間只有一種解釋。如果跌破區間的支撐，正確的推斷應該是市場已經達到了飽和點，後續必然會繼續走跌，換句話說，將會有一段顯著的下跌走勢，直到達到一個更穩定和有吸引力的價位。但是如果漲破區間也同樣很重要。這樣就是顯示出，維持了一個多月的均衡代表了一段買盤進駐的時期，而市場上現在已經沒有股票了。從這裡可以推斷出來，在去年秋季迅速展開的主要多頭走勢恢復，目標在於將股價推高到一個再次對追求獲利的人有吸引力的價位，或者說，市場可能在四月初的時候再次出現超買。

在5月8日發表的其中一篇討論中，對於根據「大戶」和「內線」的所謂出貨理論的悲觀預測被否定了。事實上，當狹幅盤整區間正在形成時，很難判斷這是賣出或買進。這時同時有買盤和賣盤，沒有人能夠確定哪一方最終將產生更大的影響力。如果讓我們提出批評，我們會說，股票市場「操縱股票的大戶」，出貨時通常不會大張旗鼓地宣傳。

從指數來看，股市已經恢復了主要多頭走勢。除非目前的牛市比我們有紀錄的任何牛市都來得短，否則應該可以持續很多個月，可能會持續到1923年。可能會阻礙它的一件事是嚴重恢復高利率的情況，不是像有時因農產品運輸需求而引起的暫時騷動。資金的趨勢可能更傾向於另一個方向。甚至可以提交給國家貨幣監理局，貨幣市場是一個國際性的事務，其基本狀況不是由英格蘭銀行或聯準會所決定的。

目前或短期內商業活動並沒有因為資本轉移到股票投機而面臨危險。股票市場投機的本身可以刺激經濟發展。這是從另一個層面來說，股市是經濟的晴雨表。股票市場的變化不是根據當時的新聞報導，而是根據投資界對前景的預期和判斷。對當下大致的商業活動的預測是正面的，而且值得信賴。

《華爾街日報》1922年7月8日

在對價格變動的研究中，根據道氏理論，人們一再發現，二十支鐵路股和二十支工業股的兩個指數必須相互印證，才能提供具有權威性的

預測。鐵路股在7月6日提供了強烈的多頭訊號,但是應該注意的是,若要確認這是真的,工業指數還需要再上漲近2.5點。

儘管初級多頭市場中次級回檔的性質已在此解釋過很多次,並且成為最近發表的「股市晴雨表」的一個啟示部分,但仍然未能清楚地讓人理解,並且經常與恢復到初級熊市混淆。在經歷了微不足道的反彈後,工業股票的價格從1921年8月24日的63.90點上漲到今年5月29日的96.41點。同時,鐵路股的走勢是從1921年6月20日的65.52點上漲到1922年5月29日的86.83點,與工業股票的最後一個高點相同。

在5月的高點之後,這在經過一個持續約一個月的買盤後形成的,隨後出現了典型的、因此具有誤導性的次級反彈。到了1922年6月12日,工業股票下跌到90.73點,也就是將近6點,而同一天鐵路股票則創下了拉回的低點,81.81點,下跌了五個點。之後就一直是這種走勢的特色:緩慢的回升。因此可以說鐵路股在7月6日創下新高後,就部分確定了主要多頭走勢的恢復。

次級反應是由技術條件(例如超買)以及市場不可能預見的事件所引起的。市場中的主要走勢先於並預測了國家商業活動的整體變化。次級反應,例如主要熊市中的次級反彈,可以稱之為股市晴雨表自我調整的方法。經驗已經證明,從單一股票組中得出的推斷很容易誤導投資人,但在兩個指數相互印證時,預測的價值最高。如果這二十支工業股站上96.42點或更高,就過去的所有經驗而言那會是一個正面的指標,顯示去年底開始的牛市再次全面展開,並且可望進一步大幅上漲。

在這些條件下,可以說指數提供的指示明顯是多頭的。目前的多頭市場是從1921年8月的工業股的低點起漲,至今尚未滿一年,過去四分之一世紀以來六次多頭市場,平均持續的時間約為二十五個月。

其中最短的是二十一個月,最長的是三年三個月。沒有充分的理由認為市場不再預測一般商業活動的擴張,而其程度我們幾乎無法預見。

《華爾街日報》1922年7月22日,價格指數

股市晴雨表的專業讀者在其中看不到任何改變的跡象。價格指數也顯示出商業活動健全的成長。股市並沒有指出經濟繁榮,而是顯示即使產業受節影響,經濟仍在穩定的改善成長。

兩年多前,大約是1920年5月,通縮開始變得嚴重。到了次年的6

月，根據勞工局的數據，薑售物指數從最高點272下降到148。這主要是由於一些集團承受通縮的主要衝擊，由於極大的不平等使得企業受到了影響。但是幾個月來，這些集團一直在趨於一個共同的程度。有些仍然偏離，但正在緩慢調整，現在，經過一年內4點的範圍內波動之後，截至1921年6月，所有商品的指數停留在150，這正好是自1921年6月初以來的兩個極端之間的中點。結論就是，這是合理的價格穩定。

現在的綜合指數約比戰前高出50%。指數保持在這個價位的上下兩點之內的穩定性，使我們有理由認為，短期內不應該擔心恢復到戰前的價格水準。貿易情況很好，指數持續波動的同時，貨車裝載量達到了一年中的最高峰，營建工程活躍，各種勞動力日益短缺。即使在煤炭和鐵路罷工之際，市場仍充斥著樂觀的態度。

有確切的證據顯示國外的情況改善，這對我們的物價指數非常重要。這代表我們所有過剩產品的市場，尤其是農產品、食品和棉花。農產品指數在通縮過程中受到的影響最嚴重，導致大部分人口的購買力大大下降，在某些情況下甚至被摧毀。情況正在慢慢改善，6月份的指數為131點，而前一年為114點。除了棉花外，今年的農業產量雖然不會創歷史新高，但是產量很大，而且成本相對較低。保證良好的國外市場盈餘，是有利於良好業務和維持價格穩定的有力論據。

《霸榮周刊》1922年7月24日，價格走勢

工業指數7月18日上升至96.53點，突破5月29日的前高96.41點，最終確認了經常表達的觀點的正確性，那就是過去六個星期市場的行動只是在主要牛市中的正常而典型的次級反應而已。

鐵路指數在7月6日創新高，為我們指明了方向。兩周前，本專欄宣布了這一點：「如果這二十支工業股站上96.42點或更高，就過去的所有經驗而言那會是一個正面的指標，顯示去年底開始的牛市再次全面展開，並且可望進一步大幅上漲。」

在根據道氏理論的價格走勢的討論中，我們一再注意到從兩個指數之一的走勢獲得的推斷，雖然常常具有重要的意義，但可能很容易會誤導投資人，而當兩個指數相互確認時，這些推斷就變得具有最高的預測價值。

因此，兩周前當鐵路指數剛創下新高時，可以說這是一個強烈的看

漲跡象,如果像現在這樣工業指數有類似動向,這將是上升趨勢持續的正面跡象。

指數顯示儘管有罷工和歐洲的不穩定因素,股市6月的拉回使股價變得便宜,並且在充分反映了所有眾所皆知的利空因素後,預期未來的商業環境將會更好。

《華爾街日報》1922年8月1日,價格走勢研究

無論勞動條件和煤炭短缺可能在大眾心中造成多大的不確定性,毫無疑問,股市已經提供並確認了一個非常一致的看漲點。在一個典型的次級拉回之後,工業和鐵路指數現在已經恢復到高於拉回點的價位。這顯示自去年8月以來一直在進行的主要看漲趨勢正在恢復。

在次級拉回中,工業指數下跌近6點,而鐵路指數拉回略超過5點。本專欄中前一篇文章的研究中指出,鐵路指數已經收復了所有的跌勢,並在主要趨勢中創下新高。然而,當時工業指數並未印證這一點,不過當時正在往這個方向發展。在7月8日刊登的社論中曾說到:「如果這二十支工業股站上96.42點或更高,就過去的所有經驗而言那會是一個正面的指標,顯示去年底開始的牛市再次全面展開,並且可望進一步大幅上漲。」

工業指數在7月18日站上96.53點,印證了鐵路指數。確實,後來有一次不到2點的反彈,但是對於這個問題而言並不重要,而且根據任何以前的經驗,這也不會消除牛市的跡象。過去幾天來就兩個指數而言,市場的表現充分證明了牛市的推論是正確的。市場忠於價格的變化,足以使任何了解價格走勢的人相信,所有的空頭因素在典型的次級反彈中已經充分反映,而主要的牛市再次全面展開。

廣泛而言,我們可以說股市已自動反映了它所能預見的一切。正如文字所清楚記錄的,罷工正在達成和解,對產業的損害已經被評估並充分反映在股價上,而且指數已清楚預先看到商業活動抵銷性的復甦。次級拉回在很大程度上是受到意外因素的影響,但是一旦消息被所有人知道,就已經被股市所反映了。指數要做的是展望未來,不是記錄現在的商業活動情況,而是記錄未來一年的商業活動情況。

本專欄並不打算對個股提出任何意見。積極的交易員可能仍然能夠在拉回時偶爾獲利。但就整體市場而言,沒有這種優勢的交易員似乎肯

定會在做空時虧損。

《霸榮周刊》1922年8月21日,權威的股票市場

《華爾街日報》遵循超過二十年的政策,一直致力於對股價指數的日常變動進行研究,當市場只有一句「我早就告訴過你了」時,該報選擇不討論市場。在8月1日,該報指出工業指數已經明確給出了對整個市場的牛市信號,印證先前鐵路指數透露的訊號。

儘管鐵路股價在那之後出現了超過1.5點的下跌波動,但自那時以來的牛市運動一直是一致的,市場在明顯的空頭因素面前表現出的驚人強勢,值得對此做更多的評論。其行動的關鍵在於《霸榮周刊》對道氏股市價格走勢理論的系列文章中清楚地說明,這系列的文章現在已集結成冊,出版版《股市晴雨表》一書,漢彌爾頓先生從過去幾年的例子中指出並一再強調,市場從未受到短暫事件的深刻影響,除非是絕對意外且因此無法預測的事件。

這並不是說持有鐵路股的人,在鐵路罷工事件引起不信任的情況下沒有賣出。這可能是上周一開始的股價下跌波動的原因。更重要的是,有買家準備吸收這些被賣出的股票。《股市晴雨表》的結論依然成立。

排除個股和僅出於特殊原因偶爾交易熱絡的一些個股,股市的波動不是根據眾所周知的原因,如今天的鐵路罷工、煤炭短缺、歐洲的複雜情勢、國會的混亂、甚至是11月的國會選舉,而是根據整個國家的集體智慧和資訊所能看到的未來數月的情況。隨著煤炭罷工的解決,生產將迅速迎頭趕上,而豐收的大作物必然會發揮作用,即使這種表面上的看漲論據不容易受到與主要牛市過程中經常提出的看跌論據同樣的批評。

但是,今天的股市一如既往地在證明其作為交易晴雨表的獨特地位。它的詮釋者很可能會說,就像通常情況下一樣,在6月12日到8月7日之間,工業股下跌了6點多,而鐵路股則下跌了近8點,這些空頭的論點反映在次級回落的走勢中,而使主要的牛市仍然主導著基本條件。有了所有這些觀點的總和,我們可以說市場並不預期這個大走勢結束。

《華爾街日報》1922年9月19日,價格走勢研究

過去的經驗顯示道氏的價格走勢理論中解讀股市指數的方法,而且最近收錄成《股市晴雨表》一書,在本專欄中已經被運用了二十多年,

現在這個方法已經達到了相當高的可靠性和實用性。股市晴雨表不假裝能辦到不可能辦到的事情。這個晴雨表預測、定義和確認主要的波動，例如自1921年8月以來一直持續的牛市。晴雨表並不會假裝預測次級拉回，也不會清楚預測主要的熊市中相對應的反彈。

這是因為次級反應與主要波動不同，次級反應是受到意外事件的影響。我們有紀錄的最重要的次級反應之一是1906年，主要是由於舊金山大地震和火災所造成的。在目前的牛市中，最明顯的次級反應是從5月29日到6月12日，工業指數下跌近6點，鐵路指數下跌了5點多，是由於工業和鐵路勞工情況的意外變得複雜而被強調出來的。需要注意的是，市場的動作遠超前於事件，因為即使在煤礦罷工解決之前，反彈就已經確立了，主要上升趨勢再次啟動。

在9月11日，工業指數102.05點，鐵路指數為93.99點，自那時以來市場有所下跌，並帶有較不穩定的情緒。在近東還出現了一個不確定的因素，可能對市場產生深遠的影響，但也可能不會。目前至少，國際銀行家無法預見土耳其可能會採取什麼行動，蘇俄的可能行動也難以猜測。這兩個因素可能結合在一起，結果可能在再次激起戰爭的火花。市場行為有一個嚴格的特徵，那就是在牛市中，市場應該透過次級反應來保護自己，直到影響其所有走勢的所有情報能夠看到恢復主要走勢的方式，而這個走勢肯定還沒有結束。

沒有必要掩飾近東地區情況的嚴重性，但是有一個重要的令人欣慰的方面可能容易被忽視。讀者不要忘記了，大英帝國是世界上最大的強權。在印度、埃及和美國一般人從未聽說過的大英帝國其他地區確實有一些騷動。但這種不安無疑已經得到緩和與控制，否則英國政府不會在君士坦丁堡的問題上採取如此果斷的行動。

正是這樣的考慮最終將主導市場，但目前的平均價格更傾向於進行一波次級反應。走勢可能不會走得太遠，或是超過6月初的那次。技術條件將決定一切，包括可用於保守投機的大量潛在信貸準備金，因為現在運送農作物所需的資金將返回金融中心。

《霸榮周刊》1922年9月25日，價格走勢

漢彌爾頓對市場走勢進行詳盡分析的下一版《股市晴雨表》，很可能會更全面地討論股市二次走勢的一個面向。這可以被描述為牛市中的拉

回和熊市中的反彈之間的一個基本區別。在道氏對市場走勢的理論中，這兩個走勢都是主要波動的次級波動，但經驗表明，這兩個可能是根據完全不同的原因而發生。熊市中的反彈很少或從來就不是由外部環境所決定的。熊市反彈幾乎總是因為市場超賣，使得空軍力道變得脆弱，因而股價受到最聰明而勇敢的投機投資者的支撐，當價值線明顯低於價格線時，投機性的投資就會增加，而且也是應該的。

但是，在其他方面平行的次級走勢，例如目前交易所中正在進行的牛市回落，幾乎總是需要考慮除了單純的過度膨脹的多頭之外的其他事情。這樣的多頭當然是一個促成的原因，其強度受到意外事件的考驗，這是股市所有人擁有所有資訊來源的情況下也無法預期的事。在漢彌爾頓先生的書中曾提到過，當《股市晴雨表》在這些專欄中逐篇發表時，舊金山地震突然發生時正好是過度擴張的牛市，這導致牛市的次級回落如此嚴重，幾乎相當於一個主要波動。

這種不確定性的元素在目前牛市的先前次級回落中變得明顯，這個次級回落是從5月底開始並在6月中結束。勞動情勢出現了意外的複雜情況，而市場幾乎從來沒有因為罷工而下跌，卻對這些複雜情況產生了不安，這反映在指數中。到了9月11日已經收復了這次的跌勢後還續漲，但這時再次出現不穩定，來自近東的戰爭消息變多，幾乎帶有威脅性。到了9月21日收盤時，這已經導致工業指數下跌了8.68點，鐵路指數下跌了2.63點，形成了一個明確的次級回落，而且可能會進一步發展。

晴雨表的讀數無法顯示次級反彈可能會持續多久，但卻清楚地表明牛市尚未結束。當工業指數在9月11日站上102.05點、鐵路指數站上93.99點時，就顯示了主要走勢的回復。有一件事無論說多少次都有必要，那就是股票市場在根據意外事件進行調整時，這些走勢（例如次級走勢）並不是根據當時的現有情況做出反應，而是根據市場上所有的集體智慧對未來展望的判斷。目前的多頭市場已經運作了超過一年，而過去四分之一個世紀以來最短的牛市則是持續了一年八個月。這場牛市並不是特別費力，最重要的是它不具備目前市場幾乎無限地獲得廉價資金的基礎，即使現在儘管有季節性農作物運輸的要求。

《華爾街日報》1922年10月18日，價格走勢研究

任何先知在預測實現時都可能會感到緊張。人們會假設他知道接

下來會發生什麼事,而這正是先知通常會失敗的時候。因此可以說,根據足夠數量的股票價格走勢的研究,以排除任何操控的可能性並不是預言,而是從合理前提所做出的推論。本專欄已經多次闡述了分析股市晴雨表的原則。今天的股市,在經歷一次典型的次級回落之後,幾乎指出從1921年8月開始的主要上升走勢已回復了。

不熟悉道氏市場走勢理論的人來說,可以說在超過四分之一個世紀的期間內,對日復一日、年復一年的波動所做最接近的分析顯示,明確的主要和次級走勢賦予指數的第三種走勢(也就是每日波動)意義。主要的牛市具有典型的次級反應,例如反彈走勢會減緩或穩定主要熊市的跌勢。目前的牛市在去年6月顯示出兩個指數回落,拉回了5到6點,印證了彼此的走勢。當指數收復回跌的點數時,就是主要的牛市恢復了。

根據慣例,這一次再次受到來自1922年9月11日高點的次級拉回的干擾,其中工業指數下跌了5.75點,鐵路指數下跌了4.39點。就工業指數來說,到了10月14日時,跌幅已經收復而且又上漲更多。在撰寫本文的時候,這二十支鐵路股只比9月11日的前高低了不到0.5點。根據所有先前的經驗,如果指數進一步上漲至94點或更高,鐵路將提供最強烈的看漲點,進而印證了工業指數在10月14日提供的暫時性看漲點。

兩個指數必須相互印證,這是一個不變的經驗。即使工業指數從10月14日的103.43點回落,但如果鐵路指數升至94點,那麼市場的看漲點仍然有效。在漢彌爾頓先生的權威著作《股市晴雨表》中,從未有過比這更一致的市場走勢經驗,那本書顯示《華爾街日報》超過二十年來預測股市整體的走勢一直都是準確得令人驚奇。

這種方法無關實證經驗,更不是江湖騙術。如果股市不能提前預測國家商業活動的走勢,那麼指數就會毫無意義,甚至是變得混亂。目前的預測顯示,股市將持續穩定改善直到1923年。我們可以毫不遲疑地說,道氏理論是解讀晴雨表簡單而專業的方法。

《華爾街日報》1922年11月3日,價格走勢研究

根據這些專欄中記錄的二十檔工業股指數,時間長達超過四分之一個世紀,波士頓一位研究股價走勢的研究者,正確地指出了目前次級下跌的性質。他發現在漢彌爾頓先生的《股市晴雨表》一書中分析的七個牛市中,至少有三個牛市的次級拉回與目前的情況真的非常相似。在這些案

例中，每一個都有一次明確定義的主要牛市中的中等程度的拉回反應，下跌的點數後來都被收復了，然後又發生了更嚴重的次級回落，如圖表上以圖形方式呈現的，但也在主要的牛市結束之前收復跌勢並且上漲更多。在1919年、1916年和1906年的牛市中，都可以看到這些走勢。

一些研究的人要求……道氏的三種市場運動理論具有一定程度的數學甚至是圖形準確性，但道氏理論既不具備這一點，也不需要具備。其中一些人問道，10月31日的指數低於當前次級走勢在9月30日創下的前低，是否表示主要牛市的結束。答案是否定的。9月的價位是在10月14日不完整的頂端形成的，當時工業指數創下了新高，但鐵路指數則沒有創新高，這再次確認了一個已經確立的規則：當兩個指數沒有互相印證時，總是會誤導投資人。

在研究一個不涉及過往經驗或騙術的科學體系時，不應忽視在牛市中的次級拉回。先前已經指出，這些次級反應通常是由於無法預見的發展而開始的。這些發展對過度擴大的牛市帳戶產生明顯的影響。因此，市場開始履行其最有價值的保險服務，那就是退到一個更安全的水平，直到它完全清楚了目前尚無法確定診斷的不利症狀的性質。的確，我們幾乎可以說理解熊市論點就是反映熊市論點。目前的市場已經中斷了向上的主要趨勢，以保護自己免受攻擊，其性質目前尚無法確定。

威脅可能是什麼，任何人都無法確定。最近法國持有的銅礦股票出現了一些令人不安的 售，其原因尚不完全清楚。整個中西部地區的銀行一直在持有股票交易所的證券貸款，為了處理農作物而不從紐約募集資金，一些當地的貸款也已經被迅速收回。然而，抵押品在紐約被清償，股票市場反映了這個情況。不止一個股票操作者已經承擔過高的槓桿，而且一些人將這個事實與一個預計的鋼鐵合併仍然懸而未決的方式之間建立了連結。市場可能還存在其他尚未得到澄清的問題。

然而根據指數的所有經驗，大約是在1921年8月開始的這場牛市仍然是主要且潛在的影響。晴雨表中並沒有證據顯示牛市已經結束，對牛市進展的猜測完全沒有價值。

《霸榮周刊》1923年1月8日，「不被承認的先知」

雖然在大眾對於卓越的看法可能很容易改變，但是說美國人看不出來自己國家的優秀人才，這也並非事實。同樣的，先知在自己的國家無

法受到尊崇，這樣的說法也並不是一個恰當的準則。

　　但是閱讀漢彌爾頓在這些專欄中發表的《股市晴雨表》系列文章（現在這系列文章已集結成冊，繼續引導人們對股市的研究）的讀者會注意到，這個現在被公認為對股市、股市的意義與教學帶來最佳洞見的方法，第一個公開承認其價值的並非美國的大學院校，而是英國。

　　在威廉‧艾克沃斯爵士（Sir William Acworth, K.C.S.I.）的提名以及最傑出的英國經濟學家之一哈特利‧威瑟斯（Hartley Withers）的支持下，《華爾街日報》的這位編輯已獲得提名成為皇家統計學會的院士，並將在接下來的程序中獲選，因為對英國學會提名的假設是，新進的院士將為學會增光。

　　更了不起的是，因為道氏的《股市晴雨表》在方法和概念上中提出的解讀方式，本質上是美國的，而且使用的所有資料也都是美國的。他並沒有提出一個理論並假設事實應該印證這個理論。而是顯示過去二十五年的事實已確認了這個理論，以及道氏的價格走勢理論如何被《華爾街日報》所使用，並在這些專欄中以合理且成功的方式預測股票市場的走勢，進而預測商業的走勢。

　　這些首次在漢密爾頓先生的書中清楚說明的原則，原本看似只是區域性的資料，但是這些傑出的英國經濟學家卻能從中看到相關的原則。就像書中所說的，從一組或多組股票的每日股價中對股市進行的分析，也可以輕鬆套用在倫敦股市而且可從中獲利，因為這個理論對任何大型市場都是健全合理的。

　　的確，哈佛經濟服務正在倫敦增加一個服務處，為了選取二十支英國工業股票，以便繪製在倫敦不可缺少的投機用股市線圖。哈佛服務是否從漢彌爾頓先生那裡得到了這個想法並不重要，但我們可以肯定的是，對於漢彌爾頓本人來說更是如此。無論如何，英格蘭不會在沒有承認的情況下就接受，而且哈佛服務處使用的推測方法應該是像（從1920年6月開始由漢彌爾頓執筆的文章）股市晴雨表一樣，是以1919年所成立的道瓊指數為根據。

《華爾街日報》1923年1月16日，價格走勢研究

　　不需要收回在本專欄中曾強烈表達的意見，根據二十檔工業股和二十檔鐵路股指數，股市目前正處於一個擴大但絕不是前所未有的牛市

次級拉回中。工業指數在1921年8月從63.90點的低點開始的主要上升波動，而鐵路指數則在同年6月初從65.52點的低點開始，截至去年10月為止，工業指數站上103.43點，而鐵路指數在前一年9月站上93.99點。從這時開始出現次級回落的走勢，1922年11月27日工業指數創下低點92.03點，鐵路指數低點則為82.17點。本月初時，工業指數上漲了7點多，鐵路指數上漲了約4點。

以道氏著名的理論研究價格走勢時，特別有趣、富有啟發性且有幫助的是那些被稱為「區間」的小波動。目前這開始呈現極為顯著的特徵。工業股的區間在去年12月的第二周開始，連續三十個交易日，工業指數既沒有跌破97點也沒有超過太多。在同一段的時間，鐵路股也顯示出同樣顯著的限制，範圍比較寬，連續三十七個交易日，鐵路指數既沒有低於83點，也沒有超過87點。

根據道氏理論的推斷，漢彌爾頓先生的著名著作《股市晴雨表》中所揭示的，這裡清楚地顯示出一段出貨或進貨，實際情況會證明是哪一種。交易者指出「良好賣盤」，並聲稱沒有看到對應的進貨行為，股票市場的長期經驗顯示，最佳的買進時機都有著極為出色的偽裝。還有，惡名昭彰的「內線出貨」是一種牛市論點。那些手上有大量股票要出貨的人，通常不會大張旗鼓地宣傳。

雖然對於充滿政治事件的夏季，以及令人擔憂的國會特別會期，可能會有一段時間兩邊的觀點都有人支持，但是這個問題可能很快就會有答案。但如果工業指數回漲，同時或接近鐵路指數上漲至87點，這將是一個明確的牛市表現。如果工業指數為96點、鐵路指數為82點，可能會得出一個不太明確的推斷。這將指向股市走勢會更低，但絕不表示主要的牛市波動已經結束。如這些專欄和漢彌爾頓先生的書中經常指出的，沒有人有辦法操縱整個指數，所以學習股價走勢的人應該可以感到放心。

目前的情況非常有趣，其中也存在一些令人懷抱希望的元素。

《華爾街日報》1923年4月4日，價格走勢研究

周一的成交量不到十萬股的情況下，二十檔交易熱絡的鐵路股指數下跌1.31點，對於出貨區間的理論顯示出未經印證的熊市論點（因此不可信）。目前在市場上需要注意的是，指數沒有相互印證時會誤導投資

人。前一次兩個指數一致的指示發生時，是當工業指數在100點時出現了一個看漲點，並且上漲到105點時，鐵路指數在同一時間也出現了一個幾乎同時的看漲點，漲破90點以印證了看漲點。

從那時以來，一個新的出貨或進貨期間開始了，但完不像之前那樣明確或清晰。工業指數在105.38點和101.51點之間波動，而鐵路指數在3月3日的90.63點和4月2日的85.84點之間的波動，比出貨價範圍更寬3點，並且沒有像早期上漲那樣清楚。如果鐵路指數跟在工業指數後創下新高，則這個漲勢就是顯示主要牛市的恢復，該牛市已經持續了大約一年半。但是情況並非如此，目前從指數可以得出的唯一推斷是，我們正處於主要牛市的另一次次級拉回中。

根據以前的經驗，這似乎不太可能是一次持續或擴大的反應。像所有次級波動一樣，它在一定程度上受到意外事件的影響，部分受到技術條件的影響，其中包括市場上的一些容易抓狂的評論者，顯然他們期望美國在不久的將來會崩潰。本專欄中曾經指出，通膨的談話完全是根據商品價格上升。在貨幣、券商借券、庫存、零售商的進，甚至是過高的勞動需求和個人生產力減少的條件下，都沒有確認通膨這件事。對於股市的討論確實已經轉向，理論家課堂上的學術全知已經產生了「略知一二」的效果。這個國家的資金來源不是。

每一天都會發生新鮮事，但可以相當確定的一點是，小散戶投機者能夠從看報紙上的連環漫畫就能成功在牛市高峰清空股票，這種事是絕對不可能發生的。批評股市的人似乎主要都是那些神經質地害怕別人賺到錢的那種人。技術上來說，市場上流通的股票量很小，只要有任何一點的買進，就會發現市場上的股票根本不足。

指數並未顯示出任何看跌點，指出未來六個月內一般業務將萎縮。事實上，專業人士多少掌握著主導權，目前在幾乎可以忽略不計的風險下，只需花費極少的腦力就能取得顯著的成果。展望更長期的交易者可能會認為，反通膨者的知識不多，但是話卻很多。

《華爾街日報》1923年4月27日，別去煩它了

事實證明，現在擔心股市過度膨脹還為時過早，所有不對此事執著的人都很放心。儘管考慮不周的稅收將流動資本趕出了自然市場，但銀行家卻是熱心的放貸者，而借款人則是態度冷淡。零售商勉強採購，生

產因勞動力短缺而受到限制。同時，股票市場無論是交易平淡還是熱絡都是個可靠的預言，顯示在可預見的未來商業活動將保持穩定。

看看晴雨表的數字，記住市場永遠是正確的，即使我們當下無法理解原因。除了美國財政部和聯準會加在一起，否則任何力量都無法有效地操縱四十支交易熱絡的股票，或使股價產生顯著的改變。在今年的最高點，工業指數的極端為九點。指數在一月中時平均在96點以上，三月中時在106點以下，現在略高於101點。在同一時期，幾乎確切相同的日期，鐵路指數在一月中時在84點以上，在三月中旬時在91點以下，現在則是在86點以上。在工業中，這是從6點到9點的極端範圍，兩個平均數都呈現出一致的走勢或穩定。

經過四分之一個世紀的檢驗，道瓊指數顯示股市領先國家的商業狀況約六個月。從戰爭時期就開始的哈佛經濟服務顯示，重建的線圖中有一條與當時記錄的道瓊服務的證據完全一致的投機線，這些證據多年來一直被用來作為晴雨表的推斷。請記住，這是晴雨表而不是溫度計。那些過早地急於挽救一個完美的市場免於崩潰的人，似乎以為自己是把一塊冰放在溫度計上。但是非液狀氣壓計對冰錐或燒紅的火鉗沒有反應。這種做法就只是讓晴雨表失去平衡而已，就連我們最近被要求學習的經濟學甚至無法做到這一點。

股市已經歷了各種放空和空頭言論的考驗，四個月的指數所顯示的穩定性就是答案。沒有絲毫跡象顯示主要牛市已經結束。不只沒有多頭「過度膨脹」的危險，而且以最嚴格的條件來說，從來就不存在任何這樣的危險。當市場真正超買的時候，就像1919年秋天時，就會有很多人在等待刺破它的機會。在整個國家的整體商業活動發現到有問題之前幾個月，股市早就自動洩氣了。

沒有人需要擔心是否該阻止股市過快發展，儘管聯準會總是經常被要求做這種不可能的事情。在1920年的通縮時，股市以外的全國其他地方都還沒有發現，華爾街就已經清理了市場，正如聯準會在通縮年的比較數據所明確顯示的。

《華爾街日報》1923年6月13日，價格走勢研究

目前沒有任何跡象顯示，股市指數顯示從1921年8月開始發展的主要牛市行情已經結束了。有紀錄以來最緩慢的牛市之一，出現了一個漫

長但絕不是前所未有的次級回落，並且要在這裡指出，速度在這個問題上有很大的作用。主要的牛市和熊市行情的持續時間各不相同，但當進展快速時，持續的期間通常相對較短，正如所有過去的經驗所顯示的。目前的次級拉回雖然持續時間長而緩慢，但在兩個方面都不是前所未有的。1906年曾有一次類似的次級回落，但在那一年的年底被視為長期牛市的頂部，特別是在鐵路指數。

　　一些讀者寫信來說感到不安的可能原因是，目前的次級拉回在某種程度上似乎重複了先前的走勢。在回升到接近前高後，兩個指數在5月21日顯示出跡象，有可能突破1922年11月27日的前低，當時工業指數觸及92.03點，鐵路指數為82.17點。在這種情況下，只有一個指數（這次是二十支交易熱絡的鐵路指數）跌破了11月的低點，而由另一個未確認的看跌點不斷顯示出誤導投資人。在這種情況下，從鐵路跌到低點時，情況更加令人懷疑，因為路易維爾和納許維爾鐵路公司的股利引起了鐵路平均數的跌勢，下跌2.68點。如果不是這件事，這個數字應該要高於11月的低點。

　　這並不是說應該毫不留情地扣除股利或其他會影響價值的大規模配發股利，因為除非指數建立在一個堅實的基礎上足以應對現實的影響，否則指數就變得毫無意義了。顯然，如果路易維爾和納許維爾鐵路公司的配發的股利價值相當高，那麼股價或指數就應該予以扣除。有些人建議採用某種方程式來反映這類大額而且偶爾會誤導人的影響。這個問題非常複雜，至少目前來說，值得學術界的研究。

　　按照目前的指數水準，鐵路股比11月的低點高出近2點，而工業股則高出近4點。為了明確表明主要牛市走勢的恢復，工業指數需要漲破1922年10月14日的高點103.48點，而不是去年3月的高點105.38點（未經鐵路指數的印證）。鐵路股需要漲破93.99點，也就是1922年9月11日的高點，目前價格還需要再漲10多點。這兩個指數完全在市場的範圍內，這個市場似乎在面對幾乎從未或很少在主要牛市行情的頂點遇到的大規模實現的情況下，逐漸累積力量。

　　這裡曾經多次提到，並且在漢彌爾頓關於《股市晴雨表》的作品中也強調過，精確地預測主要走勢的頂部，已經超出了所有晴雨表的能力範圍。當缺乏過度的市場投機時，更增加了預測的難度。如果目前的牛市行情在沒有這樣的發展的情況下結束，那將是指數有史以來第一次發

生這種事。

《華爾街日報》1923 年 6 月 21 日，市場心理

　　外行人是否能徹底理解像貨幣市場這樣技術性的命題、它與一個國家的商業活動的關係、它的國際影響和健全的晴雨表，也就是每天記錄的證券交易所指數，也許永遠不會有這麼一天。但是毫無疑問，民眾變得更加成熟，或至少更加了解情況。股民不再相信，在任何有缺陷的數字中，任何個人或大戶的結合能夠有效地操縱四十支交易熱絡的股票。

　　確實，股票指數的晴雨表如此有效，歸功於這些專欄四分之一個世紀的解釋，使得這不再被視為一種手段，而是被視為目的本身。目前似乎有一場目標是影響晴雨表朝向保守主義的走勢，這根本不是有遠見的政治智慧的產物。天氣不會因為你用又紅又燙的鐵棍攪拌氣壓計，或是用一塊冰塊拍打它而受到影響。但是有人覺得，這時正熱絡的牛市可能會在即將來臨的總統大選年，帶來令人不悅的後果。這種想法就像是，鐵路公司不要慷慨地配發股利給股東，以避免激怒激進主義的勢力。

　　在每個主要的牛市中，都有三個眾所周知的階段。開始是在遠低於其價值的價位。第二階段是對當前價值的調整，會有所謂的次級反應。主要牛市的第三個也是最後一個階段是對可能性的反映，由於人類的本性，這不可避免地傾向於過度反映。因此，可以說關於股市晴雨表和自 2012 年 8 月以來清楚指示的主要牛市，它還沒有開始顯示這第三階段的跡象，而以前從未有過一個主要牛市最終沒有做到這一點。

《霸榮周刊》1923 年 6 月 25 日，牛市的三個階段

　　漢彌爾頓的《股市晴雨表》中的評論是有充分理由的，目前的股市就是一個很好的例子。這位公認的價格走勢權威人士坦言，他並不十分重視「雙重頂」或「雙重底」。

　　根據他在二十五年來對股市走勢的仔細分析的經驗，如果沒有心理因素的支持，並且在某種程度上受到意外事件的影響，例如從鐵路指數中推斷出路易維爾和納什維爾股票股利，單純的數學資料並不能也不應該被視為權威性的資料。我們可以指出的是，指數所闡述的股票市場提供了一種預測方法，這種方法需要更高階的推理，並且揭示了為什麼眾多做出機械性假設的人如此不值得信任，而且總是錯誤的。

不只是過去的四分之一個世紀，而且顯然在任何地方、任何時間存在的任何重大牛市中，其發展都存在三個明確的階段。先前的熊市將股價壓到遠低於其公認的價值，這是有充分理由的，因為證券交易所用某個價格為它們提供了一個市場，而其他東西的市場已經完全消失了。股市必然先感受到普遍賣壓，這是股市晴雨表效應的一部分。

　　牛市的第一階段，是股票回歸其公認價值的階段。牛市的第二階段，通常是最長的階段，隨著整體商業環境的改善，市場對這些價值進行調整，這個階段也是在牛市中最能頻繁見到期間最長、最能使人受騙的次級拉回。牛市的第三階段，大眾的信心不僅反映了股票的現有價值，還反映了對未來可能性的期望。

　　我們已經見證了從1921年8月開始發展的牛市中的第一階段完成，以及至少下一階段的部分，也就是價值的調整，但我們還沒有看到最後的階段，也就是這種判斷已經引發投資人信心，買進未來發展有問題的股票。同樣可以說，每一個階段後來都會反映在整體商業活動中。

　　幾乎在道德上可以肯定的是，目前存在的這種情況從來沒有引發過熊市。股市下跌一定是從某種高處開始的，而從緩坡上滾下來並不會有人會受到嚴重的傷害。

《霸榮周刊》1923年7月2日，為指數說句話

　　《波士頓先鋒報》（*The Boston Herald*）在6月24日的周日版中對《華爾街日報》和《霸榮周刊》多年來使用的道瓊斯平均指數進行了膚淺的批評。該文的明顯攻擊點是二十支交易熱絡的工業股，並指出這些股票的品質比市場上交易更熱絡的一些股票還要高。文章聲稱指數中有十支股票屬於保守型，如果指數納入更多當季的明星股，那麼指數的波動範圍將會更大，並且可能會更充分地確認該評論者的一些空頭觀點。

　　這樣的批評並沒有道理。二十支交易熱絡的工業股指數計算的不只是價格。顯然，幾年下來，指數也會考量股票的品質。當其中一支股票因為有良好的管理團隊而成為一支完全投資性質的股票，並因此自動退出投機市場時，就會有一支交易更熱絡的股票取代。這位批評者所指的劇烈波動是由斯圖茲汽車公司（Stutz Motor）的股票造成的，就指數而言，這些股票是流星，而不是可靠且可衡量的明星。

　　只要這二十支股票的交易熱絡，就滿足了指數的所有要求。這些

反映了真實市場，平均市場，而不是激烈的極端走勢，這正是指數的目的。頻繁的更換，特別是用具有穩定市場作用的股票來取代新股和交易熱絡的股票，將使整個指數失去平衡。

在更嚴肅的事務中，有太多像那位評論者一樣的人，總是不斷地想要修補一部能幹的機器。這麼做就像我們的政客揠苗助長一樣。道瓊指數中股票的穩定性本身就是它們被選中的智慧的證明，也是建構股市晴雨表的可靠保證。

《霸榮周刊》1923年7月30日，一些晴雨表的讀者

《霸榮周刊》於1921年底發表的有關「股市晴雨表」的一系列文章中，有一點被不斷地強調，那就是道瓊的價格走勢理論並不是一種擊敗股市的系統，也絕不是對個股投機的指南。不勞而獲的慾望是如此普遍，因此在最近股市下跌的期間，《霸榮周刊》和《華爾街日報》（道氏理論的第一個推廣者）收到了來自投機者的信件的轟炸。在這裡，根據最微弱的證據，他們可能會被慷慨地稱為投資者，但事實上，當市場一轉向，向上展現強勁的一面，就沒有人再大肆批評這個理論，甚至辱罵的信件就馬上就停止了。這個現象中有一個重要的推論，那就是絕大多數投機者都是或者想站在多頭的一方。

漢彌爾頓指出，預測市場下跌是一項吃力不討好的任務。可以肯定的是，那些心智發展不平等的人無法識別因果關係，一定會在下跌時指責事先預告的人。人類心中永恆的希望，本質上絕對不是悲觀的情緒。《霸榮周刊》和《華爾街日報》都沒有針對市場上的個股提供任何提示，也沒有做過其他事來指出當前的整體趨勢以及未來的可能性和危險。

一個人為了投機性買進但卻選錯了股票，或者更少見的是，選對了股票卻在錯的時機買進，肯定總是因不周全的判斷而指責其他人。他根本不把股票市場當作國家經濟的晴雨表。他認為靠先閱讀這個晴雨表，之後再了解經濟，或者根本不用晴雨表就能賺到錢。恐怕還是無法說服他，應該把研究過程的順序顛倒一下。這一點最近已經在威斯利山（Wellesley Hills）得到證明，想要做這兩件事會導致解不開的混亂。

《華爾街日報》1923年8月29日，指數中的一個新因素

《華爾街日報》收到大量讀者來信，要求對股市平均數的分析以及

在過去二十五年，未能在歷史中解釋的股市晴月表上的明顯偏差進行解釋。如果不是因為這類討論的讀者經常會忘記，指數的分析是當成商業活動的晴雨表，而不是當成股票投機者的指南，否則本專欄會更常刊登有關價格變動的研究。

這是因為一些本來應該更了解情況的人將這樣的討論，視為和自稱為分析師但只是提供股票小道消息的人同一個等級。正因為如此，人們認為暫時停止這樣的討論可能會有好處。《華爾街日報》並不從事這樣的工作。但是過去幾個月來，晴雨表的變化受到了一種在主要牛市中未曾有過的影響，這種影響無疑是所得稅提高的效應。

券商很清楚地看到，代表兩個指數的四十支股票中的三十支提供股利的普通股，在股價出現任何相對強勁的走勢時，都會被大股東穩定出售。這種被正確稱為新因素，儘管自1921年秋季牛市開始以來一直在醞釀。整個股市晴雨表理論是建立在一個假設的基礎上，那就是對股票的壓力只能預測一般商業活動走向。但是在這裡是指數歷史上首次出現一種與即將發生的事件無關的賣股壓力。

就好像將一塊熱煤或一塊冰塊放在溫度計的球體上一樣。如果期望國會對稅收的態度恢復理智就太誇張了，那麼這種狀況將仍然自我調節，但只能在目前難以估算的一段時間內實現。當二十支交易熱絡的鐵路普通股和二十支工業股全都被廣泛持有，就像賓夕法尼亞鐵路公司的股票一樣，平均每位股東持有約五十股時，這個階段就會到來。

一個富人無法負擔報酬率為6%的普通股。不只是申報的報酬有一半以上可能被稅務員扣除，而且這樣的持股會增加他必須為所有其他收入而繳納的稅金。因此，過去幾個月來他一直在穩定地賣股票，這是一次猛烈的「內部」拋售。在某種程度上，這是在獲得良好資訊的情況下賣股票，但顯然這不一定能預測一般商業的走勢。國會開徵不應徵收的稅，不僅是在阻礙國家的商業活動，也是在擾亂商業晴雨表。

因此，我們的讀者是否能夠理解，這就是目前的指數缺乏啟示或甚至具有誤導性的原因呢？漢彌爾頓的《股市晴雨表》一書是在上一個熊市的谷底所撰寫的，並於1921年的最後幾個月連載在《霸榮周刊》上。他的文章正確地預測了後來的牛市。晴雨表無法預測不當稅收造成的破壞性影響，因為在書寫時，這樣的稅收被視為只是暫時性的，並且可能在適當的時候與其他在大戰後仍未解除的緊急措施一起被廢除。

《霸榮周刊》1923 年 10 月 15 日，指數的區間

假設為了轉換成免稅債券而出售支付股利的鐵路和工業股票的壓力，很可能已經損害了道瓊指數的晴雨表價值。但仍然有趣的是，可以注意到在過去一段時間已經形成了一條買盤或賣盤的區間，尤其是鐵路指數，這可能對市場未來的走勢產生相當大的影響，將取決於最終的實際情況如何。

自 8 月 4 日以來的六十個交易日，二十支交易熱絡的鐵路股指數一直沒跌破 77 點，也沒漲破 81 點。區間的壓力甚至可以追溯到更早，最早是7 月初。儘管二十支工業股票的行動在某種程度上是印證，但並不那麼明確而且時間也不長。然而自 9 月 13 日指數從 92 點之上跌破 90 點以來，就形成了一條約 4 個點的區間，雖然一度漲破 90 點，但後來看漲點又被撤回（如果原本有的話），而且在任何時候都沒有跌破 87 點。當鐵路股指數為 81 點，工業股站上 91 點就是印證鐵路股，那麼股市將會看漲。

根據兩個指數的判斷，這似乎夠確定和夠重要，可以證明股價已經達到一個程度，使得相當多的小散戶願意開始買進。至少對於股票而言，這種需求代表市場上有股票供給，可以假設大戶已經不考慮可能的商業發展，連最好的股票也要賣出以避免被徵稅。如果這些普通股全都像賓夕法尼亞、美國鋼鐵，甚至大北方公司的股票一樣被持有，則免稅債券對指數的影響將不再是像目前那樣嚴重的因素。

政客一方面譴責免稅債券，另一方面卻不誠實地鼓勵免稅債的發行，無法抵擋揮霍的誘惑。他們無法使這個做法與他們維持高額所得稅的政策保持一致，值得記住的是，新當選的國會在這方面比舊國會更加激進。梅隆部長正確地表示，降低所得附加稅將能大幅增加收入。對商業和繁榮的刺激將會非常巨大，其影響之一幾乎不可避免地將是股市發展為積極的牛市。

《霸榮周刊》1923 年 11 月 5 日，指數區間

我們在 10 月 15 日的專欄討論了股市指數中的重要區間。在這樣的討論中，或多或少可能忽略了將投資從支付股利的股票轉移到免稅債券的不斷轉移的影響。

無論出售的原因是什麼，無論是因為有缺陷的稅收制度還是對商業前景的擔憂，事實仍然是，市場已經達到飽和點，如果跌破區間就表示

市場趨勢看跌,但這還需要遵循鐵路指數應該印證工業指數這個安全的老原則。上次討論技術狀況時,二十支交易熱絡的鐵路股指數在六十個交易日內一直未跌破77點或漲破81點,事實上,這個區間的壓力線可以追溯到7月初。工業指數的區間則沒有這麼長,但自9月13日以來,指數在約4點的範圍內波動,並且沒有跌破87點。

當時本專欄認為,如果鐵路股價上漲至81點,而且工業指數漲至91點印證走勢,那麼市場就會看漲,而如果工業指數跌破86點,而鐵路指數也跌破77點印證走勢,那麼市場就會看跌,而自8月4日以來,鐵路指數尚未跌破上述價位。最近幾次,鐵路股已經接近這個價位,而工業股實際上曾經稍稍跌破86點,但在宣布額外的鋼鐵普通股股利後,反彈時就撤消了看跌點。

在此反彈發展出足夠的動能突破上述的限制,也就是鐵路股價站上81點,工業股價站上91點之前,這個反彈在解決是否為買盤還是賣壓的問題上,尚不具有任何重要的技術意義。指數的研究者將在接下來的幾天密切關注走勢。如果這種新的樂觀情緒的結果是一個重要的建設性買盤,市場可以合理地期望它將擺脫目前的區間,走向更高的價位;但如果導致價格大幅上漲的買盤,只是代表膽小的放空者為了套利而進行的追價,而沒有刺激到長期大戶的重要買盤,那麼市場很可能偏向看跌。

《華爾街日報》1924年2月4日

直到股市指數在1928年3月達到高點前,非常多人開始推薦個股,導致本專欄後來有點無奈地停止使用股市晴雨表,不過對於那些必須考慮一般商業趨勢的人來說,晴雨表價值仍然完好無損,只是受到免稅債券和所得稅的影響。本專欄並不希望與巴布森先生以及其他不怎樣的小先知競爭。我們之所以放棄在《華爾街日報》上進行價格走勢討論,是因為這被當做是推薦個股。

根據被稱為道氏理論的指數解讀方法,股市正在經歷一次主要的牛市,這是有紀錄以來最短的熊市,只持續了八個月。就目前走勢的低點而言,可能是從11月1日開始的;但在工業和鐵路指數都創下了有紀錄以來最一致的買盤區間之後,去年12月底指數提供了看漲點。鐵路股指數稍微落後,可能是顯示對國會的決定感到合理的擔憂。

《霸榮周刊》1924 年 3 月 10 日，修正晴雨表

有人針對解讀股市晴雨表的公認方法提出了一個明顯重要的修正建議，這值得我們深入討論。這樣的建議是根據本世紀初大派走勢後交易平淡狀態所提出的。從 1909 年到 1914 年，有些合理的原因指出，股市指數的較大波動不足以顯示主要熊市或主要牛市。

《股市晴雨表》中選擇的時期，是到 1921 年底的二十五年，正好是一個大熊市結束的時期，書中也清晰且正確地展示出來。必須承認，在這裡舉例的這五年中，市場的動向並不重要。但應該記住的是，主要波動的長度和幅度對於股市晴雨表的預測價值增加了很多。沒有確切的規則來指示究竟要漲跌多少點，才會構成一個主要的波動，就像沒有一個規則可以明確定義，該走勢預測的商業擴張或衰退的程度一樣。

將這種細微的差異引入對指數的解讀中有什麼好處呢？這種說法把好和壞都說了，對很多人來說很好用。我們從一間券商的市場通訊中，摘錄以下一段內容：「可以排除所有股票在今年春季進一步上漲的可能性，不過跡象顯示目前商業活動良好的情況將繼續一段時間。」這種有說等於沒說的方式真的很令人佩服。的確，在一些緯度上，船的氣壓計可能會有很長一段時間幾乎沒有變化。但是就美國的商業活動來說，如果晴雨表經常顯示「良好」可能沒有什麼太大用處，更不用說總是顯示「良好到中等」的晴雨表了。

書中所引用的交易不熱絡的例子是唯一交易平淡的紀錄，事實上，晴雨表被證明是正確的，因為指數中狹窄且緩慢的波動顯示商業活動波動性不大而緩慢的變化。只有經過多年的進一步經驗，我們才似乎需要在晴雨表的結構中做這樣的修改。

《霸榮周刊》1924 年 4 月 7 日，指數中的「區間」

學習股市指數的人很可能已經注意到，當二十支工業股和二十支鐵路股技術上形成所謂的「區間」，也就是在一個可測量的時間內波動在 3 點或最多 4 點的範圍內時，其中一個指數有時會在兩個指數都顯示出變好或變壞的情況下，給出相反的看跌或看漲指示。

一個可能大致代表有人進貨或出貨。向上突破區間，代表市場中的股票已經被買光了，如果一個指數印證另一個指數，這就是可靠的看漲訊號。而向下突破區則是代表了可能被稱為飽和點的地方，就像空氣中

的水氣飽和就會下雨一樣，股市接下來會發生的情況就是下跌。

從2月中到3月中，超過一個月的時間內，工業股未跌破95點也未漲破99點，而在這段期間，鐵路股則介於83點到79點之間。但是兩個指數分道揚鑣。工業股在95點附近提出了看跌點，此後價位大約在92點左右。事實上，兩個指數已經從101點以上拉回了大約三分之二的漲幅，現正走向11月的低點85點。

這是一個真正的次級回落，完全符合從去年11月開始的主要牛市的特點，儘管鐵路股的波動並不大。這個區間相當顯著，自1月15日以來，指數沒有漲破83點，也沒有跌破79點。這是一種有趣的情況，其中一個指數的走勢可能比通常的意義更大一點。例如，若工業股的次級拉回已經停止，則當鐵路股站上83點或更高的價位，則可能對兩個指數來說都是看漲的，而且可能預示整個市場主要牛市的明確恢復。

我們可以說，空軍的火力一直集中在工業股，而鐵路股一直在原地踏步，並未受到嚴重的打擊，只在不到3點的範圍內波動。因此，鐵路股可能有一些買盤，而股價肯定低於其價值，而工業股似乎已經被賣到了停滯的狀態。鐵路指數將特別受到密切關注，價位若站上83點將是看漲點，而跌破80點則代表次級回落走勢尚未結束。

《華爾街日報》1924年4月29日，股市晴雨表

一位讀者來信詢問：「根據你們對股市指數的解讀，我們現在是處於牛市還是熊市？」

多年來，這些專欄習慣討論股市可以預測一般商業走勢的晴雨表價值。在漢彌爾頓先生有關該主題的教材《股市晴雨表》發表後，大眾普遍傾向認為這些討論是為了投機目的，彷彿是一種對保證金交易的指南。

那本書和在本專欄發表的文章都沒有這種意圖。有很多人會像這樣推薦股票，有些是假的專家，有些人則顯然是收錢提供服務，而《華爾街日報》並不做這樣的事。然而，股市指數的表現非常有趣，但是在當下的預測價值並不大。

其中一個最顯著且引人注目的特點是，自8月的第一周以來，這二十支交易熱絡的鐵路股從未突破77點到84點的區間。這是任何一個指數曾經形成的最顯著的區間，因為在將近九個月內的極端波動都不到7點。在區間形成過程中，預測是進貨還是出貨都是很危險的事。這兩件

事可能是同時進行的；但有一些證據顯示大戶正在將股票廣泛出貨給相對較小的散戶。市場上現有的股票似乎不多。

　　根據道氏對價格走勢的理論，從1923年初可以推斷出一個熊市，然後在11月1日左右轉為主要牛市，特別是在工業指數的表現更為明顯。從10月底的低點85點到101點的高點之間漲了16點，然後價格跌破90點時可能是次級拉回，然後則是一次反彈，至少到目前為止鐵路指數還沒有相反的走勢。有人說市場受到能預見的所有資訊的影響。顯然，市場還受到無法預見的因素所影響，例如難以預料的國會決定。

　　儘管有關各個方向的商業活動減少的報告，但這種狀況並沒有與相對較緩慢的牛市的看法互相矛盾，顯示出比前幾年波動更窄的情況。相對於指數中個股報酬率和可用於配發股利的盈餘的任何價值區間來說，這兩個指數都不算高。指數似乎對一般商業情況的看法是，如果能夠釐清有關稅收的問題，整體商業活動可能會有所改善。

《華爾街日報》1924年5月24日，從指數的角度來看

　　從股市指數的角度來看，商業前景並不確定，這是嚴格地將指數視為商業的晴雨表，而不是對保證金交易的指南。在國會開會的時候，曾經承諾會早期且明智地訂立稅收法規；商業活動普遍將會改善，而股市也分享了這一希望。一個普遍且健全的大原則是，晴雨表只能預測它所能預見的事情，不會預測更遠的事，因為股票交易代表的是所有人對未來所知的資訊。在國會目前六個月沒有用的會議期間，沒有人能夠預測國會將做出什麼樣的決定以影響整體商業活動。

　　但至少指數沒有顯示商業狀況將會崩潰。自11月初以來的反彈，工業股從略低於86點漲破101點，隨後自2月中以來，超過三個月的時間一直都是穩定而且令人沮喪的回落走勢，幾乎回吐先前所有的點數，只剩下2點。如果鐵路指數有相對應的次級反應，那整體就會是看跌。但是鐵路指數完全沒有發生這種次級跌勢，反而是創下了紀錄以來最令人意外的區間。自8月4日以來，極端的震盪區間不到7點的範圍。

　　自12月中以來，六個月內二十支交易熱絡的鐵路股指數未曾突破78點到84點，震盪區間不到6點。而過去近三個月來的波動範圍不到5點。自4月初以來，這條區間在大約3點的範圍內進一步縮小，目前的價位比自4月初以來的任何時候，更接近這段長時間的進貨或出貨區間的高

點而非低點。

在指數不相互印證的走勢中，似乎可以明確推斷，對於商業前景的不確定性仍持續。而鐵路股中反映出的基本信心，買盤必然主要來自那些最穩定的投資人，也就是散戶。這個區間明顯低於從股利收益加上未分配盈餘計算的任何價值區間。在總統大選年，商業前景通常都是不確定的，而且在這些年份不會出現明顯的市場波動。國會使前景比以往任何時候都更加不確定，而商業晴雨表確實顯示了這一點。

確實，指數沒有提供明確的看漲或看跌的指示。指數似乎沒有顯示出一個可以稱之為安全價位的地方，而大幅減少的券商借券充分顯示了就投機立場而言，市場並不脆弱。市場看跌所採取的行動顯然沒有什麼結果。

《霸榮周刊》1924年6月9日，指數的堅實基礎

儘管股市指數目前對主要走勢提供的資訊有限，但鐵路股所形成的非凡區間值得注意。自1月中以來，鐵路指數未曾突破79點到84點的區間。這是一個不到5點的範圍，自5月1日以來，這個區間已縮小到不到3點。事實上，自11月初以來，這個區間就一直不到6點。

人們對這個區間是否表示有人在進貨或出貨，或者兩者兼而有之，意見可能有所不同，但顯然從券商借券的小規模來看，市場上流通的股票不可能很大。指數若站上84點，將會是明顯看漲的點，因為這顯示了股票已經進入有能力持有的人手中，這麼一來股價勢必會有顯著的漲勢，然後市場上才會再有股票被出售。

從對指數廣泛的解讀方式來看，整體而言可能沒有比這更好的牛市基礎了，至少工業股走勢並沒有與鐵路互相矛盾。工業指數比次級走勢的新低點高出逾4點，使股價從2月初的101點一直到5月跌破89點。

由於國會的不確定性對國家整體商業狀況造成的干擾，我們至少可以說，對股市晴雨表公正的解讀指出前景晴朗，並且呈現改善的趨勢。晴雨表能預測所有它所能預測的事，但我們無法預期國會接下來會做什麼事。確實，針對國會絕對不會錯的，就是它一定會宣布休會。宣布休會後，股市確實就開始走強，看起來這是指數有史以來最穩固的基礎之一。

《華爾街日報》1924年6月18日，指數的指示

　　距離二十支鐵路股指數站上84點的價位已經一年了。事實上，1923年6月初從81點下方開始反彈到84點的價位，但是沒有保持住。自去年8月4日以來，鐵路指數一直介於75點和84點之間。自1月中以來，它一直沒跌破78點也沒漲破84點，直到6月11日的漲勢。事實上，過去六個月內一直保持在狹窄的4點的區間內，而指數現在已經突破壓力並開始上漲。

　　本專欄討論股市晴雨表，不是為了推薦股票，而是針對國家的商業活動進行預測，我們總是在強調一件事，那就是兩個指數必須相互印證。工業股票中沒有類似的區間，儘管自4月初以來已經形成了類似的形態，範圍略超過5點，而工業股現在接近區間的壓力線。這個晴雨表的重要之處在於鐵路指數所做的事，或者更確切地說，是沒有做的事，也就是工業股的走勢並沒有與鐵路股矛盾。

　　稍微思考一下會發現，進貨或是出貨幾乎是相同的意思，並沒有矛盾之處。隨著目前股民對市場的投資興趣，表面上看起來像是有人在進貨，其實是將股票廣泛分散到小散戶的安全手中。以前的買盤是一個或一群大戶。

　　但透過在公開市場買進股票來掌握鐵路公司的時代已經過去了。投資人是根據鐵路股的投資價值（不論是否支付股利）而買進的，值得注意的是，根據實際股利和可供配發的盈餘計算的任何價值區間，目前看來都會高於鐵路指數。

　　這是一個好跡象，因為這顯示過去六個月，國會的想法多變，但是並沒有擾亂長期投資者的信心，這顯示對國家一般商業活動的基本信心。甚至可能是最終成為法律的稅法刺激了小散戶，因為他們最大的收入每年不超過1萬美元，甚至可能更少。這並不是說梅隆計劃對小散戶來說不是更好的選擇，因為這本來會使散戶的生活成本降低一千美元，而所得稅只會減少十分之一。

　　無論原因是什麼，鐵路指數的看漲點是一個異常令人欣慰的跡象。在站上看漲點後市場的走勢似乎顯示，為了提供與不斷成長的投資需求的股票量，股價必須站上一個更高的價位。

THE DOW THEORY

技術分析世紀經典——道氏理論

《華爾街日報》1924年7月15日，便宜的資金與晴雨表

根據克里夫蘭信託公司（Cleveland Trust CO.,）引述，其副總裁雷納德‧艾爾斯（Leonard Ayres）決定放棄股市晴雨表。他表示：「現在看來似乎股價以及債券價格，都是由當前利率所決定的，而不是反映對未來商業的前景，長期以來這一直被視為股市走勢的決定性因素。」

這是一個合理的歸納，唯一的缺點就是，事實並非如此。如果利率上升未達到緊縮的程度，當其他因素有利時，股票就會上漲。如果資金像在1893年恐慌和1896年復甦之間的那幾年一樣便宜，股票就不會上漲。在過去的二十五年，曾經有過利率較高和利率較低的牛市。1894年，英格蘭銀行利率降低到不能再低的2%，並保持在那個數字附近將近兩年。外國人很容易在這裡獲得資金，但仍沒有因此刺激牛市，雖然倫敦在1895年的時候曾經掀起一場川斯瓦爾金礦股的繁榮。

艾爾斯上校的提議就像放在生鐵爐上記錄新的晴雨表，這個提議並不會使他的狹隘推斷更為正確。股市晴雨表會考慮利率、煉鐵爐的運作、農作物預估產量、穀物價格、銀行清算、商業庫存、政治前景、國際貿易、銀行儲蓄、工資、鐵路貨運量及各式各樣的其他東西。交易熱絡股票的指數，會公正地反映市場中的所有事物，其中任何一個因素都無法掌控整個市場的走勢。

股市晴雨表之所以能夠做到這一點，是因為股市反映的是所有人對所有事務的了解。當一個大型製造商看壞經濟發展的前景時，他就會出售手中的股票，以保證自己的資金充裕，而他只是千萬個賣出者當中的一個而已。在他和其他人看出經濟不景氣的徵兆之前，股市已經處於跌勢很長一段時間了。只有在價格有吸引力以及眾多其他因素有利的情況下，便宜的資金才是股市的一個有力支撐因素。

在股市中，所有人都知道的事情就不是新聞，也不能再影響商業活動了。每個人都知道資金很便宜。股票市場反映了各種事實，而其中每一個事實只有少數人能夠了解……如果那關乎自己的生意。值得稱讚的是，這位新的先知就算只是像生鐵爐一樣，他也能看到銀行牆外的東西。

如果他能在放棄股市晴雨表之前真正投入一些時間研究，對他自己和他工作的機構都會有好處。

《霸榮周刊》1924年8月11日，指數研究

　　所有學習股市指數的人都會同意，一場主要的牛市正在經歷一個相對單邊且持續較長時間的次級反彈後再次啟動。在從1923年3月中到次年11月初的這段時間，出現了一場具有所有常見特徵的主要熊市，特色是期間很短。技術上來說，鐵路股其實並沒有在那個日期確認低點。可以指出的是，根據廣泛接受的晴雨表理論，當兩個指數同一天或甚至同一個星期內同時創下低點或高點，只不過是巧合而已。

　　目前牛市的早期階段具有足夠的特徵，即使工業股的恢復速度比鐵路股更快。將股市視為對未來事件所有可能知識的總和，它只能預測能預見的事情。所有人的聰明才智加起來也不可能預測上一屆國會之後會做什麼事，或是國會的拖延和阻礙對全國的商業會造成什麼影響。

　　儘管工業股自1924年2月的高點101點，到5月的低點89點的次級拉回歷時很長，隨後的反彈將平均價格推升至前高，但這仍然是一個典型的行動，即使它持續了近六個月，也無法將其分為兩個主要動作。不尋常的是，儘管鐵路股沒有在整體趨勢中上漲，但卻形成了一條顯著的線，波動幅度不到5點，而工業指數下跌了13點。

　　這進一步降低了工業股的次級拉回的重要性，並使主要牛市走勢的恢復（從5月開始到6月中確定）更加令人信服。值得回憶的是，這裡的每一次觀察都正確指出了市場的真實趨勢，而不是像「我早就告訴你了」這樣空洞的暗示。

　　主要牛市行情還會持續多久，任何人也說不準。不值得在這裡進行科學討論。本專欄無意提供市場建議，也不打算將指數視為除了一般商業之外的其他任何東西。這個晴雨表無疑正在預測年底前會有更好的時光，並且可能對總統大選的結果產生影響。

《華爾街日報》1924年8月28日，工業與指數

　　一位聰明的巴爾的摩讀者對業餘對股市平均價的解讀持懷疑態度，他指出一些綜合性報紙的金融版上流傳的一種虛假推理。這些推理認為，由於二十支交易熱絡的工業股指數在8月20日站上105.57點——這是自1919年過度膨脹的牛市以來的最高點，經歷了兩次主要的熊市和一次完整的主要牛市——必然已經達到頂峰，因此應該賣出。

　　《股市晴雨表》中引用1919年的牛市是證明這項規則的例外情況，

非常令人信服。市場上所有的投機都集中在工業股上。鐵路股票在那個時候是由政府所擁有、控制和擔保。當時沒有人認為鐵路股會重新回到私人投資人的手中。持有鐵路股的人是為了固定的收入，因為這是政府擔保的收入。事實上，鐵路股與債券市場一樣下跌，而當時工業股票正在飆升，因為在通膨和生活成本上升時，固定收益證券的價格就會下跌。

因此，1919年時工業股經歷了一場過度膨脹的牛市，將工業指數推高至118.92點。隨後是一場急遽的下跌，持續了將近兩年的主要熊市。1919年時，投機交易集中在工業股，股價遠高於價值區間，而這種情況不太可能再發生一次。因此，股價一蹶不振是農民從未經歷過的，這是對那些不留心的農民和他的朋友們發出的一個未來展望的警告。

但是現在的工業股不能說過度膨脹，或者在考慮用於股利收益和實際收益的情況下，現在的價格甚至高於價值區間。更確切地說，可以說指數在1923年10月站上85.76點，或是去年5月的88.83美元，已經反映了任何可能的膨脹，為當前的牛市奠定了穩健的基礎。今天代表工業股指數的不是過度膨脹的個股，而是其正面的價值和生產力呈現實實價值。在過去幾天的次級回落之後，股市晴雨表無法預測目前的牛市可能會持續多久。然而，根據這次和上次牛市純粹想像出來的雙重頂而放空工業股，這種想法唯一基礎就是個謬論。

《華爾街日報》1924年9月11日，價格走勢研究

學習股市指數的人按照被稱為道氏理論的方法解讀其指示，肯定對於理論如此符合實際情況而深感佩服。儘管查爾斯‧道於1902年底去世，但他絕對找不到比這個更清晰的例子來證明他的觀點：這是主要牛市中的次級回檔。從今年5月20日到8月20日，幾乎正好三個月的時間，工業指數從88.83點上漲到105.57點，也就是超過17點。在同一段時間，到8月18日止，也就是兩天之內，二十支交易熱絡的鐵路公司股價從5月20日的81.87點上漲到92.65點，超過11點。

自那時以來，二十支工業股已回檔到100.76點，不到5點，而鐵路指數則回檔到88.78點，略為下跌不到4點，大致約占每個指數的80%。甚至在得知緬因州選舉結果的前一天，這兩個指數都出現了反彈。技術上來說，鐵路股價超過92.65點，以及工業股相對應的反彈，都

會是強烈的看漲指標，兩者同時或是在幾天內重新確立鐵路股和工業股在8月18日和20日的高點，將顯示主要牛市絕對是回來了。

我們從二十多年來對這個問題的探討中可以知道，那些從牛市主要走勢的特徵中總結出的規律，並不會影響股票市場中的次級走勢，這是表面上的情況。牛市的拉回和熊市只是方向相似，但其實性質上並不相同。正如學習者所知道的，指數無疑是對商業最公正的晴雨表。目前的主要牛市預示著商業和工業活動即將復甦。次級反應的原因主要是技術性的。

將上周的次級反應歸因於緬因州選舉的不確定性，對市場來說是很方便的說法。即使柯立芝的賠率高達四比一，但是因為對這件事感到焦慮可能只會產生一點點拋售潮。當市場下跌時，華爾街總是尋找原因，而且找一個疲弱的原因比沒有原因要好得多。在任何主要的漲勢中，多頭的觀點不再新鮮，專業人士就會一直在測試多頭的弱點。

可以安全地推斷的是，主要的牛市行情尚未結束。過去三個月的漲勢仍然有效，除非在未能恢復八月第三周兩個指數的高位之後發生嚴重的反彈，否則這些指標不會受到質疑。

《華爾街日報》1924年11月12日，合法的牛市

對於一位在初期牛市預測錯誤而且所有悲觀的猜測都被證明錯誤的人來說，再也找不到比他更保守的人了。紐約一份日報的一般新聞版面上，刊登了以下這則非常不恰當的評論：「所有人都在猜測目前市場的劇烈波動將持續多久。在許多保守的銀行業領域，人們相信市場的走勢太快了，雖然大多數股票的潛在價值與股價相符，但是市場仍有失控的危險。」

如果股市繼續沸騰下去，有人認為銀行和大戶將拿出一定數量的股票出來賣，這就相當於遏制投機熱情的剎車。另一種可能性是透過貨幣市場實施某種形式的人為剎車。」

從鐵路與工業指數分別在11月8日和11月10日創下的新高，可以預見到道瓊指數真正進入了牛市。這位評論者與1900年麥金利連任時的專業人士態度完全一致。當時民眾的視野更清晰。外部人買進了內部人願意出售的所有股票。一場牛市就這麼展開了，一直到1902年秋季才達到高峰，不過，北太平洋軋空的恐慌造成的牛市中斷是一個純粹的意

外，並非過度交易的結果。

以前牛市展開的條件從來沒有這麼令人滿意。每年的這個時候資金通常很緊縮，隔夜拆款利率為2 1/2%。製造商庫存量少，零售商貨架上未售出的商品數量相對較少。華爾街的券商為客戶提供的貸款並不安全。貸款可以更有效地增加到40億美元，而且不會對任何人造成危險。

然而，為了讓這位缺乏經驗的業餘人士能夠彌補自己的錯誤猜測，聯準會，甚至是國會，都要介入到初期牛市中，禁止全國各地的人將自己的錢用於以公平的證券投機。由於有幾天的成交量超過了兩百萬股，這其實比之前還要少，而且從事交易的設施更加完善，因此股市的波動就被描述為「劇烈」，任何在其中聰明地賺到一些錢的人就會被銀行譴責。

我的天啊，我們可以開始真正尊重美國文化，讓我們解決自己的問題嗎？從股票歷史上來看，紐約股市比任何其他人都還要早察覺到危險，並且安全地賣出股票。

《霸榮周刊》1924年11月17日，價格走勢研究

在道瓊指數悠久而有用的紀錄中，從來沒有過比鐵路股票在11月8日收盤交易中所取得的更加明顯的牛市高點，價格升至94.10點新高，兩天後工業股票則達到105.91點的新高。可以說，自去年5月以來，主要的牛市行情一直較為緩慢，最近因為10月中的次級回檔而中斷，但是現在已完全恢復。值得信賴的經驗顯示，市場總是遙遙領先國家的經濟發展。過去的指數曾經在商業活動證實晴雨表的靈敏度之前，提醒人們注意到大約十個月內的總體活動中的謹慎和即將來臨的衰退。現在人們可能會說國會解散後，明年春天將會出現什麼情況，整體而言，國會對國家的商業活動弊大於利。

目前股市的漲勢有一個特點，那就是股市專業人士沒有事先預見牛市的到來，並且低估了其力量。對於每日買賣的相對力量，沒有什麼比證交所場內的交易員更好的判斷了。他們對於主要行情的判斷和其他人一樣很外行。原因很簡單，那就是他們見樹不見林。他們無法採取必要的超然視角來解釋晴雨表的指示。

當共和黨在選舉中獲勝時，整體而言，專業人士賣出股票獲利了結，認為所有人都知道利多消息。但是這個理論是站不住腳的，因為除非全美國各地都感受到股市利多所產生的影響，否則不會所有人都知

道。有趣的是，也許有點令人尷尬的是，專業人士在1900年麥金利連任時犯了完全相同的錯誤。

就市場的機械式走勢而言，從指數的走勢中可以清楚地看出來，市場上的股票量並不多，股票價格必須先大幅上漲至更高水準，然後才會有人賣股票。

《華爾街日報》1924年11月24日，價格走勢研究

儘管出現了一大批短視近利的專業和半專業人士出售股票，理由是「利多出盡」，但幾乎是立即在選舉後，市場出現了強勁的上升趨勢。當時本專欄曾經指出，二十支鐵路股指數在11月8日創下的新高點為94.10美元，兩天後，二十支工業股指數也以105.91點的新高點加以印證，這顯示主要牛市行情恢復了。隨後的市場動向只是進一步證實了當時所做的自信推斷。

我們要說明，股票目前的主要上升行情是從5月中開始的。就鐵路股而言，目前為止是最明顯的，不過，兩個指數的趨勢是相同的。每一個指數從8月的最高點開始發生次級回檔的走勢，隨後是一次不怎麼有力的反彈，以及10月中的技術性看跌的低點。由於主要的牛市行情至少會持續一年以上，並且延續到兩年以上，所以這次的次級回檔影響很小。

研究指數的人希望從道氏理論中得到啟發，就像漢彌爾頓的《股市晴雨表》中所討論的，但是我們必須提出一點警告，那就是人類無法有效地達到這種準確性。本文討論此主題是針對衡量未來的一般商業發展的價值。無論是單一指數還是兩個指數共同顯示的指示，對衡量市場的整體趨勢都令人意外地穩健，但是用於單一股票上則是會誤導投資人。因此，打算根據這些市場指示來進行投機的人，都必須自行承擔風險。

假設有足夠的資本和一間不設限制的賭場，可能會有某個數學公式可以打敗賭場。但在實際操作時，特別是在華爾街操作時，使用這種「馬丁格爾」策略的投機者無法打敗賭場。為了自身的保護，券商會確保投機者不會把所有的蛋都放在一個籃子裡。銀行，甚至交易所本身，都會強迫券商實施這種管制。

有許多人在寫關於股票「賭博」的胡說八道，特別是那些錯過了市場或預測市場反應的人。金融中心從來沒有像現在這樣，現在是處理廣泛且完全合理的進展的最佳狀態。除非所有跡象都顯示不佳，否則暫且

不需要擔心那種事。

《霸榮周刊》1924年12月29日，價格走勢

逾六周前，本專欄曾指出道瓊指數中二十支交易熱絡的鐵路股和相同數量的工業股，從來沒有出現比11月8日收盤時鐵路股創下的94.10美元的新高更明確的牛市訊號，兩天後工業股票也以105.91美元的新高印證了這個訊號。

這項推論與這些討論的政策和目的相悖，稱其為預測，是透過道氏理論進行分析的結果，這個方法在漢彌爾頓的《股市晴雨表》中進行了詳細的解釋。自從這個牛市訊號以來，市場已充分證明了訊號的正確性，鐵路股票平均上漲了5點多，工業股漲了超過10點。

這是主要牛市行情的延續，可以說自去年5月開始，一段時間過後，牛市以通常的方式不斷累積動力。牛市在10月中左右被一個相當大的次級回檔中斷，這回的次級走勢可以說與價格走勢的主要方向一樣，是理論一個重要的部分。

我們要一再強調，股市是一個晴雨表，而不只是一個無用的日常紀錄。它代表了每個人所知道的一切，當然也遠超過了華爾街最有經驗、最了解情況的人的知識。股市顯示商業的廣泛發展從去年5月以來就已經可見，而這個發展的確定性在整個秋季和初冬期間變得更加確定。

股市清楚地預見了總統選舉的結果。股市預見了鐵路業創下紀錄的車輛裝載量，以及各行各業的改善趨勢。股市預測了道斯計劃（Dawes plan）的成功，以及整個英國商業的廣泛擴展。這個晴雨表總是提前好幾個月預測事件的發生，我們可以據此公平地推斷，未來的一年將商業活動將出現合理的擴張、庫存將偏少，利率仍將維持低偏，目前可以看到的情況下，任何地方都沒有通膨的跡象。

有時人們會問，該如何識別主要牛市行情的高峰。根據過去二十五年的經驗，主要牛市行情的平均期間至少是二十個月，因此沒有理由認為目前的牛市行情會一直持續到1925年過了一大半才達到頂峰。市場在頂峰出現中斷的情況可能是個意外，但其原因是由於過度交易，清楚顯示全球資本的閒置已被利用完畢了。技術上，股市會反彈，但無法突破舊前高。我們可以等到這種情況真正發生時再來擔心。與此同時，種種跡象顯示前路清晰，可以全速前進。

《華爾街日報》1925 年 2 月 23 日,次級拉回?

本專欄對股票市場的評論,以及根據《股市晴雨表》中規定的區間分析其價格變動是一種實驗,應該提供自己的有用性測試。這是在發布前四個交易日寫成的,在一次重大牛市走勢出現急遽拉回的跡象之後,在推論被刊登出來之前可能會發生各種各樣的事情。2 月 16 日星期一,二十支工業股指數單日下跌 2.90 點,二十支鐵路股指數下跌 1.05 點。

不只如此,因為指數突破了自 1 月初以來一直在形成的防線。當時,工業指數沒有低於 120 點,也沒有漲到 124 點,而鐵路股也沒有跌破 98 點,也沒有站上 101 點。後者的區間為 3 點,而前者的區間則不到 4 點。上周一,工業指數跌破 118 點,鐵路指數跌破 98 點。

很明顯,那天市場上充斥著股票,股價必須要下跌才能在更有吸引力的價位上找到新買盤的支撐。牛市的反應並沒有什麼特別之處,自選舉後的走勢發展以來,多頭市場並沒有大幅的次級走勢。

似乎充分證明的不是主要多頭市場的終止,而是即將發生的次級走勢,這是一件很容易描述但很難準確預測的事情。次級走勢的開始或結束,可能是個區間也可能不是。如果主要走勢緩慢但明確,次級反應往往會很劇烈,而且主要走勢的恢復也會相對地緩慢。道瓊指數的次級走勢持續時間有時長達三個月,不過以我們的經驗和對四分之一個世紀以來指數的分析大多顯示,在主要走勢恢復之前的時間沒那麼長。

根據對指數公認的解讀,次級走勢似乎已經到來,但主要走勢尚未達到頂峰,除非柯立芝總統當選後的牛市是有史以來持續時間最短的一次,因為我們認為這場牛市的開頭是在 1923 年 10 月底。

《霸榮周刊》1925 年 3 月 9 日,漢彌爾頓談市場

「華爾街總有一種與整體趨勢背道而馳的因素,其根據是一種有些憤世嫉俗的觀點,那就是大眾可能是錯的,每個人都知道的東西就不值得知道。」

「一些專業交易者雖然看空,但他們承認自己沒有賺錢。他們的論點的大前提是錯誤的,因為民眾並非總是錯的,至少就市場的整體趨勢而言是這樣。」

「主要多頭市場平均持續時間是主要熊市的兩倍這個事實顯示,公眾輿論的錯誤並不像憤世嫉俗的專業人士所認為的那樣。

股市尚未觸頂

「至少可以承認，我們正處於一個主要的牛市行情中，這個行情至今持續不到一年半，顯示出其最大的力量是在柯立芝總統當選後的兩個月內。根據對股市晴雨表的任何解讀，我無法看出牛市已經結束，甚至沒有出現危險的高價位。」

「多頭市場中的次級反應很難猜測，甚至跡象有時也會誤導投資人。2月16日，鐵路和工業指數在做出某種程度的調整後都出現了看跌點，但是要記住，奇異電氣的認股權已經被扣除了。這可以說是看跌的指示──突破區間的支撐比平常更無法令人信服。無論如何，看跌指示被撤回了。

「3月1日星期一，工業指數突破前高且漲破指數4點範圍的區間，顯示看漲的跡象，第二天鐵路指數就部分證實了這個跡象。

股票分散在全國各地

「一定要記住股市的技術狀態。股票的分布情況比以往的牛市時期更好。證券交易所本身限制了券商可以持有的股票數量，使得那些長期持有股票的人正在自行提供資金。他們將股票放在盒子裡，或是透過在自己家鄉的貸款來持有，而且這些股票分佈在全國各地。我收到過來自西雅圖、聖地亞哥的來信，德州休士頓和佛羅里達州坦帕讀者的來信，針對他們以很低的價格購買的股票尋求我的建議。

「這種情況會產生兩個後果。一個是，由於華爾街券商所能持有的股票有限，如果專業交易者突然大量作空也不會影響大量的股票。如果沒有嚴重的利空消息來證明放空的合理性，那麼空軍就必須回補。

「第二個後果更為遙遠。如果有什麼意外的事情發生打擊民眾的自信心，將會導致來自全國各地大量的股票賣出，華爾街也不能像以前那樣精確地計算出股票部位的數量範圍，因為以前的持股部位大多數都在紐約。」

「我沒有看到這樣的發展威脅。」

整體商業活動穩定改善

我的建議是，雖然整體商業活動並非蓬勃發展，但從每周的情況來看明顯是在改善的。如果股市晴雨表是我所認為的那樣，就算是假設晴雨表已經達到高峰或接近高峰──目前沒有跡象顯示是如此──那麼商業狀況的改善還會持續很多個月。除非所有的先例都錯了，否則股市將

在商業活動之前轉向，我們會經歷平常經歷的情況，那就是華爾街是全國唯一熱絡的市場。

「就市場近期的晴雨表而言，周一的工業指數和周二的鐵路指數都突破了最近建立的區間，成為最強勁的牛市點之一。三周前的熊市跡象被撤回，這個事實使這一點變得更加明顯。」

《霸榮周刊》1925年3月16日，修改晴雨表

上周本專欄中發表對《股市晴雨表》作者的採訪，沒有強調股市技術條件的變化如何改變了股市中出現的重要走勢，也許是因為當時沒有必要這麼做。指數的紀錄、次級波動反應在主要多頭市場中，即使不是在主要熊市走勢中的反彈。

顯而易見的是，由於券商被限制在由其資金資源衡量的客戶多頭帳戶（由高度保守的證交所管理委員會來衡量），因此牛市中可能被迫引發反應的股票的表面供應量比以前要小，因此較不易受到影響。毫無疑問，美國民眾擁有足夠的資金來進行投資，如果券商無法持有股票，客戶即使必須在其他地方借錢，也可以購買股票。

牛市的一個保護措施是次級拉回。這是對過度投機最有效的抑制方法。據說在投機商號蓬勃發展時，偶爾會出現這種情況，以試圖套取盈利的客戶的錢財，但是這種商號卻會竭盡所能確保自己不進行任何類似的操作。任何牛市都傾向於變得頭重腳輕，由於大部分的投資人都作多，所以顯著的拉回是必然的。但是，由於大部分多頭戶分散在全國各地，存放在客戶的保險箱中或透過外地銀行的貸款，因此要擺脫牛市投機者並不像以前那麼容易。正如漢彌爾頓先生所指出的，這在市場受到意外事件影響的罕見情況下，是一個潛在的弱點。股票市場提前預見了第一次世界大戰，這一點從1914年早期的股市晴雨表中，就可以明顯看出。但它無法預見1890年底的舊金山大地震或霸菱銀行（Baring）危機。

股市晴雨表的運作原則沒有改變，但很明顯，晴雨表的運作會根據新的條件進行修改。也許可以公平地說，市場不再像以前那樣自由，因此擔任晴雨表的功能略有減弱。

《霸榮周刊》1925年3月23日，真正的次級走勢

經過一段較長時間的猶豫之後，股市平均值顯示出所謂牛市中典

型的次級反應。在九個交易日,工業股從最高點下跌了7點,而鐵路股則下跌了5點。這是一種可能進一步發展的走勢,而正是由於交易的技術條件,這種震盪以前從未發生過。由於持有大量股票等待上漲,鎖在私人保險箱裡或是透過外地銀行貸款進行,很明顯,除了當地空軍襲擊之外,還有一些影響,根據假定的超買狀況市場將有必要啟動次級拉回時,很容易錯誤地認為這就是原因。然而很明顯的是,除了牛市的脆弱狀況和缺乏新的買盤之外,次級回檔的原因必須在全國都變得夠明顯,才能產生外部壓力。

事後謬誤的危險總是存在,但至少有兩個影響足夠明顯,足以引起全國的關注,並擾亂了多頭對股票的信心。其中之一是芝加哥、密爾瓦基和聖保羅的股票和債券疲軟,最終導致了許多人希望避免的倒閉,但每個消息靈通的權威人士都認為這是必要的。華府的政治也出現了惡化。

不應忽視的是,新參議院現在正在開會,而且國會顯然與總統的關係不好。柯立芝總統的當選產生並反映在股市牛市中的信心,部分原因是人們預計,一旦新國會召開將和白宮將和諧共事。美國參議院表現出幾乎與其前任一樣的狹隘。

國會對總統提名內閣成員恥辱性的反對是六十年來首見。這很可能已經嚴重擾亂了民眾的信心,而給股票帶來了必要的外部壓力,就股市晴雨表而言,這將產生眾所皆知的二次波動,也就是大牛市中的反應。

晴雨表的任何跡象都指出,這不只是次級走勢。有點劇烈但完全典型的反應結束很容易表現為低迷,隨後緩慢恢復,在主要走勢中達到新的高點。沒有方法可以測量次級回檔可能會跌多深或是持續多久。事實仍然是,主要牛市尚未完成對指數與價值上升線之間關係的任何公平分析。

《華爾街日報》1925年4月1日,次級走勢

在討論漢彌爾頓的《股市晴雨表》中關於道氏理論的股市指數時,曾經在這些專欄中指出,一個被延遲很長時間的牛市次級回檔通常會非常嚴重。根據指數的走勢,沒有證據顯示自三月初以來一直持續的回檔代表主要的熊市走勢的開始。

技術條件的變化幾乎可以確定,自柯立芝當選總統以來,或者更準確地說自1924年10月14日以來,持續推進的次級走勢到來時將特別尖銳。股票交易管理委員會對其會員的運作進行嚴格審查。因此,他們對

客戶的承諾僅限於委員會認為對他們所使用的資本安全的範圍。

　　大量的股票被客戶放在全國各地的保險箱中，或是客戶透過自己的
銀行所進行的貸款形式所持有。這產生了一個新的情況，因為在過去，
華爾街對在嚴重震盪下可能流向市場的股票數量有一個大致的概念。這
些股票幾乎全部都是眼前可見的，現在卻無法以真正的準確度來估計數
量。因此，交易者會盡可能降低價格，以保護自己並維持自由市場。

　　次級反應的原因通常是技術性的，與市場過度買入的狀況有關，
而不是由報紙評論員在事件發生後提出的熊市論點。人們對高昂的資金
利率給予了很多關注，只是因為聯邦準備金率提高了，而英格蘭銀行也
以同樣的方式保護自己。對資金的需求純粹是季節性的，如果還沒有的
話，幾天內就會消耗殆盡。

　　像聖保羅這樣的弱點並不會引發一個主要的熊市，就像一隻燕子並
不能使夏天來臨一樣。然而，這樣的事件無疑會影響到持有股票的外地
人和鄉下地方或全國性銀行家的判斷。就價格走勢而言，現在無法準確
預測次級反應的底部；但是預計在夏季，兩個指數的價位都將比目前更
高，牛市將最終恢復。

《霸榮周刊》1925 年 4 月 20 日，價格走勢

　　道氏理論，也就是包括主要牛市或熊市波動、次級回檔或復甦以及
每日波動在內的三重走勢，雖然這只自稱是一種理論，但卻能經得起經
驗的考驗。超過四分之一個世紀以來，《華爾街日報》和本專欄對這種
預測總體走勢的方法，以反映商業活動情況的晴雨表的道氏理論進行測
試。很少有比最近出現的情況更典型的情況了。

　　大約從 1923 年 10 月底開始，一場大牛市慢慢出現，從總統選舉前
兩周左右逐漸獲得力量和權威，並發展出巨大的活力。牛市在 3 月初暫時
見頂，隨後出現劇烈且典型的次級拉回，工業股上漲 40 點，拉回 10.68
點，而鐵路股則上漲逾 22 點，回吐 8 點。

　　對於這個次級走勢，3 月 30 日兩個指數分別來到 115 點和 92.98
點。自那以後，工業股和鐵路股分別回升了 6 點和近 4 點，市場不那麼活
躍，價格走勢較為平淡。在達到次級回檔的低點後，市場的行動是最有
特色的，並且在過去曾多次出現，代表中斷的主要走勢回復。

　　上周在這些專欄中已經提出了這個替代方案。股市平均數形成了經

濟的一個晴雨表，如果3月初開始的反彈被視為主要熊市的開始，美國的一般經濟狀況將會截然不同。除非所有的資訊都沒有用，而且一般繁榮的例外情況被視為建立了一個新的規則，否則顯然沒有資料可以支持一個熊市的形成。有人建議，也許我們不會有這種情況，股市可能會在一段不確定的時間內反覆震盪，預示著一般商業活動的不確定性。但是，從價值的角度來看，主要的牛市絕對沒有過度反映股利、獲利和預期中的發展。即使出於其他原因，主要是技術原因，市場的主要漲勢回吐了三分之一到四分之一，趨勢仍然會是回到2月底的高價位，在主要趨勢達到高點之前創下新高點。根據以往的經驗，市場目前的行動清楚地顯示了其內在的力量。

《霸榮周刊》1925年5月25日，價格變動

任何遵循《股市晴雨表》中的規則來研究股票市場平均值的人都會知道，晴雨表一直在正常運作。正如本專欄不時發表的市場走勢研究指出的那樣，當3月6日二十支工業股指數和3月3日二十支鐵路股指數分別達到125.68點和100.96點時，主要牛市的頂部尚未到達。市場上的許多作者，用更自命不凡的指數和表格系統，宣布牛市已經結束。

這裡正確地指出，拖延已久的次級回檔已經開始了，這本身就是大牛市的特徵。這種反應在3月30日達到高點後，工業股拉回超過10點，鐵路股下跌不到8點。

工業股不只收復了跌勢，而且還恢復了原來的漲勢；工業股為自1928年10月以來一直持續的主要牛市走勢創造了新高，大大低於牛市的平均持續時間為兩年，由於過去只有發生過七次牛市，所以牛市的平均持續時間是否具有任何真正的價值還很難說。鐵路股尚未創下新高，而且在撰寫本文時，仍比3月3日的前高點還要低2點。這些指數必須相互印證，這個經驗是安全的，這就是為什麼選擇兩組不同的二十支股票來做紀錄，而不是一組四十支股票的原因。大幅波動、熊市復甦和牛市反應的跡象似乎肯定更可靠。

可以公平地說，整體商業前景存在一些不確定性，有些地方雖然廣闊但並未擴大，而另一些地方則傾向於猶豫不決。目前股市的走勢似乎預示著這種不確定性會持續存在未來一段時間，但並沒有顯示任何可以暫時證明空軍提前開始重大走勢的合理性。

《霸榮周刊》1925 年 7 月 6 日，股市測試

6 月 29 日星期一，股市發生了有趣的考驗。聖塔芭芭拉地震是晴天霹靂，即使是股市的整體知識也無法預見，許多人開始放空，成功地讓二十支工業指數下跌了 0.5 點、二十支鐵路股跌了 0.77 點。令人驚訝的是，人們只是大致查看一下，也沒有分析明顯相似之處，就冒著很大的風險。至少潛意識上來說，這些交易者希望能重演 1906 年舊金山大地震後的重挫，會使道瓊指數發生有史以來的主要牛市中做出最長、最嚴重的次級回檔。目前的放空結果一點也不鼓舞那些好戰的空軍，因為工業股在第二天就上漲了 1.78 點，而鐵路股則恢復了 0.61 點，鐵路指數幾乎收復下跌的點數，而前工業指數則收復跌勢後還續漲。

不用說，聖塔芭芭拉地震和舊金山地震的嚴重性是不能相比的。1906 年，市場處於下滑的狀態。大量的次級拉回已經形成，多軍態勢疲軟，非常脆弱。但上周一的突襲是市場技術實力的一流證明。幾周前本專欄曾估計，證交所一半以上的業務其實是在場內交換合約，其中專業的大戶可能占 30%，其餘的則代表一般散戶民眾。顯然，如果沒有任何熊市壓力，這樣的多頭可能會在幾個交易日內自行賣出。除非牛市過度延伸，否則不可能出現熊市。

儘管自 1923 年 10 月以來，證交所目前的主要上漲趨勢一直在進行，但它仍然是以價值為主而不是前景。當快速致富的童話故事盛行且追隨者為數眾多時，這將是一個值得關注的話題。

《華爾街日報》1925 年 8 月 14 日，價格走勢研究

當二十支鐵路股突破 100.96 點的前高，就是明確證實了當工業股在 7 月 1 日以 181.76 點時僅部分暗示的看漲跡象。這些價格變動的研究中是根據道瓊二十支工業股和二十支鐵路股，人們總是在其中發現，只有當兩個指數互相印證時才考慮各種跡象，這是安全和明智的做法。

工業指數在 6 月創下新高，但隨後回吐漲幅。但是並沒有從後續於 7 月 1 日的更高點拉回，因此可以將其與鐵路股的新高結合起來。對於這樣的牛市完成，一直有一個合理的推論：市場上股票的供給已被吸收，並且將出現新的高價位以吸引新的賣家。就鐵路股而言，目前的多頭市場可以說是從 1923 年 8 月 4 日的低點（鐵路）76.78 點開始的，工業指數從隨後的 10 月 27 日的低點 85.76 點上漲則是證實了這一點。

讀者可以看到，這個並非史上首次的牛市中，工業股票上漲了超過51點，而鐵路股票則超過了24點。這絕不是一個新紀錄，因為1906年的高點是在工業股票上漲了超過60點，鐵路股票上漲了近50點之後出現的。同樣的，新確認的進一步上漲的跡象似乎對鐵路股尤其看好，因為在目前的牛市中，鐵路股顯然沒有表現出色。

　　市場上的一些評論員認為，由於少數類股（主要是工業股）的劇烈波動，長期上漲的危險點已經達到。這種現象比較引人注目，但並沒有那麼令人信服。就整體市場趨勢以及指數身為晴雨表的品質而言，這部分交易可能並不比斯圖茲令人難忘的漲勢更重要。券商對麥克卡車等股票的保證金要求幾乎令人望而卻步，如果其中一些股票的投機崩潰，看跌效應可能只是暫時的，而最終的總體影響很可能是好的。

　　經過將近兩年的多頭走勢第三階段，股價顯示非常接近投資人的希望而非真實價值，甚至有些個股已經達到了。然而事實仍然是，指數預示著市場將進一步上漲。

《霸榮周刊》1925年10月5日，價格走勢

　　在對股市的研究中，始終以嚴格的標準將其視為對商業活動整體趨勢的指引，並按照漢彌爾頓的《股市晴雨表》所述的方法，揭示了一個非常有趣的情況。這二十支工業股票在9月19日達到147.73美元，然後指數已經下跌了近4點，然後再次反彈，遭遇了比市場以往任何時候都更多的抵抗，這是一個全面的牛市走勢。與任何已知的牛市相比，這二十個股票的淨增幅都算非常巨大。這二十支股票的股利收益率明顯低於40%，因此就工業股而言，市場可以說已經進入了第三階段，投資人買股票是根據希望和潛在價值，而不是因為已證實的價值。

　　相較之下，二十支交易熱絡的鐵路股表現較為保守。在9月23日站上103.78點的高點。與工業股相比，鐵路股沒有出現如此明顯的回落，而且在這個數字達到一周後，指數就幾乎接近高點了。值得一提的是，股利收益率仍然接近5%，換句話說，在一年中利率可能會比較高的時候，可以輕易用拆款利率買進鐵路股。因此，鐵路公司並沒有那麼明顯地突破區間或是超出牛市的次級階段。相較於工業股，鐵路股的優點對小型投機者變得明顯時，就自然會向上漲。

　　根據合理原則對指數的任何解讀，很明顯主要牛市仍然持續，但是

值得密切留意。牛市已經站上了一個引人注目的價位，值得注意的是，即使在某種程度上讓多頭放心，專業人士在很大程度上還是看跌的。他們說，工業股的獲利正在減弱。他們聲稱，鐵路價格中披露的較高價值只會使鐵路股價更加脆弱，因為在熊市中，人們甚至願意降價求售有人願意買的股票，而有些股票就算降價也賣不出去。

　　這些全都是合理的，非常值得考慮，不過我們也應該說，如果工業指數漲到147.73點以上（在本文刊登出之前就開始），則跡象將進一步上漲。關鍵是，從1923年10月開始，多頭市場已經持續了二十三個多月，現在是謹慎的時候了。

　　牛市預測龐大的成交量和榮景已經實現，而且似乎有可能繼續下去。事實上，關於股票指數最有可能的預測之一就是，在不久的將來會出現一段高價位的調整和穩定時期，這已經很確定了。這段時期可能顯示雙重頂理論是有用的，例如，接近於9月19日和9月23日的高點，然後在兩個指數中都出現拉回。我們要再次強調，市場需要密切關注。

《華爾街日報》1925年11月3日

　　就道瓊指數的任何推論而言，股市的主要多頭走勢仍然占主導地位，中間會出現一些次級回檔，但看不到熊市。

《霸榮周刊》1925年11月9日，展望未來

　　隨著股市多頭市場持續了兩年多，而且力道不斷增強，保守派人士自然應該問自己以及問彼此，最終什麼是會阻止上漲趨勢，帶來技術上所說的主要熊市。不可否認，顯著的繁榮、充足而容易取得的資金、良好的農作物收成以及比歷史上任何時候都更好的鐵路狀況，全都證明了股票市場的強大實力。

　　同時也可以認為，股市和一般商業界都公正地忽略了煤礦罷工，除非生產在某些地方受到了局部困擾。即使以分期付款的方式購買的總金額達到20億美元（不包括房屋），這筆金額也分散得非常廣，所以除非出現極不可能的大量同時違約，否則不會對商業造成傷害。但這種情況確實暗示了一些應該讓我們清楚地看到下一波商業反應。

　　我們歷史上從來沒有像現在這樣，大規模地將流動資本轉化為固定資本。房地產開發令人難以置信，而且成本也比以往任何時候都高得

THE DOW THEORY

技術分析世紀經典——道氏理論

多。現在直到水泥道路（每英里的成本為3萬美元）鋪設並完工前，郊區的「分區」不會開放出售土地。在北卡羅萊納州艾許維爾半徑二十英里內，眾多專案中有兩個涉及七英里長的道路，每英里成本44,000美元。這種情況正在美國的各個城市發生。佛羅里達州只是這場洪水中的泡沫，儘管不用說，當邁阿密的土地出售的價格比紐約第五大道的土地還要更好時，最終買家必然會受到傷害。

儘管未來二十年貨幣還有連同薪資、租金和生活成本的趨勢很可能會下降，但偶爾會出現貨幣緊縮的情況。在某個時候，也許就是明年，在投資和投機方面會出現明顯的資金短缺，而股票市場將會第一個反映出來。當全國都因為繁榮和希望不斷膨脹而感到興奮時，就會形成一個下跌的主要走勢。

毫無疑問，華爾街因為過去經歷過多次打擊已經變得堅毅，能夠承受得住衝擊。到現在為止，從道瓊股票指數得出的所有結論，都顯示股票市場依然處於牛市中，只是有一些次級走勢該出現了，但是還看不到熊市的影子。

《華爾街日報》1925年11月12日，價格走勢研究

8月14日根據《股市晴雨表》中提出的「道氏理論」的價格變動研究指出，儘管當時工業指數上漲了51點，自1923年10月以來，預計將進一步上漲。主要多頭市場繼續進行，在9月下旬工業指數小幅回升3個點之後，10月20日兩個指數都創下了新高。

這些研究的讀者知道，這樣的新高點清楚預示著進一步上漲，一直持續到11月6日，當時工業股指創下了159.39的歷史最高點，鐵路股指數最高點為105.19。11月7日，一場次要的回檔開始，根據《華爾街日報》11月8日的社論，這場回應早就該發生了。可以觀察到，相較於工業股的耀眼的漲勢，鐵路股票的上漲走勢非常保守。在11月10日，當工業股票出現5.83點的劇烈跌勢時，鐵路指數回檔不到1點。

儘管股市上漲，但這樣的跌勢的確驚人。像《紐約世界報》（New York World）這樣的報紙，飽受所謂的反華爾街情結的困擾，用三十年前引人質疑的術語來描述，就是「剝皮」。其他報紙則樂於用一級恐慌的術語來談論，就像1873年那樣。當時所發生的事情是牛市中的次級拉回，就只是這樣而已。

次級回檔通常很劇烈，而回漲則很緩慢。目前的上升行情一直都是如此。這是警示的訊號，尤其是在一個已經持續了兩年以上的牛市中。例如，如果鐵路股票恢復到接近但沒有真正站上105.19點，而工業股票從下跌中反彈到159.39的前高，但未突破該高點，然後兩個指數都開始下跌，那麼就有充分的理由懷疑主要上升行情已經結束，儘管在確定主要熊市之前可能還需要幾周的交易。

正如之前的價格走勢研究所說的，我們已經到了牛市需要仔細觀察的階段。正如過去四分之一世紀以來，指數仍然是最值得信賴的晴雨表。

《華爾街日報》1925年12月17日，價格走勢研究

在這些價格走勢研究中，使用了已有超過四分之一個世紀的道瓊指數，廣泛預示著未來商業的走勢，甚至預測指數自己的方向，但是道瓊指數有著任何其他預言方法都不具備的特性，指數並非一直在表達意見。從指數引發的通訊資料來看，針對這個主題所做的討論非常受到歡迎，不過，研究股市的人普遍學習使用有關主題的教科書，如漢彌爾頓的《股市晴雨表》。由於牛市已漲得很高，而且指數早就正確地預測到了，所以現在是時候針對目前的情況提出一些想法了。

過去幾天鐵路指數一直在創下新的高點，但截至12月15日收盤，二十支工業股指數比11月6日記錄的159.89的高點低了五點多。顯然，這兩個指數並沒有給出任何關於整體方向改變的訊號。從1923年10月開始的牛市趨勢，依舊處於市場的主導地位，同時這一次工業股票中典型的次級拉回還未完成。如果工業股指數漲破11月6日的價位，也就是站上159.40點，那將對整個市場形成強烈的牛市訊號。

的確，若要顯示看跌跡象，鐵路股需要做出類似工業股在11月6日至11月24日期間回跌11點的走勢，但不一定達到這種程度。如果在這種反應之後（這在持續上漲的走勢中可能仍然只是次級走勢），鐵路未能完全恢復跌勢，而工業指數接近前高但沒有突破，那麼一般跡象將是廣泛的變化移動。大熊市的開始並不遙遠。綜合各種可能性，目前主要多頭市場走勢恢復的可能性較大。無論如何，需要相當長的時間才能確定晴雨表顯示未來的天氣惡劣。

這些研究中經常說到，過去的經驗完全證實了保持兩個獨立指數的必要性，而且不能相信只有一個指數顯示的指示而未經另一個指數印

證。目前兩個指數並沒有明顯朝同一個方向行動。其中一個最可靠的指示再次在鐵路股票中得到了印證，那就是在狹窄的範圍內長期保持在101點到105點的區間，如果指數漲破105點時，就是最可靠的牛市訊號。

這當然顯示了大量股票被吸收，最終限制了市場供給而迫使股價上漲，以吸引新的賣家進場。在工業股的走勢則仍呈現猶豫的情況下，指數所顯示的是後市仍然非常看好，但是這當然仍需要密切關注。

《華爾街日報》1925年12月22日，測試指數

道瓊指數的重要性不只是在本專欄中，這個商業晴雨表已經被有用地應用了超過四分之一個世紀，而且在全國各地對研究股市的人來說也非常重要，因此針對指數是否具有代表性進行測試，我們應該對此表示歡迎。道瓊指數中的二十支工業股是否正確反映出在過去幾年大幅成長的整個工業市場的動向？

這是一個獨立的測試，來自全國權威人士之一，克利夫蘭信託公司的艾爾斯上校。在最近將煉鋼爐的使用與200多支工業股的價格進行比較時得出了一些推論，進而得到他的獨立意見。他說：「我目前的《商業資訊》（Business Bulletin）中重現的指數線包括了標準統計公司進行統計的201支工業股。他們的資料是來自每個星期一的收盤價。這些數字不是直接的平均值，而是相對值。這201支工業股的組合將1917年至1921年的股市指數定為100，並將隨後的所有數字都歸納為以這個為基準。」

「我認為結果增強了人們對指數的數字和抽樣方法的信心。這是根據完全不同的原則建立的兩個指數。一個所根據的案例數量是另一個的十倍，而且更重要的是，標準統計數字是根據已發行股票的成交量進行加權。儘管如此，道瓊指數略低於原始數據，並且顯示了幾乎所有微小變化以及最初幾個的主要波動。1921年存在一些差異，但其他情況這些線條驚人地一致。」

從另一端可以得到一個有趣的證實，可以證明這種令人放心的測試。另一位《華爾街日報》的真正朋友，他只有在真正有事情要說的時候才會寫信給表達了自己想法。他回憶起，在戰爭爆發後股票交易所重新開放之前，工業指數中只有十二支股票。當時不需要更多的股票，而在羅斯福執政的一段時間裡，需要將西聯電報公司納入該組合以確保足

夠的活動。

這位分析師的想法是延續1914年使用十二支股票，以便比較它們與道瓊二十支個股的表現。結果確實達成了一致，比克利夫蘭信託公司上校從201檔股票中辛勤而有用地獲得的一致更接近了。當然，減少股票數量也可能做得太過火。期望三支股票能有相同程度的可靠性，這想法太荒謬了。

看來我們可以合理推斷，在自由市場的情況下，謹慎地替換已不再受投機市場青睞的股票，相對較小的股票數量是完全值得信賴的，只要這些個股可以構成股市晴雨表的工業類股甚至是鐵路類股即可。

《華爾街日報》1926年1月26日，價格走勢

對股市價格變動的研究，以道瓊指數所反映並由道氏理論解釋，對目前的情況會有啟發性。得出的結論是暫時性的，但在自1923年10月以來持續的牛市之後，這些結論非常有意思。二十支工業股顯示明顯的雙重頂現象。在1925年11月6日，工業股創下了這波走勢的高點，也是歷史最高點159.39點。從那以後，出現了一個明顯的次級回檔，具有此類走勢的所有特徵，價格下跌超過11點，到了11月24日跌到148.18點。隨後反彈站上159.00點，從那之後市場又在1月21日回跌至158.20點。

如果二十支鐵路股的確認更接近平行，那麼走勢將會非常顯著。但是鐵路股沒有跟著工業股拉回11點。鐵路股只稍微回落了一點，但在1月7日達到了本次走勢的高點113.12點。從這一點開始只拉回不到5點，且1月21日為108.26點。

若要顯示主要牛市已經回復，依先前經驗，工業股必須突破11月份的高點，而鐵路股則必須突破1月7日的高點。但由於工業股已經形成了明顯的雙重頂，如果鐵路指數的回升接近或略低於118.12點，然後隨後出現拉回，那麼這幾乎就表示長期的牛市走勢已經結束。

1906年的例子告訴我們，不一定要立即假設主要的熊市，但是可能從指數的高點互相印證的時間開始計算。由於股市晴雨表通常比一國的整體商業活動提前六個月或更長時間，因此顯然可以推斷，在1926年下半年，貿易擴張會受到限制。

《華爾街日報》1926年2月15日,價格走勢

道瓊指數從來沒有像現在這樣難以解讀,人們也從不曾像現在完全不想談論指數。工業股在11月份達到高點,但鐵路股沒有回應。鐵路股在1月7日達到了118.12的高點,與此同時,工業股出現顯著的回落後又再次上漲,但沒有創造新高。如果當時站上了新高,整個市場就會呈現牛市,並顯示自1923年10月以來一直持續的主要牛市走勢恢復了。

鐵路股票在1月21日從113.12點回落到108.26點,並於1月30日回升至111.36點,然後再次下跌。這又是一個雙重頂的情況,而工業股票的上漲至160.58點的新高並未證實鐵路股在1月7日的牛市指示,這可能在表面上被認為是如此。需要進行另一次確認,在撰寫本文時,仍然需要鐵路指數收回其「雙重頂」的看跌指示。

在撰寫這些研究大約二十五年的經驗中,我們發現,正確地預測市場的頂部比底部要難很多。在經過長期的熊市之後,指數和實際營收反映的價值之間、股利和資金價值之間的背離,會很明顯地顯現。但是,在經過長期上升之後,許多股票仍會在其內在的價值範圍內買賣。有很多還沒有被反映的可能性。還有也許是因為環境的複雜性,或是更實際來說,是由於晴雨表對未來總體的憧憬和預期的穩定,市場價格會在距離頂部很小的範圍內,不定期地波動。確實可以說有這樣的例子,市場在距離頂部很近的區間範圍內波動了近一年,然後才劇烈地下跌形成熊市。

目前很難說這些指數看起來有令人信服的牛市跡象,即使是一個相對較小的變化,都可能使指數看起來明顯呈現熊市。目前的波動至少在某種程度上,與過去在長期牛市頂部發生的情況類似。

《華爾街日報》1926年2月22日,理論價格周期

學習道瓊指數的人有時會問,為什麼從價格紀錄中不能同樣推斷出較長的時期?他們提出從二十支交易熱絡的鐵路股的圖表中,可以推斷出從1909年到1917年的熊市。如果我們忽略顯然的主要趨勢,就可以描述工業股票的牛市從1897年持續到1919年。在這些年份中所形成的任何低點都沒有達到1897年的價位,而1919年的價位是工業股票在目前的牛市走勢中的頂點。

對於這種批評的回答是,這麼長的時間對於任何預測目的都是無用的。我們可以幾乎說,美國的牛市已經開始了一百多年了,而且仍在持

續而且有次級反應，就像在饑餓的90年代或是在1878年恐慌和恢復貨幣支付（1879年）之間的情況一樣。這只是說，一個具有龐大的天然優勢和活躍公民的國家，能夠在生命和財產得到確保的安全環境中成長。

儘管如果有一個能夠反映我們國家整個故事的股市晴雨表，那麼它在所有人類機率中都會一致地預測該國的成長，但不會得出晴雨表的推論。從道瓊指數建構的股市晴雨表的本質是預測商業活動的變化、上漲三年、回檔十二個月和兩年的恢復。沒有必要使用望遠鏡去觀察那些就發生在我們面前的事。在長時間的歷史周期中，指數將以不規則但確定的方式，領先於價值線的上升趨勢。

在這些長期走勢中，最重要的之一是從1909年到和平後工業股的獨立牛市走勢到1921年，鐵路平均水平的大幅下降。我們受到了不明智的立法和過度監管的嚴重影響。這是一個警告，如果愚蠢的政客為所欲為，就算是最富裕的國家可能不會永遠繁榮。經濟已經出現復甦，我們對於政府管理鐵路所進行的偉大實驗帶來明顯的教訓，很大的程度上刺激了復甦。過去四年來，我們的運輸系統一直在復甦，但鐵路信貸確實沒有達到應有的程度，或者如果鐵路不是煽動者的目標的話，鐵路信貸也不會達到應有的程度。

指數所反映的主要走勢期間夠長，具有代表性，而且也夠短，對我們的解讀很有幫助，例如牛市平均超過兩年，熊市平均超過一年。這些指數的功能不是記錄歷史，而是反映未來即將發生的事件，正如詩人所說的，它們會投下陰影。

《華爾街日報》1926年3月4日，測試股市

當二十支工業股指數在兩個交易日內下跌超過7點時，這種情況確立了一種相當準確的測試，不只是測試多軍的強度，還有投資需求是否真實以及信心的條件。這麼嚴重的跌幅是因為部分已被吸收的股票導致走勢特別弱，而在這樣的跌勢中，保證金持有人以特定價格出售一些股票，以保護自己幾乎已從市場中消失的股票。

在這樣的市場蕭條中，出現了相當均勻的反彈。通常會過度，通常會有一次反彈，正如過去二十五年的歷史所顯示的，反彈經常達到跌幅的60%。之前支撐市場並幫助小散戶的強大買盤，在反彈的期間會賣出之前被迫買進的股票。市場未來的走向取決於市場吸收這些股票的

能力。在這種幾乎自動的恢復之後，在半恐慌性下跌之後，市場通常會再次下跌，每日緩慢地下跌，而且接近最初賣出狂熱所建立的前低。這並不表示這樣的下跌必然標代表主要走勢的結束，雖然這種事確實發生過。有紀錄以來最嚴重的一次是1901年5月，因為北太平洋公司所引發的暴跌。

在那種情況下，發生了如上所述的反彈，隨後是一些遲來的清算。後來隨著麥金利當選連任而開始了主要的牛市走勢；直到之後的十八個月，也就是1902年9月時才達到高峰。

相對於股市的整體上漲，周一和周二的下跌並沒有像1901年那樣，跌到有吸引力的低點。目前的回檔很可能會讓買家覺得，雖然工業股已經比1901年低了14點，但指數仍然高於所有紀錄。假設已持續近兩年半的多頭市場進一步大幅上漲，將顯示一定程度的樂觀緒，但全國的整體業務最終可能無法證明這一點。

在邏輯上有一個古老的謬誤，那就是「事後因果關係」，這會將鎳板公司（Nickel Plate）的決定與最近的股市下跌關聯起來。比較聰明的做法是說，牛市上漲得太快、太多，小散戶變得過於冒險，銀行資源趨於受限，而投機結構建立在不穩定的基礎之上。任何集中的壓力都有可能使其崩潰。真正的考驗不是現在，而是在下一次市場回漲期間，用來支撐市場的股票被清算時會發生。

《華爾街日報》1926年3月5日，一些股市心理

本專欄於3月8日指出，鎳板公司的決定不可能是工業股持續超過八個連續交易日下跌18點，甚至鐵路股下跌8點的原因。股市在決定公布前已經連跌了六天。關於該決定的唯一新聞是《紐約美國人報》於2月27日指出該決定將是有利的。在其他地方也有不幸的猜測，但這不應該被稱為「新聞」。

當股市成為頭條新聞時，主編會提出驚人的理由。他們下標題的主編不知道如何處理心理和數學原因，即使這些報紙的老闆是一個令人好奇的無知階層，也能夠理解已經超越其合理圍範的牛市的心理。由於本專欄的讀者等級不同，因此可以很簡單地解釋所發生的情況。

假設一個投機者正確地認識到了主要的上升趨勢，並以90的價格買入100股。當股票達到100時，他獲得了1,000美元的利潤，並再買入

100股。每上漲10點，他就根據帳面利潤買入，直到最後一次以140點買入，此時他的餘額為16,000美元，同時持有600股的股票。如果市場隨後回跌到120點，他就會損失12,000美元的利潤，這還不包括他支付的手續費或持有股票的成本。我們可以觀察到，股價上漲80點後拉回20點，會讓他差一點就破產。

這正確地描述了牛市在上漲到第三個也是最後一個階段後的本質弱點，此時買入是投資人根據自己的希望和可能性，而不是根據價值，即使某些股票的價格是根據真實的獲利能力和股利收益率也一樣。任何小事都會破壞這樣的市場，在隨之而來的急跌中，好股票會和不好的股票一起遭受損失，因為人們會願意以低價出售有人願意買的股票，以保護他們手中不管再便宜也沒人要買的股票。

我們不能說晴雨表沒有提出警告。在從《霸榮周刊》重新印刷的「價格走勢研究」中，已經明確地顯示了牛市的結束，就像過去二十五年的研究所顯示的。這個紀錄清楚地在漢彌爾頓的《股市晴雨表》中，引用了自大約本世紀初以來《華爾街日報》對十五次主要走勢的預測。

在這次討論的下跌中，一個明顯的證據是市場從未失控。那個愚蠢報紙最喜歡的詞「恐慌」並不適用。

《華爾街日報》1926年3月8日，價格走勢

2月15日的專欄提到：「目前很難說這些指數看起來有令人信服的牛市跡象，即使一個相對較小的變化，都可能使指數看起來明顯呈現熊市。目前的波動至少在某種程度上，與過去在長期牛市頂部發生的情況類似。」

這種不矯飾的分析可以說是在市場頂部或足夠接近頂部時已經揭示了。工業和鐵路都出現了明顯的「雙重頂」。工業指數在161.09點，鐵路指數則在兩天後的2月22日站上了111.22點，這是之前研究提到的不令人信服的示範。從那一點開始的回跌已經足夠令人信服。3月1日和2日的暴跌明顯嚴重，但在這些研究中，時間並不是最重要的因素。解讀指數和明確的主要和次級走勢時，如果次級走勢需要兩周或十周，那麼它同樣令人信服。

看起來相當清楚的是，市場未來一段時間的主要趨勢將是向下的，其中在熊市中總是可以觀察到典型的次級反彈，而且在早期階段通常非

常容易誤導投資人。關於這一點並沒有一個固定的規則，但是這樣的走勢有時可能在短短八個月內完成，而至少有一個熊市的紀記錄顯示，那就是大戰前的那個市場，在這次下跌中耗時了超過兩年。像許多源於戰爭的事件一樣，這是一個例外，因為我們不太可能再次見到一個市場不得不承受幾乎所有歐洲持有的美國股票被清算。

根據目前的平均指標，1926年將是熊市，而近期的前景是熊市中的二次反彈。考慮股市下跌的原因超出了這些價格變動研究的範圍。我們可以說，國家的商業活動發展狀況，可以解釋過去每一次股市的下跌走勢。

《霸榮周刊》1926年3月29日，檢驗道氏理論

當理智的人討論解讀股市的方法時，無論是當成未來走勢的指南，還是當成一般商業活動的晴雨表，他們不會問這些方法是否符合最嚴格的形式邏輯規則。他們的觀點完全符合威廉·詹姆士的實用主義。他們詢問這個方法是否有效。他們並不期待不可能的事情，並且像已故的詹姆斯教授一樣，當任何假設被證明是錯誤的或被更好的假設取代時，他們就完全準備好放棄它。

毫無疑問，道氏理論再次透過對其實用性和可靠性的嚴格檢驗，而證明非常成功。它稱股市的轉變恰逢多頭市場已完成的頂部，以及重大熊市走勢的開始。本專欄根據這個理論的推理甚至指出了價格連續八天突破後的反彈程度，並正確預測了該反彈後將自動向突破的低點下跌。

大家可能還記得漢彌爾頓先生的《股市晴雨表》拒絕採納鐵礦價格、煉鋼爐的運作情況，甚至是各種形式的利率等額外的晴雨表。他表示，如果價格走勢本身不包括所有這些因素，以及對股市的每一個可能的影響，那麼道氏理論和他自己對其解釋就說不通。股市晴雨表是公正不偏祖的，因為構成它的每一筆買賣交易都是個人行為。股市晴雨表反映的結果，是由參與股票交易者的願望、衝動和希望的互相均衡所產生。國家的整體經濟必須正確地把每個人的意見全都統一反映出來，這並不像是一個不負責任、互相爭論的團體，比較像是互相傾聽的陪審團，每個陪審員都要參與尋找所謂對「市場的無情判決」，律師和法官無法告訴他們這麼多東西。

《霸榮周刊》1926 年 4 月 12 日，市場預測

所有人都可以是事後諸葛：一些人可以預見麻煩即將到來，但是卻沒有人會感謝麻煩預言者。預言者到最後可能會被感謝，例如，過去當《霸榮周刊》記錄道瓊指數顯示主要牛市結束並有即將到來的衰退時。那些不幸在頂部被困的人經常會責怪預言者，因為他們預言市場回跌而擾亂了大眾的信心。

這只是一種表面的影響，很快就會消失。當《霸榮周刊》在未來某個時候表示市場已經轉向主要的上升走勢時，那些在下跌時對其準確性感到不滿的人，只需要做一、兩筆幸運的交易，就可以告訴所有朋友周刊有是多正確。這都是每天的工作；沒有一間出版社應該因為其推理的結果會打擊一些讀者的樂觀預期，而不去承擔解釋新聞的職責。

如果報紙願意哄抬股價，就很容易提高報紙的銷售量。真正的困難在於留住訂戶，除了贏得訂戶的信任之外，沒有其他辦法能做到這一點。不難看出，在 2 月中股市出現反轉之前，相當多的大戶嚴重過度利用「控股公司」的概念，以過高的價格出貨給不知情的散戶，這種情況只有明顯持續的榮景才能做得到。

當市場使這些大戶遭受嚴重損失時，人們會表達一些同情。至少有一部分同情可能會留給那些相信他們的所有說法、導致自己遭受嚴重損失的投資者。這並不是為職業投機者辯護，他們懷疑這種弱點並透過賣空來衝擊市場。只有當其他人虧損時，空軍才能賺錢，從這個意義上說，他的行為是不合群的，但很有價值，因為賣空很可能會導致處於危險點的市場緊縮，並減少券商的借券量。

就目前股市而言，劇烈震盪已經結束。鐘擺的範圍縮小到合理的每日走勢，目前沒有顯示什麼特殊指示，當然也沒有撤回本專欄在七周前研究價格走勢時得出的推論。

《霸榮周刊》1926 年 4 月 26 日，道氏晴雨表

道氏理論首先是主要的牛市或熊市波動，再來是次級回檔或反彈，以及第三個走勢日常波動，對於想要有一些指導而不只是依靠判斷的聰明投機者來說，具有無比的吸引力。事實上，道氏幾乎沒有超出他設計出的可靠指南，局限在股市本身的走勢範圍內。是漢彌爾頓的《股市晴雨表》指出了對於該國總體經濟的更大參考價值以及在這方面的高價值。

許多對這些平均數進行研究的人向《霸榮周刊》和《華爾街日報》寫信提出聰明的批評或詢問，很容易看出一個完全人性化的事實，那就是他們對市場走勢的預測比對總體經濟的預測更感興趣。由此產生的結果是，他們幾乎總是對股市晴雨表抱持著太多的期望。

他們似乎過分解讀，或試圖從中取出一些細節，這不僅是不可能的，而且也不應該這麼做。嚴格來說，當市場開始主要向下擺動時，好的股票將與壞的股票一起受到影響，但這並不表示這二十支股票，無論是工業還是鐵路股票，都能提供一個可靠的指南來預測任何特定股票的趨勢。特別是在市場降溫或缺乏特色的情況下，當主要趨勢的嚴重性減輕時，該股票的走勢可能與整體走勢相反。這些詢問者也是不明智的，當他們試圖透過雙重頂或雙重底的理論來預測市場的反彈或反轉時。

至少有爭議的是，道氏理論是否提供了這種有用的東西，讀者不應該忘記，道氏理論指出，一個指數必須印證另一個。這在主要走勢開始時經常發生，但在市場轉向進行次要波動，這種情況就不會持續出現。這就是《股市晴雨表》始終保守的原因，《股市晴雨表》說得太少而不是太多，這完全符合《股市晴雨表》的特性。

《霸榮周刊》1926年9月20日，指數和孤兒病

9月13日，二十支工業股票的道瓊指數顯示下跌3.19點，但通用汽車售出「除息」的股利導致指數少了3.55點。這顯然與市場上等量的下跌有所不同，因為這些股價減少並不是投資人信心不足。因此，人們問為什麼不做一些區別呢？答案在於指數非常簡潔。根據這個數字衡量的價值的一部分，已經永遠從這二十支工業股票中消失了。無論是什麼原因，指數都已貶值了。在沒有真正區別的情況下，為什麼要加以區別呢？投資人不能魚與熊掌兼得。事實上，長期上升的實現值和投機預期之一的後果，應該就是將這些累積財富賣出。

《霸榮周刊》1926年9月27日，指數和意外

股市如何應對突發情況呢？它的變動主要是根據所有可以預見和估計的因素。但是有些事情顯然不在這個範圍之內，例如1906年舊金山的地震和大火，以及上周發生在佛羅里達州一些最新和最有可能發生的災難。我們可以說，股市對於突如其來的事情的態度是預防性的。在加勒

比海龍捲風消息公佈後的星期一，二十支工業股指數下跌了1.60點，而二十支鐵路股指數下跌了0.51點。根據最極端的估計，颶風造成的損害大約是舊金山地震和大火總成本6億美元的四分之一。如果後者無疑在二十年前比現在更嚴重，那麼對於可能不超過1億美元的損害（需要分散在許多月份內進行替換），這並不足以改變股市的整體趨勢。

這是市場中立的估計，值得注意的是，雖然舊金山的災難發生在一個可能是在一個主要牛市的相當長期的次要回落接近尾聲的時候，但是颶風使市場停止交易一、兩天，而這個市場在其主要方面可以說已經明確地在上升。因此，這種小幅回應可以被視為市場的保險。它對新聞報導的大肆猜測和估計持謹慎態度。正如華爾街日報在社論中所指出的，毀壞不是絕對的。

雖然這種破壞很嚴重，但它是表面的。在佛羅里達的房地產開發中所投入的實質部分仍然存在。下水道系統、街道和其他年輕社區的必要設施的修復只需幾天時間。損失在於被摧毀的建築物，而顯然這些建築物不是最昂貴的類型，即大型鋼骨結構建築。股市能夠保持自己的穩定，這無疑是對其強大力量的一種讚美。

《霸榮周刊》1926年10月18日，價格走勢

雖然二十支工業股和二十支鐵路股指數似乎顯示一個主要熊市的開始，或者說超過了主要牛市中常見的次級回檔，但顯然指數的表現發生了足夠嚴重的變化，需要對股市晴雨表進行一些解讀。在一個已經持續了三年的主要牛市中，從1923年10月開始，工業股的最高點是166.64點，於8月14日創下，而鐵路股的最高點123.33則記錄於9月8日。

自那時以來，出現了一個相當寬但一致的賣出區間，工業股的範圍約為七個點，而鐵路股的範圍則稍微窄一點。我們可以說，每個指數都突破了這條賣壓區間的低點，應該記住的是，這條區間是在大量交易的基礎上建立起來的；事實上，這樣的量足夠大，可以消除某一組股票中幾支個股的大漲，或是工業股因為通用汽車價值佳的股權而出現的技術性降低等偶然影響。

我還應該說明，由於指數現在很高，尤其是工業類股，在這樣的「區間」上，我們可以給予自己更寬鬆的範圍。顯然，股價為166點的股票下跌7點的波動，比股價為83的股票下跌7點，前者的跌勢要來得

輕微一點。如果股價是40美元的話，那就會是具有毀滅性的跌幅規模。

在從二月中到六月中之間的嚴重跌幅和回漲之間，這是必然採取的態度。就工業股票而言，它們出現了27點的跌幅。如果我們可以忽略時間因素，這在以往幾乎總是構成一個主要的熊市。在春季的跌勢中，被視為主要牛市中的次級回檔，以及在恢復過程中，鐵路股票的波動幅度幾乎沒有工業股票那麼大。從三月的低點到六月一直到隔年一月的高點，並建立起新的牛市水準，其範圍只是相對於工業股的走勢來說是一個保守的整體波動走勢。

從目前的指數來看，顯然股票已經大量賣出，不只是引人注目的工業股，而且在更加穩健的鐵路股也是如此。對於後者的明顯投資買盤，目前來說並不足以吸收大量供應並維持舊的高價位。對於晴雨表的合理解讀，需要有相當大的雙向走勢。

要重新確立主要的牛市，鐵路股票需要回升超過8點，而工業股票則需要回升超過17點。相對來說，進一步下跌將使鐵路股下跌超過12點，工業股票下跌約135點左右，要跌破三月的跌幅則需要進一步下跌14點，這將成為一個無可否認的熊市信號。根據以往的經驗，一次未能達到舊高點的反彈，然後是類似於最近發生的實質性下跌，即使在重新建立了三月底的兩個指數的舊低點之前，這樣的下跌也會相當明確地顯示市場趨於熊市。

目前主要牛市的態勢已經消失，那些在過去三年甚至五年一直追隨這個市場的投機者（如果忽略指數紀錄以來最短的主要熊市運動）就不能抱怨說他們很長一段時間沒有賺到錢。

《霸榮周刊》1926年11月8日，指數對比

研究道瓊指數的人似乎沒有注意到二十支工業股和二十支鐵路股之間，存在一個引人注目的矛盾動向。儘管事實上，除了1919年達到高峰的牛市之外，當時由於鐵路因為是政府所擁有，而被從投機類中移出，指數一直在一個方面印證彼此的一致性，那就是兩個指數的主要走勢上升或下降是同時的。

矛盾之處在於，將走勢的比較延伸到遠比熊市或牛市的範圍更長的期間，無論時間有多長。1903年，鐵路股觸及了一個低點。1907年的低點顯示了進一步的衰退；1917年的低點仍然更低，這一點也適用於

1920 年和 1921 年。如果以 1906 年的 136 點為高點也是如此，此後從未達到這樣的程度。在這十八年內，1907 年的工業股低點並未降至 1903 年的程度。工業股低於 1917 年的程度，而 1917 年又低於 1920 年。

過去十八年來，我們看到鐵路的衰退和工業的進步，而過去三年這種趨勢仍持續下去。不久前，內布拉斯加州的諾里斯參議員表示，鐵路將永遠受到政治的影響，解決方法是由政府擁有鐵路。鐵路已經被捲入政治中，而工業則相對自由不受干擾，難道還不夠清楚嗎？

只有這樣才能解釋出如此驚人的獲利能力和價值的比較。如果國會試圖在其準司法功能中覆蓋聯邦商務委員會的決定性作用，設定價格或估值，鐵路就被迫保護其股東。而工業企業在面臨同樣不利的情況下，必然會採取同樣的政策。但有什麼能比得上永久性政治迫害對國家所謂的關鍵行業造成的巨大破壞，日復一日，毫無道理地進行？世界上還有哪個國家能夠在這種困難下經營其運輸業務？

《霸榮周刊》1927 年 1 月 17 日，診斷市場

對於那些遵循著眾所周知的道瓊理論，並對「雙重頂」這一個技術性思想賦予重要性的股市指數學習者來說，目前的情況應該很有趣。可以說是自 1923 年 10 月以來的牛市的高點分別是 1923 年 8 月 14 日的工業股 166.64 點和 9 月 3 日的鐵路股 123.33 點。在 9 月 7 日，工業股已經達到並再次反彈至 166.10 點，形成了一個雙重頂，而鐵路股則在 12 月 18 日也做了類似的事情，觸及 122.48 點，此後價格有所回落。

從 9 月 7 日到 10 月 19 日，工業股下跌超過 20 點，隨後反彈超過 16 點，然後再次回落到目前的價位，截至撰寫本文時大幅低於 12 月的高點。和往常一樣，鐵路股的波動遠低於工業股的波動。但是大致而言，兩個指數都表現出類似的趨勢，每個指數都未能站上前高。

這將是一個警示訊號，特別是在一個持續了三年的主要牛市之後，這三年中至少有兩次顯著的反彈。情況很奇特，鐵路股的一些強勁表現可能合理地歸因於以下事實：二十支股票的平均股利收益率，超過了當時市場相對輕鬆的貨幣市場的牛市位置。這總是一個很好的牛市論點，儘管過去常常被證明是不足為信的，因為光是貨幣市場的寬鬆本身並不能證明任何事情。工業需求的擴大可能會使貨幣市場變得更緊繃，但即使在股票上的股利收益率不高的情況下，這也可能是強大的牛市論點。

當民眾信心受到動搖、工業活動萎縮的時候，銀行可能擁有更多的貸款資金，而這些資金超出了他們的需要。一個如此明顯兩面性的命題並沒有太大的安全保障。顯然，有一個大戶而且融資毫無困難，然而這個大戶可能有意出賣。目前的熊市論點可能被認為是潛在的。市場似乎需要更多的光明，而指數則相當明確地顯示對於不完善的診斷應該持謹慎態度。

《華爾街日報》1927年4月23日，價格走勢研究

4月21日股市收盤時，工業指數創下了當前牛市以及有史以來的新高點，站上166.66點，僅略高於1926年8月14日的166.64點。根據經過測試的解讀道瓊指數的方法，儘管主要上升走勢持續時間不尋常地長，但這個新高點的確認與二十支鐵路股票一直創下的新高點一致，具有強烈的牛市信號。

事實上，牛市可以說是在1923年10月開始的，經歷了有紀錄以來最短的一次主要熊市走勢之後。正如在戰前，工業股至少達到的數字聽起來似乎不可能一樣，所以拉回（道瓊理論中的次級走勢）也很劇烈，特別是1926年春季出現的那次。因為價格已經很高，所以不能再上漲的想法是一個錯誤的假設，這個假設已多次被證明是錯誤的，使做空交易的投機者感到困惑，其實是因為他們不同意當時的牛市情緒。目前的價格已經很高，不過鐵路股仍然比1902年的程度低了幾點。

我們可以提出一個有力的理由，認為工業股已經在一個多月前發出了牛市信號，因為通用汽車和伍爾沃斯發生了兩次大額的庫存調整，如果不是這些特殊的賣盤恰好在關鍵時刻發生，工業指數當時將會確認與鐵路指數相同。然而，在閱讀了道氏著名理論超過四分之一個世紀之後，根據慣例，就會將這些扣除視為市場的跌幅。這種推理很合理，並且似乎是令人信服的。

畢竟，我們不能一邊吃蛋糕，一邊還能留下蛋糕。我們不能從指數中的一個或多個股票中提取價值並以某種形式分配給股東，而不讓該股票的價值降低。這個問題長期下來已被發現自行調整，一旦我們開了先例，就會懷疑晴雨表的準確性。然而，這一點在像這樣的討論中值得考慮，即使它現在變得更加學術化。

從重新強調的牛市狀態中可以得出一個推論。晴雨表顯示，國家的

商業前景將是晴朗的。長期以來，市場代表了每個人所知的一切，比任何可能的商業統計或線圖提早好幾個月。指數將及時記錄到頂峰，當指數轉向往下走時，我們也會像往常一樣獲得通知，華爾街是「全國唯一的藍色地帶」。與此同時，指數顯示商業活動可能會保持其規模和特點，比最有效的行業望遠鏡所能看到更早了好幾個月。

《霸榮周刊》1927年5月30日，指數一覽

值得注意的是，自從《華爾街日報》在4月28日發表了其「價格走勢研究」並在專欄中轉載以來，道瓊指數幾乎持續如一。當時，工業股指數被解讀為證實了鐵路股所給出的牛市點，根據所有的先例，可以假設市場將進一步上漲。在撰寫本文時，工業股的漲勢已持續超過5點。沒有辦法使股市晴雨表顯示這種上升的程度。

每天較小的反應沒有價值。次級回跌後的回升，如果沒有站上前高則具有重要的意義，尤其是當兩個指數彼此印證時，謹慎的觀察者將注意到雙重頂是有用且通常是可靠的警告。在貨幣寬鬆的時期，一些一般性考慮值得一提。這種情況有時是具有欺騙性的，即使只是因為在乾燥的天氣中所有的跡象都會失效。

在這裡提及的價格走勢討論中，假設在上升過程中的大部分買入實際上是為了投資，即使只是因為股票仍然可以用低利率的資金支付股利收益率而言。在這方面，我們可以粗略地說有兩種投資方式，一種是永久性的，另一種是試探性的。

如果股票從華爾街中流出，正如現在已經發生的情況，股票交易所經紀人的貸款量將減輕，並且修改這些股票的重要性，這些股票很容易被帶到全國各地的銀行貸款中，形成良好的流動抵押品，對於有更多資金但不知道如何有效利用的任何銀行家來說都是如此。這種做法的危險在於，如果不利的條件增加導致公眾信心受到打擊，則首先受到影響的地方將是股票市場。

離開華爾街的股票會迅速回到市場上，股價的保護性下跌可能會很嚴重，即使其中一些賣出看起來可能是為了做空。當在舊金山借貸股票的持有人用電報發出賣出指令時，他無法在四天內完成交割，此期間經紀人必須借貸該股票。這給人一種虛假的脆弱做空的印象。技術位置正變得有趣，未來幾個月可能會更加有趣。

《華爾街日報》1927年7月15日，價格走勢研究

　　討論股市價格的道瓊指數作為市場走勢的晴雨表，同時也是根據過去經驗，對該國總體經濟的指導，已於4月23日指出，鐵路和工業指數預示了1928年10月開始的長期牛市的進一步上漲。指數符合實際情況，兩個指數都再次上漲了約6點左右。

　　在6月27日站上高點後，二十支工業股下跌5點，二十支鐵路股也出現相當的跌勢。這是一個典型的回檔，是主要牛市中的次級波動。在那次下跌之後市場傾向於停滯幾天，但很快又展現出上漲力道，不只是收復了次級跌勢，而且兩個指數都創下了新的高點，時間僅相差一天。因此，根據以前的所有經驗，這顯示市場牛氣沖天。

　　如果指數收復了從5月31日和6月1日的次級回檔的大部分跌勢，但尚未達到前高就又出現了另一次拉回，那麼熟悉的「雙重頂」跡象將明確地出現，而且根據以前的經驗，這可能代表有史以來其中一個最長期的牛市（持續時間接近四年）的結束。

　　由於兩個指數都突破前高點，顯然市場上的股票已經在這些價位上被吸收了，持有者已經將他們的股票轉移到其他地方，已經成功地被一批新的買家吸收了，因此技術面看漲，在市場上有更多股票之前，股價將必須先漲得更高。市場所說的是，就所有人能夠看到的和股票市場能夠反映的範圍而言，商業前景良好。市場似乎已經充分考慮了一些利空因素，例如水災、大量的新債券發行，以及對於其中一種最重要農作物玉米收成展望不佳。

　　當然，樹不會長到天上去。但是對於股市來說，除了不可預知的意外事件，股市確實能夠反映一切的資訊。這當然並不代表股市能預測舊金山會發生大地震，或是北太平洋某個地方會有災難，對於它是否提前反映了市場對世界大戰的預期，以及長期熊市實際爆發之前就已經在某種程度上反映了這些因素，也有不同的看法。

　　無論如何，晴雨表現在預示未來的天氣晴朗。

《霸榮周刊》1927年8月15日，對指數的推論

　　值得注意的是，當股市在長期上漲期間從非常高的價位出現急遽的拉回時，總是有一些特定的原因吸引了大眾的想像力，通常不是頭條新聞所說的原因。自從上一篇「價格變動研究」中預示的驚人的漲勢以來，

股市已經經歷了一次典型且幾乎是暴力的次級拉回，明顯是根據不確定的政治前景。

根據豐富的經驗，方向的改變或主要動向的中斷通常有其他解釋，至少補充了吸引大眾注意的解釋之一。換句話說，股市的漲勢有些魯莽，幾件事情中的任何一件都可能成為最後一根稻草。相對而言，正如《華爾街日報》幾天前指出的那樣，當市場看不到前進的道路時，股市在廣泛上漲時通常會透過對所謂的安全水平進行反應來保護自己。

就像密西西比河的水災和其他具體的利空在上升的股市中被忽視一樣，如果股票指數所揭示的狀況更為穩固，華爾街很可能對柯立芝先生對總統競選的有條件退出不予以太多關注。民眾往往會草率下結論，經常收到詢問，即目前的反應是否代表熊市的開始，或者只是次級走勢。

答案是，根據眾所周知的閱讀股市晴雨表的方法，到目前為止還沒有顯示出在主要牛市中的典型次級走勢以外的任何跡象。我們已經看到，在較高的價位上，次級走勢比指數早期的情況更加嚴重，只有兩個中斷的例外，就是1901年北太平洋軋空和1906年舊金山地震。

因此，市場可能會出現各種熟悉的趨勢。也就是是在去年的先例基礎上，次級拉回也可能會進一步加劇。市場可能會形成一條買盤或賣盤的區間，視情況而定，指數可能會收復到接近前高並且再次突破。最後的走勢將具有相當大的意義，因為它將涉及牛市中的「雙重頂」，全國各地為上漲而持有的股票都得到了資金。

《華爾街日報》1927年10月4日，價格走勢研究

按照已故的查爾斯·道在四分之一個世紀前制定的方法解讀道瓊指數，市場顯示牛市的指標。長期經驗已經證明，當二十支工業股和二十支鐵路股在次級回檔後，為主要趨勢創造新的高點時，就是指示整個市場會進一步上漲。這絕不表示兩個指數需要同時行動，但每個指數都必須互相印證。

距離工業股在次級回檔後創造新的高點已經有幾個星期了。直到上個星期六，鐵路股才印證了另一個指數。確實，如果沒有印證而且新的次級回檔已經開始，那麼指示將明確地變為熊市，而且更傾向於主要趨勢的改變。這實際上等同於價格變動的研究者所稱的雙重頂現象。

這種指示可能發生在熊市結束時，也可能發生在一個大牛市的頂

部。在1921年秋天，一個指數經過了一場異常久的市場跌勢，持續了大約兩年的時間，創造了一個新的低點，但另一個指數並未印證這一點。這其實代表的是市場的轉折，並開始了一個上升走勢，只有1923年極短暫的大熊市走勢才中斷了這個走勢。現在市場上沒有這樣的複雜情況。二十支鐵路股的印證行動，漲破了8月2日的前高，可以說是使股市晴雨表正常化。

這一切都與股價相對非常高且已經連續上漲了一整年的事實無關。除了提供一些像是「樹不會長到天上」的老生常談這樣的反思外，沒有必要對此進行道德講解。股市明確指出商業前景良好，並且有可能在未來很長一段時間內保持良好，可以把華爾街看作是包含了人們所有關於經濟已知事件的「大水庫」。這是完全正確的看法。股市指數所反映的內容，超過了任何個人所能知道的一切，也超過了最富裕的大戶全部加總所能操縱的範圍，這就是支持這個看法的最佳明證。

值得記住的是，在這些高價位上，次級回檔往往比指數在目前數字一半時更為嚴重。在目前的主要牛市走勢中，至少已經發生了兩次真正的次級回檔，其程度幾乎與實際的主要熊市運動一樣嚴重。

《霸榮周刊》1928年3月5日，價格走勢

謹慎地說，就主要趨勢而言，股市指數看起來相當悲觀。1月8日當天工業股創造了208.35的新高。但二十支鐵路股並未印證這一新高，而後者的雙重頂形態暗示著熊市的可能性。10月份的高點為144.82點，在一次上漲到143.44點後未能再次站上前高，因此這個跡象變得不利，顯示已持續了超過四年的主要趨勢可能已經達到頂點了，這是道瓊指數中最長時間之一。

正如在這些研究中所指出的，其中一個指數未能跟隨另一個指數創造新高或新低，強烈暗示了主要趨勢的變化，但只有當兩個指數都未能創造新的高點或低點時，我們才能充滿信心地預測趨勢的變化。

儘管有時股市會出現下跌走勢，但反應是漸進但明顯可見的，在撰寫本文時，在兩個指數中或多或少都跌了大約10點。在討論價格變動時常常被說到，股市晴雨表從來不會顯示持續時間。熊市，即使像目前的走勢一樣溫和且人道，也比主要上升走勢短得多。一般商業條件中並沒有導致1919年底爆發的那種大跌的題材。

附錄──威廉‧漢彌爾頓的社論

所指示的似乎是一個充滿不確定性的季節，特色是保護性出售，這主要是出售獲利的股票，這些股票是以遠低於目前水準的價格購買的，或者是失望的交易者發現在牛市一方採取積極行動後沒有獲得回應。這種情況在某種程度上是典型的總統大選年，至少是在業務獲利減少和不確定性（部分是政治性的，部分是工業性的）之後。基本價值不受影響，這裡也完全不暗示人們應該只是因為表面的價格變化而出售穩健的投資，而這些變化並非由實際盈利能力下降或管理惡化所引起。

這樣的市場可能會在離前高點不遠的價位上持平，至少等待總統提名的結果，也可能等待提名對公眾情緒的影響。華爾街在政治預測方面出奇地準確。過去三十年中，唯一錯誤的預測是在1916年認為休斯（Hughes）會當選。每個人都記得結果有多麼接近，以及伍德羅·威爾森（Woodrow Wilson）以多數票留任為少數總統。

在此沒有必要對業務狀況進行一般性討論，只需要說指數反映了未來幾個月業務可能會愈來愈表現出不確定性。

《霸榮周刊》1928年5月14日，價格走勢

4月27日當天，道瓊指數中二十支鐵路股指數站上145.16點，超越1927年10月的144.82的前高，終於印證了二十支工業股驚人的漲勢。根據道氏理論解讀指數，這是一個強烈而明確的看漲點，顯示牛市已經走了超過四年半的時間，並且還沒有結束。與1927年10月的情況相似，這一點非常清楚，任何收藏《霸榮周刊》的人都可以在1927年10月10日發表的「價格走勢」研究中看到，當時年度高點和鐵路指數的動向已經記錄下來。

從那個高點以來，鐵路股票已經下跌至132.60點，不到三個月前的低點，雖然有顯著的反彈，但仍未達到前高。事實上，看起來鐵路指數可能已經形成了雙重頂，顯示對工業股上漲的否定，並且至少構成了一種警告，甚至可能是熊市的跡象。不久前，有必要指出這種謹慎的證據，特別是當價格比以往任何時候都還要高時，而且這些記錄當然不會偏向市場的任何一方。晴雨表如預期運作良好，現在可能有很多人感到自己已經得到了保證。4月27日的牛市點在市場的後續行動中，鐵路和工業股都得到了印證。

各種原因解釋著股市的強勁，其中一個突出的原因是券商借券量非

常大，以及調用貨幣市場上相對輕鬆的利率。股市晴雨表的一個指標可能值得牢記，因為過去它已被證明是對全國商業活動的可靠指南。

如果股市今天強勁，根據過去的經驗，我們可以合理推斷，全國的商業活動在幾個月後將顯著擴張，之前可能會出現一些萎縮甚至是失業。我們可以說，華爾街的資金充裕是因為其他地方的資源尚未完全利用。即使股市的投機活動同時趨於萎縮，但在初秋期間，浮動資本的更廣泛利用似乎是有可能的。不用多說，這個晴雨表並不表示要預測該擴張期的持續時間。

《霸榮周刊》1928年6月25日，價格走勢

如果於1902年11月過世的查爾斯‧道現在還活著，那麼從道瓊指數所顯示的股市狀況以及根據他自己的閱讀方法，他可能會在一個可以說是在1928年10月開始的牛市之後，在1928年5月至6月間達到高峰後，對股市的狀況感到非常謹慎。當工業股於5月14日達到220.88的價位時，工業指數創造了一個新的高點，之前鐵路股票於5月9日則是147.65點。到了5月22日，工業股拉回了9點，降至211.73點，而鐵路股則下跌了5.63點到142.02對。這是典型的主要牛市中的次級回檔。

但是在6月2日，工業股創下了220.96點的新高，但是這個新高沒有得到鐵路股相對的回升來印證。如果一個指數的走勢未被另一個指數印證的話，道氏總是忽略那個指數的走勢，而自從他去世以來的經驗顯示，這種指數互相印證的方法是明智的。他的理論是，當兩個指數創下的新低點跌破了先前拉回的低點時，就是印證了一個次級走勢，並且也許最終是主要的向下走勢。觀察本月發生的情況是非常重要的。

6月12日當天，鐵路股幾乎比5月9日的高點低了13點，而工業股則從6月2日未經印證的高點下跌了超過18點，跌至202.65。隨後出現了一個短暫而尖銳的反彈，在兩天內，即6月14日，工業股收復了8點的跌勢，而鐵路股票則收復不到3點。再次觀察到鐵路股在回漲過程中對工業股票的支撐較差。在隨後的回檔中，兩個指數於6月18日分別創下新低，分別為184.15點和201.96點。道氏會稱這個為明顯的熊市。

1926年初時，股市經歷了一次顯著的次級回檔。當時在這些研究中曾指出，如果這演變成一次主要的熊市走勢，那將是有紀錄以來最溫和最人道的。但事實證明這只不過是次級拉回，自那時以來，股市已經有

了很大的進展，包括股票交易熱絡度達到有史以來最高。但從6月18日起算，工業股需要收復超過19點，鐵路股需要收復13.5點才能重新建立先前的牛市。指數的研究者可以自行得出結論。

《巴倫周刊》1928年7月30日，操縱指數

一位讀者在《霸榮周刊》和《華爾街日報》上看到，他本人是一間重要證券公司位於里奇蒙分公司的經理，他提出，由於大戶操控的原因，道瓊指數自年初以來一直在誤導。他表示，集團經理知道市場對指數給出的指示非常重要，他們能夠操控漲勢，特別是工業指數，足以使紀錄產生誤導。這個理論聽起來很合理，但是站不住腳。

要操縱兩個指數並不容易，而且其中一個指數若未獲另一個指數的印證，通常就會被忽略。但為了專注於如此大規模的操作上集中財務實力，操縱者必須放棄對市場上其他股票的控制，而這市場上曾經有超過七百支交易熱絡的股票。他無法控制整個股票清單。在工業指數之外出售股票，或者出售足夠數量的工業指數中的股票，才能對指數產生實質的影響，這將引發全面的賣壓，而首先受到影響的將會是那些操縱者試圖推高價格的股票。

同樣地，幾乎不能指責這些指數真的誤導了人們。該年度的指數高點是6月2日的工業股和5月9日的鐵路股所創下的。6月時鐵路股有出現顯著的反彈，但未能達到5月份的高點。當時至少對工業股所顯示的強勁表現產生了懷疑，提出了這樣的警告。在6月25日，兩個指數都顯示出明顯的次級回檔，只有部分反彈，進行了對價格走勢的分析。

在兩個指數都顯示出僅部分反彈的顯著次級回檔之後，本專欄對價格走勢進行了分析並指出，根據道瓊指數的理論發出了明確的警告，在已經持續了超過四年半的主要牛市之後，給出了一個明確的警告，這是任何人都無法忽視的。

確實，這種跡象是如此清楚，可以公正地說這種警告是對股市晴雨表不斷增強的信心的合理證明。人們非常密切地遵循其指示，並且操縱的誘惑非常大。只需要指出，如果其中一個指數接近關鍵點，並且可以推動其超過以確認另一個已經給出的指示，那麼這將是可能的。

THE DOW THEORY

技術分析世紀經典——道氏理論

《霸榮周刊》1928年8月27日，價格走勢研究

在道瓊指數中的二十支工業股於6月2日觸及當時的年度高點220.96點後，發生了一次嚴重的拉回，將指數拉回到201.96點，下跌了19點。鐵路股也同時出現了下跌走勢。從那時起，鐵路股已經在前高和次級拉回的低點之間形成了一個區間。工業股則實現了可以稱之為壯觀的反彈，創下了年度和歷史新高。因此，讀者們問，根據6月25日在本專欄中對這些指數的討論，指數目前所指示的是什麼？

在解讀指數時，有一個相當安全的規則，雖然是否定性的規則。那就是半個指標並不一定比沒有指標好。兩個指數必須相互印證。兩個指數必須相互印證，才能具有道氏理論中發展而來的權威性，在《華爾街日報》長達二十七年的社論中就提出這個理論。單獨來看，工業股的新高不是市場上的看漲點。如果鐵路股從目前的價位漲破147.65點，則這個跡象將變得強烈看漲，而在撰寫時，這將表示平均上漲大約6點左右。

這樣的變化將顯示市場已經經歷了一次強烈的次級回檔，不過這仍然是自1928年10月以來一直處於活躍狀態的主要牛市。另一方面，如果鐵路股沒有對工業股的強勢作出回應，而工業股只是溫和地拉回，則這半個指示就會被取消，次級拉回仍將繼續。自6月創下高點以來，從來沒有出現過一個情況可以明確地說這預示著一個主要的熊市。

六月時曾發出警告，而次級回檔之前的熊市點是一個強烈的指示。在總統大選年的不確定性中，以及可能是一個未能按其自然趨勢發展的金融市場中，這樣的波動是可以預料的。下一個明確的指示應該是由鐵路股所顯示。此時成交量的增加可能具有相當的重要性。

《華爾街日報》1928年9月11日，道瓊指數的新基礎

編制方法的改變消除了因個股倍增而造成的扭曲。

從9月10日星期一開始，對二十支工業股的道瓊工業指數將以新的標準進行計算。新的基準消除了因為乘以個股導致偶爾出現的扭曲，同時保留了三十一年的平均數序列。

過去一直以來的做法是，透過對股票分拆和100％或更高百分比的股利進行乘法補償，舉例來說，1926年分拆後的美國罐頭股價漲了六倍，而奇異電氣（General Electric）和西爾斯羅巴克（Sears Roebuck）在分拆後，股價都漲了四倍。儘管這種方法準確地反映了指

數在短時間內的相對波動，同時也保留了指數的順序，但最終卻會造成指數的扭曲，例如，當其中一支股價加倍的股票走勢與大盤相反時。另一方面，舊的做法對低於100%的股利不予補償，有時候會造成嚴重的順序中斷，例如通用汽車公司配發40%的股利之後。

編制新方法是根據一個簡單的數學技巧。不是將二十支股票及其倍數的總和除以20，而是將二十支股票的總和（不包括任何倍數）除以12.7。這個固定除數是根據上星期六的收盤價來計算得出的，這只是一個數字，但是讓新的計算方式所得出的結果與舊制最後一天產生的結果相同。舊制的二十支股票總和（包括美國罐頭股價漲六倍，美國汽車與鐵路製造公司股價漲兩倍，美國煙草Ａ股漲兩倍，奇異電氣公司漲四倍，還有西爾斯羅巴克公司漲四倍）在星期六是4,822.375點，將這個總和除以20後得到道瓊工業指數為241.11點。二十支個股未加倍後的總和為3,060.5點。將第二個總和除以12.7就會得到指數為240.98點，也就是近似於舊制的指數。

固定除數12.7將會每天持續使用，直到二十支股票清單中的某些股票進行股票分割或因股利而大幅降價為止。如果隨時決定對目前用於指數的二十支股票清單進行替換，則固定除數也將被更改。

接下來的一、兩周，指數將以新基準以及舊基準進行計算，以顯示新基準並不會破壞指數的歷史序列，也不會導致其意義或解釋上出現顯著變化。

《華爾街日報》1928年10月2日，市場在說什麼？

股市的言論總是有其含義，即使人類的限制導致我們很難、甚至在一段時間內無法將股市表達的所有證據加以彙整。市場不只是因其言辭而具有意義，股市的沉默也很顯著。人們對總統選舉非常感興趣，但市場對此沒有發表任何言論，或者更確切地說，對胡佛的當選不以為意。今年的投注非常少見，但對史密斯的賠率一直穩定超過二比一。

並非每個市場訊號都能讓學習者輕鬆了解。過去兩年，股市在次級回檔後的股票活動上呈現收縮趨勢，在收復這些跌勢並在長期牛市中創造新高時，受歡迎的股票數量則呈現擴張趨勢。占絕大多數交易的工業指數，可以說漲勢更大，因此可能更容易受到威脅。

但代表了所有人對美國商業活動和可能的外國推論的了解，所表現

出的信心是不可否認的。市場顯示,當年度的農作物收成的結果是已知的,而且價值令人滿意,雖然在某些情況下價格並不令人滿意。儘管貨幣狀況有些複雜,但失業率有所下降,工業活動有所改善。人們可能已經注意到,企業倒閉的減少顯示商業活動並不疲弱。

沒有人期望全國所有企業能在同時一樣繁榮。對於國家商業的廣泛目標而言,例如紡織業,顯示出更穩健的狀態就足夠了。也許國家對自己在建築方面的立場還不太清楚,而華爾街正密切關注這一狀況。寬鬆的貨幣政策刺激了投機性建設,由所謂的建設債券資助,這些債券實際上在很大程度上是對預期收益的債券。

這種情況並不完全健全,似乎導致了一些不太有利可圖的建材生產,獲利觸頂導致令人不滿意的結果。這時信用狀況顯然能夠自行解決,而市場可能正期待著農作物走勢後大量的信貸釋放。

整體而言,晴雨表指標運作良好。確實,如果某些民主黨的演說者打算讓華爾街感到不安,顯然這麼做並沒有用,反而很有趣。

《華爾街日報》1928年10月29日,意外事件

在上漲的股市中,指數的漲勢可能會連續幾天上漲1點或更多,而這種走勢被認為是理所當然的。沒有人打電話給《華爾街日報》詢問為何工業股漲了2點。但在目前已持續了五年的大牛市中,幾乎完全沒有任何次級拉回,價格從250上方下跌5點,就會出現忙著詢問或解釋的電話潮。周五的回檔不乏一絲幽默,因為它與聯準會的關係同步,聯準會現在允許並鼓勵銀行透過放款來拓展銀行業務。經驗豐富的交易者會透過某種類比,從中得出一個奇怪的推論。他會推斷出一些大戶已經出貨,股票的持有者相對較弱。像聯準會這樣的政府機構通常會在事後明智地採取行動。

從一般商業情況可以得出各種看漲和看跌的理由。如果股市具有任何晴雨表的價值,它一直在顯示我們可以預期未來幾個月將出現繁榮的一般商業狀況。這種改善將持續多久的時間無法推斷,但主要的牛市往往在一般商業收縮數個月前出現反應。除非是在股市,否則任何地方都沒有通膨的重要跡象。公用事業的持有公司設備可能已被過度使用,也許投機性建築商開始遇到自己的麻煩。這些都不是危險的因素,而且已經被大眾所熟知了。

顯然，穀物和棉花的價格並未膨脹，而商品價格也未顯示有任何大型庫存，除非是由製造商自己持有。零售貿易良好，失業帶來的困擾幾乎不存在。鐵路總獲利呈現改善，考慮到農作物的發展，這在這個時候是應該的。從整個情況來看，似乎很難找到比緊縮的貨幣市場更看跌的事情，然而在過去的時期，這種情況在這個時候已經多次產生了利空的影響。也許令人不安的一個原因是，面對我們自認為在聯準會系統中創造的出色穩定器，貨幣市場可能會如此僵硬。在長期的股市上升過程中，人們確實認為貨幣已經不再是一個因素，甚至農作物的搬運也沒有像過去那麼頻繁地導致信貸僵化。也許股市本身就是最好的解釋。

《霸榮周刊》1928 年 11 月 19 日，價格走勢

胡佛牛市的活力在 11 月 10 日獲得了一個有趣的認可，當時道瓊鐵路指數創下了新高，站上 148.29 點，比先前在 1928 年 5 月 9 日創下的 147.65 點的歷史高點還要高出 0.64 點。

由於道瓊工業指數已於 11 月 5 日積極進入新的高位，這種從鐵路股票的行動中得到的確認，符合道氏制定的著名理論，顯示目前這個創紀錄的股市，基本面看漲可能會在未來一段不確定的時間持續下去。

在過去六個月內，工業指數多次站上新高，但是鐵路指數卻沒有跟上。這種鐵路股長時間的徘徊自然地顯示了一個可能性，那就是歷史上最廣泛的牛市可能即將進入賣壓階段。現在，隨著鐵路指數創下新高，股市晴雨表強烈顯示市場的基本特徵仍然是看漲的。

這個跡象絕對不是反駁始終存在的重大技術性回檔的可能性，而且回檔的嚴重程度很可能與近期上漲的速度相關。

《華爾街日報》1928 年 12 月 8 日，比例感

當股市在四年多的時間內，上漲到意想不到的高度時，個股漲幅達到數百點，道瓊工業指數平均上漲超過 200 點，鐵路指數平均上漲超過 70 點。單日加權平均跌幅為 10 點，這樣的跌幅可能不像看起來那麼可怕。儘管工業指數的權重有所不同，但是以 60 點的平均價格來計算，這樣的跌幅相當於不超過 2 點。

根據這個前提，我們還是可以說星期四股市的跌勢傳達的是一個警示。對股市來說，即使有大量的保證金交易，市場也沒有失控，這顯示

THE DOW THEORY

技術分析世紀經典——道氏理論

的是其內在的實力。交易者已經習慣了大幅的波動，即使有一段時間都是單向的。對於明智的觀察者來說，評論應該不是下跌的嚴重程度，而是竟然拖了這麼久才跌。現在每個人都在投機，而且根據多年的經驗，普羅大眾的判斷力肯定無法與菁英相提並論。

顯然，過去一段時間以來，美國境內存在著大量用於投機的資金，即使不考慮紐約的拆款貨幣市場也是如此。我們仍處於一個高度繁榮的時期，也許有些不均衡分配，但工資普遍偏高。有時候人們會以完全不足的證據來聲稱，這代表了工人在以前不受約束的日子裡可能會花在酒精上的錢。但高工資必然受到移民限制的極大影響，這限制了勞動力的供應，並且生產主要是根據個人效率。從經濟角度來看，工資與人均生產相比並不算高。

也許正如社會主義者所說的，富人正在變得更加富裕，但可以肯定的是，他們並不是以犧牲窮人或那些收入相對較低的人為代價。平均收入與真實生活成本相比較有利。這在製造業繁榮中是非常重要的因素，因為我們的國內市場很大程度上是根據中等收入人群的消費者。華爾街的百萬富翁不會用分期付款購買收音機、傢俱甚至汽車。

儘管承認整體狀況中存在著這種潛在的力量，但是由於當投機活動擴展到全國各大城鎮時所產生的不安定影響，就是時候該停止這些投機活動了。那些在股市活躍、按照通常的方式逐步擴大投機部位的人，大多數是那些擁有自己事業的人，這一點不應該被忽視或輕視。並非每個人都適合成功的投機，但是在一個偉大的牛市中，需要加以檢查以揭示這個重要的事實。這裡並沒有提到指數的晴雨表功能所指示的資訊，因為現在抽取有用的推論還為時過早。

《華爾街日報》1928年12月12日，指數價格

最近，本報的訂閱者不無道理地要求確定道瓊指數的有效性。三十支工業股票是否足以反映整個市場的性質？這是一個公平的問題，因為現在有許多交易熱絡的股票，指數的上漲應該在一般股票清單中得到反映。令人鼓舞的是，在最近的引人注目的上漲以及上周四、五、六的急遽下跌中，一般股票清單證實了指數。

從10月2日的288.14點上漲到12月1日的290.80點，工業指數上漲了52.66點，漲幅為22%。在這段時間，三百支股票的總市值上漲了

21%。這裡有一個顯著的確認幾乎不能被認為是偶然的。因此,對研究指數的人來說,答案是股市顯然構成了一個可靠的氣壓計。舊的、更簡單的方法是將二十支股票的總和除以這個確切的數字,改用加權平均的效果似乎很好,更高的準確性是很有價值的進展。

如果堅持使用舊方法,則與整個市場的平行關係將不會如此密切。指數的頂端不會像在現代方法下證明的那樣高,下跌看起來也不會那麼可怕。12月6日、7日和8日的跌勢在舊方法下,跌幅將會是8.5%,而使用新方法則是11%。後者更接近整體市場。跌勢很嚴重,但是必須記住,指數已經上漲到了一個在去年甚至在去年大牛市持續了三年的情況下都似乎是極不可能的數字。

從紀錄顯示來看,多年來,工業股漲60點可能就會構成牛市的頂部。因此,從接近30點的地方下跌10點,相當於從60下跌2點。即使在三天的交易中,從這個數字下跌7點也是相當於上周的跌勢,並不足以引起恐慌。

然而,對於在頂部累進式買進的交易者來說,股市拉回時會是個嚴重的問題。每一個華爾街的交易者都知道,對於已經站在市場正確一方的交易者,在100點的上升過程中,若不適時獲利了結,而是利用他的部位浮動利潤,擴大其股票買進的部位,如此一來,價格不需要重挫,就能讓他處於比開始還不利的位置。他通常會發現,在市場頂部逐步加碼,結果價格只是下滑一點點,就會把他掃出場。許多保守派的權威人士表示,市場的下跌有點晚了,對公眾投機進行嚴格限制將具有相當大的道德和實質的好處。

也許從市場走勢中學到的最好教訓是,它沒有披露任何可以真正稱為不健全的商業狀況。

《霸榮周刊》1928年12月31日,價格走勢

在三天不尋常嚴重的下跌之後,道瓊指數出現了反彈,並且現在建立了一種既具有啟示性又具有教育意義的狀態。在一個主要的牛市中,對仍然只能稱為次級回檔的首次回漲,收復了大約40%的跌勢,工業股收復的跌勢最多。這非常符合先例,而且存在著一個實際的原因,解釋為什麼會出現這樣的回漲。

在嚴重的下跌中,由於種種原因,有些股票賣不掉,這些股票通常

會得到保護。這些股票通常會在隨後的反彈中賣出，這樣就是對市場進行一次重要的測試。如果投機者對市場的回漲表現出相當的興趣，願意收購這些股票並且要求更多，那麼這顯示的是市場潛在的力道相當強勁。

在這個例子中，股價在下跌後的幾天內震盪回漲，然後出現明確的進一步強勢。這明顯是看漲的跡象，因為這顯示了有新的投機者參與上漲，以取代那些被掃出場的人。此外，工業指數已經上漲了 1 5/8 點，突破前高 295.62 點，而鐵路指數也已回漲，距離前高 152.70 點不到 2 1/2 點左右。

如果鐵路股跟隨工業股站上新高，這將成為一個明確的看漲點，對主要趨勢的改變提供保證。還有其他和最近的下跌一樣突然和廣泛的跌幅，例如 1901 年的北太平洋恐慌，但這只是暫時抑制牛市的主要趨勢。該特定的主要行情在恐慌後持續了十八個月，直到 1902 年的年底才達到頂點。

《華爾街日報》1929 年 1 月 1 日，希望

報紙訂戶讀了多少 1928 年的回顧和 1929 年的預測？這些是我們全年的報導，在夾雜著大量廣告的日報中的補充內容。回顧過去比預測未來好，這是一個法則。新的一年還不到一個星期，人們就已經忘了預測的內容了。預測只會留在做預測者的腦海中，也許會在某種程度上產生偏見，使它們不論如何都會實現。

即使普通的資訊可以製成有用的表格，但是這些預測的基礎是什麼？這些列成表格的背後的行動原則是希望。每個人都希望榮景能夠持續並擴大。謹慎的聲音是不變的警告，但預測基本上是一致的。悲觀的資訊會讓報紙賣不出去。廣告商希望看到業務擴展和購買力提升。我們是一個幼稚的民族；我們喜歡聽到自己想要相信的話。

但是這些預測真的像聽起來那樣深入嗎？在對其中一些預測進行認真的分析後，一個奇怪的想法浮現了，也許只有在一個特定情況下，預測者才清楚地意識到這一點。那就是沒有人有遠見。克利夫蘭的萊納德‧艾爾斯上校在 11 月份表示，他絕對不會承諾超過新年度的第一季度。空前的股票市場顯然擾亂了保守人士的計算。也許原則上這一點沒有改變，但現代的做法令人困惑。

在 1902 年 10 月，已故的約翰‧W‧蓋茲（John W. Gates）表示，

25％的隔夜拆款利率，甚至是100％的隔夜拆款利率都不重要；「這場遊戲玩的是績優股」，那些無法跟上節奏或價格的人不需要坐在場上。蓋茲及其兒子查理，還有德雷克和李茲以及其他人以為自己掌握了市場的脈絡，可以控制市場。他們的確掌握了市場，但他們無法放手。事實證明市場對他們來說太難掌握了，到12月初，他們全都被掃出場，後來只能玩低價股。

　　這場已經持續了超過五年的大牛市，證明了股市真的是商業的晴雨表。投機活動甚至擴展到了整個洲的各城市，這顯示購買力大增。在這樣一個非同尋常的規模上的發展是不平等的，正如某些股票的漲勢比其他股票更多，而有些股票幾乎沒有上漲一樣。股市顯示，在事情變壞之前，商業活動會更好。但股市並沒有指明日期。股市對未來的預測通常不超過六個月，但有時可能更短，正如了解1907年情況的人可能知道的那樣。

　　比肯斯菲爾德爵士曾經將再婚描述為「希望戰勝經驗」。或許這個術語也可以應用在股票市場。

《霸榮周刊》1929年1月7日，價格走勢

　　在這些筆記中發表的價格變動研究中，最晚的一篇是在去年12月31日，曾經提到工業指數已經創下了新高，而鐵路股的確認將清楚證明主要牛市的完全恢復。道瓊指數中的二十支交易熱絡的鐵路股，在新年的第一個交易日確立了新高。從股市晴雨表中得出的推論很少能如此迅速得到驗證。市場的內在強度是非常引人注目的。

　　不到一個月前的指數，尤其是工業指數，在三天內遭遇了驚人的跌勢。緊急平倉完成後的正常回漲收復了跌幅約40％，奇怪的是，這正是已故的道氏三十年前觀察到的比率。這是對主要牛市的次級拉回的考驗，但仍具有威脅的可能性。造成回檔的原因是，在股票下挫時，有些股票沒有被賣出但仍待清算。

　　一切都取決於新買家的需求。如果這種需求不足，而且指數已經上漲到接近前高，但沒有突破前高然後開始向下跌，那麼這將顯示市場看跌，甚至可能預示著主要趨勢的明確變化。然而，這種情況並沒有發生。驚人的是，市場幾乎沒有猶豫，年底的強勁表現最為顯著。這又是另一個考驗，因為一些股票無疑是為了避免獲利了結，這些獲利將在

1928年的財報中，因為所得稅和附加稅的影響而被持有的。

但是在新年轉折後的獲利了結本來是完全正常的，而且可能是專業交易者預期的，但並沒有發生。現在清晰的推斷是，市場背後仍然有大量的買盤。晴雨表預測晴朗的天氣和進一步的上漲。

《華爾街日報》1929年4月5日，價值測試

一位讀者建議提供一張線圖，其中包括八十支工業股和二十支鐵路股的道瓊指數，以及代表性的多年股利報酬率和獲利能力線。毫無疑問，這種類型的線圖可能很有用，但其建構並不像這位讀者所想像的那麼簡單。真正的獲利會因股票分拆和宣布股票股利而被修改和混淆，這只是可能出現的兩個困難之一。

假設每個情況下的財政年度不同，股利線本身並不會有太大的困難。大致上只能顯示每年的變化，結果將是線圖上的一條區間，明顯不同於日常平均價格波動所造成的區間。但是股利線可能比估計獲利的加權指數更有用。

看起來讀者應該可以自己輕鬆地繪製這個線圖，尤其是如果他在書桌上放著偶爾刊登在《華爾街日報》上的道瓊指數線圖的話。他可以大致計算出在這樣一個月份（例如今年和先前幾年的三月）的開始或結束時的股票價格。然後，他可以將股利總額除以股票本身的價格。例如，如果他發現1929年大盤的本益比為22倍，1928年為17倍，1927年為11倍，而1924年僅為6倍，當時大牛市才開始六個月，那麼他至少可以推斷出現在的股價超過其價值。

這正是他可能會發現的情況，這讓人想起哈彌爾頓的《股市晴雨表》中提出的一個簡單解釋。在一個主要的牛市開始時，股價明顯是在價值線以下，這是前一個熊市強制賣出的結果。隨著信心的恢復，股票價格的趨勢是向價值線上升的，這也是一般規則。這是主要牛市走勢的次級階段，最後一個階段是股價高於價值線，人們不是根據現有收益率買進，而是根據未來的可能性。

因此，這是一種明智而保守的方式以研究當前的牛市，儘管自1928年10月以來，經歷了短暫但劇烈的拉回，接著是一段持續了約八個月的主要跌勢。研究者應該問問自己，人們是不是以比價值高出許多的價位購買股票，是不是根據自己的期望而購買股票，而且已經等得不耐煩了。

市場上沒有任何意見是先進的。設計的目的是讓讀者以合理的方式形成自己的觀點。

《霸榮周刊》1929年5月20日，價格走勢

雖然這些註釋中沒有討論價格變動的慣例，如舊晴雨表道瓊股市所示，除非趨勢發生了具有特殊意義的明確變化，但需要對此進行啟發這一觀點非常籠統，因此有必要對目前的立場進行一些討論。可以立即說的是，自1923年10月以來一直存在的主要上升趨勢尚未出現不可爭議的逆轉。事實上，就在不久前，也就是5月4日，三十支工業股創下了有史以來的最高點。

我們可以說，即使是在指數800點以上，單日的震盪幅度即使是10點，也不相當於指數為100點時的三分之一以上的波動。換句話說，我們可以合理地期望在較高價位會出現更大的波動，我們不應該過度重視這種情況的發生，而應該將這看成價格的百分比。從1月22日開始，出現了十三次波動，在2月有四次顯著的波動，平均幅度為16點。

這一系列波動可能非常重要，因為出現在已經持續了超過五年如此長時間走勢的頂部，值得注意的是，雖然工業股在5月4日創下新高，但鐵路股在5月14日幾乎比2月2日的高點低了11點，當時鐵路股確認了工業股提供的看漲點。沒有必要對現在建立的立場視為教條化，除了檢視指數不論是單獨或兩者一起都沒有預測主要方向的變化之外，沒有任何正面的跡象可說。

工業股所顯示的是次級波動的脆弱性升高，而且由於次級波動有時會發展成為主要波動，這提醒了對指數的研究者要注意謹慎。鐵路股的11點漲勢將被明確地視為晴雨表的牛市指標，即使在此期間工業股票沒有漲多少，因為股價尚未回升至5月4日827.08的高點。

《華爾街日報》1929年5月21日，自我調節

在《霸榮周刊》最新一期的價格變動研究中，根據道瓊指數的紀錄指出，在不到四個月內，三十支工業股已經震盪起伏了十三次，平均幅度為16點。值得指出的是，在股價超過300點時，即使是一天內的10點波動，對於平均價格為30美元的股票來說，波動一個點的重要性大致相當。然而，波動本身是絕對的，在任何價格下對於使用保證金的交易者

THE DOW THEORY

技術分析世紀經典——道氏理論

來說都代表著相同的事情。

在這裡，除了華府某些願意監管他們不理解的事物的人之外，任何人都可以看到，股市會自我調節。成交量並不像在短期波動發展之前那樣龐大。市場本身已經減少了那些認為華爾街是童話故事中的湯姆‧提德勒（Tom Tiddler）遊戲場，每個人都是在撿金子和銀子的投機者。對這樣的人來說，16點的波動會產生驚人的冷靜效果。

同時還會注意到，隨之而來的是隔夜拆款貨幣市場更加引人注目的波動有所減弱。雖然利率絕對不低，但隔夜拆款貨幣市場顯然處於更加正常的狀態。如果聯邦準備理事會承認第二準備區的利率有所提高，那將是一件完全有益的事情，並有助於穩定商業晴雨表。委員會本身將必須於8月前某個時間擴大信貸，即使只是為了幫助農作物的運輸。如果央行董事會成員也是真正意義上的銀行家，那麼抓緊時間的明智之舉就顯而易見，無需建議。

這並不是說股票市場從1923年10月開始的大牛市已經結束。急遽而頻繁的波動似乎更顯示投機者正在尋找方向，並且大家的意見完全不一致。人們對所有事情的任何了解，就算與金融市場沒有直接關聯，也會變成資訊流入華爾街；而股票市場則是以自身的價格波動，展現出得到這些資訊後的價值變化。市場現在所說的聽起來可能很老套，但是其實不論漲跌其實都適用。

在這篇討論中並不試圖進行預測，但有必要再次強調，包括許多知名政客在內的金融業外行者都未能理解，那就是股票市場即使在最瘋狂的時刻，其風險遠比看起來安全得多。無論二十四小時的隔夜拆款利率是多少，隔夜拆款本身都是銀行可以進行的最安全的貸款之一。擁有絕對的擔保選擇，並且保證金是貸方任意要求的。

對於支付租金和其他辦公室開支的人來說，沒有人想要無趣的市場。但如果一段時間的平淡能夠讓人們把話題從股票轉開的話，那可能是一件好的事情。

《霸榮周刊》1929年7月1日，價格走勢

上次在這些欄目中討論道瓊指數是在5月20日的期刊中，當時指出從年初到那個日期的十三次波動，平均為16點，並不表示必然暗示著熊市，儘管這個不尋常的發展引發了對價格變動的研究採取謹慎的態度。

那時鐵路指數比前高低了11點，因此沒有印證工業股新高。

現在，兩個指數都創下了歷史最高紀錄，鐵路股已經收復了所有的失地。毫無疑問，根據公認和確立的股市晴雨表閱讀規則，這是一個明確的牛市信號，暗示著長達將近六年的大牛市已恢復了上升趨勢，並且兩個指數都互相印證。實際上，稍微分析就可以看得出來，目前的位置技術上來說非常強。

我們可以清楚地看到，尤其是在工業指數中，激烈而延長的波動實際上等同於一個賣壓期，與在指數形成「盤整區間」低價位時發生的情況並無不同。這樣的「區間」表示有買盤或賣盤，而在任何一個方向上脫離它的走勢在歷史上都具有市場重要性。在這些高價位處，賣壓期的波動幅度預計會更大。兩個指數超過該區間的上升走勢清楚地顯示，市場上不僅是曾有大量的股票賣出，而且都已經被市場吸收了，可能是被投資人買走了，或是賣方不賣了。因此，只剩下一句話可以說，那就是新的高點明確而強烈地顯示主要趨勢的重新啟動。

《霸榮周刊》1929年7月8日，穩定的股市

7月1日星期一，幾乎無法提供比這更符合基本原則的股市走勢實例了。在前一個星期六，道瓊指數相互印證站上新高，這是經過充分驗證的指示，顯示主要牛市走勢的恢復。周一，隔夜拆款利率升到15%，儘管如此，道瓊工業指數的三十支股票上漲了1.43%，二十支鐵路股上漲了1.95%，每支股票都創下了新高。

似乎隨著國會休會，關於紐約拆款資金市場的爭議已經平息了。對某種類型的政客來說，這是一個有用的話題，但是就像所有人工造作或普遍被誤解的問題一樣，它失去了動力。這並不表示隨著收成期的來臨，我們將進入一個貨幣寬鬆的時代。這顯示的只是拆款資金市場與該國的整體經濟相關，而真正重要的投資大眾已經恢復了比例感。

不用說，股市的漲勢已經連續五年八個月，只有次級回檔，幾乎必然處於這種走勢的第三階段，也就是現在，在這個階段股票大部分不是以股利報酬為主要依據，樂觀的未來期望比即時結果更具影響力。當指數提出像6月29日那樣的看漲點時，只是說明股票應該進一步上漲。指數並不預測上漲的幅度。

長期上派主要走勢的一個特點是，該國的經濟在股市的強勁支撐下

THE DOW THEORY

技術分析世紀經典——道氏理論

逐步壯大,而且這種成長是合理的。股市強勁往往預示著商業環境的改善,可以公平地說,在整個過程中市場提供了無數的例子,證明了這種樂觀的預期得到了實現。

《霸榮周刊》1929年7月29日,合邏輯的晴雨表

雖然有人認為股市的單日波動是沒有邏輯性的,但在任何相當長的時間間以來,股市都以一種方式尊重事件的邏輯,而這種尊重通常是企業所缺乏的,除非是在事情發生太遲時。當芝加哥的小麥每英斗價格再次驚人地上漲了7美分,股市在同一天則是大跌,工業股下跌了4.50點,鐵路股下跌了2.00點。

那些在前一個星期六的強勢市場上買入的人辯稱,小麥市場是投機性的,小麥的多頭利益很容易與股票市場的多頭利益媲美。這種說法與事實相去甚遠,因為小麥的上漲是可能的農作物短缺造成的,美國和加拿大都發生這種情況,而當國會開議時,農作物短缺可能引發恐慌性價格飆漲。小麥短缺可能代表小麥的投機者可以賺到錢,但對重要的企業而言則代表嚴重損失。

小麥作物短缺代表鐵路公司的收益下降,對於那些農作物收成比較差或非常差的農民來說,這將是令人失望的一年。消費能力和購買力在許多方面都會減少,而只是小麥價格的上漲並不能補償這個損失。雖然沒有生產出任何東西,但生活成本增加了以補償其他方面的物價上漲。對於一些運氣極佳的農民來說,農作物全面歉收可能是一件奇妙的事情,但對該國經濟而言,這絕不是看漲的原因。

這就是股市所謂的事件邏輯。確實,由指數所提供的強勁看漲點指標並未被撤銷。但股市再次證明了它能夠展望未來,表面的波動只是受到暫時的影響。

《霸榮周刊》1929年9月23日,價格走勢

那些追隨道瓊指數所顯示的股市晴雨表的人常常犯的錯就是期望過高。晴雨表並不是每天都提供指示;根據道氏理論的觀點,直到被另一個指標取消前,晴雨表的指示會一直維持有效,或者以某種方式得到加強,例如當工業指數印證鐵路指數時,反之亦然。

道氏從未考慮到一個遠高於平均水準的指數,甚至在他於1902年11月過世時,每天交易熱絡的工業股幾乎不足以形成一流的指標。有一

附錄 —— 威廉·漢彌爾頓的社論

段時間，西方聯合電報公司被包括在那個不完美而幾乎是試驗性的名單中。眾所皆知，工業股的數量已增加到八十間，選擇起來並沒有真正的困難。

因此，隨著工業指數站上800點，可以預期會有更廣泛的靈活性，儘管道氏推理的原則未受干擾。在他的時代，一個指數會形成他所謂的區間，在幾個星期內波動上下幅度僅限於3點。當指數上升或下跌超過區間時，股市中的股票供給或是供給不足，顯示向更具吸引力或更保守的位置變化的線索，這是一種良好的經驗，雖然並非總是如此。

但在目前工業股票的高價位下，可以安全地假定在這個買進或賣出的區間範圍將會更大。晴雨表給出的最後一個點非常看漲。隨後市場的行動加以確認。但自從上一個高點（9月3日）以來，市場出現了2、3、5甚至10點的波動，這些波動當然比二十五年前看起來要不重要。目前，在兩個指數中，市場似乎正在「找到自己」。可以想像，它的下一步行動可能受到未分配投資信託股票的流通供應的影響。

《霸榮周刊》1929年10月21日，價格走勢

自9月8日工業股高點381.17點和鐵路股票高點189.11點以來，從道瓊的兩個指數顯示的價格變動中可以看到一個有趣的發展。從10月4日開始的一個月內，工業股票下跌了56點，而通常波動範圍較小的鐵路股從今年的高點起，已經下跌了超過20點。

當然，56點代表了一個嚴重的次級下跌，這在過去六年一直是牛市，記住，我們所說的是一個非常高的數字。即使在那時，當工業指數約為80點左右時，相當於下跌11點。市場的走勢是否代表比這更多的變化？在連續的反彈中，可以注意到，第一次反彈將工業股帶回至372.39點，第二次反彈到了855.95點，而第三次是在10月10日，漲到852.86點，每一次都比上一次低。

根據道氏解讀晴雨表指示的方法，這將是一個明顯的熊市警告，不一定表示主要市場趨勢的改變，但特別需要關注未來動向的重要性。舉例來說，如果下一次反彈將工業股推高至852.86點以上，鐵路股推高至178.58點以上，則熊市指示將在一定程度上被消除。

然而，如果市場再次下跌，未能突破前高，而且下跌使工業股票的價格低於825.17點，鐵路股低於168.26點，那麼看跌的指示將會很強

烈，很可能代表的不只是次級回檔，無論其嚴重程度如何。在這些價格變動的研究中，人們經常說晴雨表從來不會指示持續時間。1923年有一次真正的主要熊市，但只持續了八個月。不要太認真看待目前的指示一個很好的理由是，它們都是在一個極不尋常的短時間內發生的。從今年的高點開始的最嚴重的回落只持續了一個月。考慮到投機活動具有全國性特徵，這似乎是一個極短的時間來推斷大眾情緒完全反轉的任何跡象都是危險的做法。

《華爾街日報》1929年10月25日，趨勢的反轉

據已故的道氏眾所周知的從道瓊指數解讀股市走勢的方法，10月23日星期三，二十支鐵路股確認了兩天前工業股給出的熊市訊號。兩個指數一起給出了一個熊市的訊號，這表示一個持續了將近六年的重大牛市的結束。值得注意的是，《霸榮周刊》和道瓊新聞社於10月21日指出了工業股訊號的重要性，並獲得了鐵路指數的後續印證。評論的內容如下：

然而，如果市場再次下跌，未能突破前高，而且下跌使工業股票的價格低於825.17點，鐵路股低於168.26點，那麼看跌的指示將會很強烈，很可能代表的不只是次級回檔，無論其嚴重程度如何。在這些價格變動的研究中，人們經常說晴雨表從來不會指示持續時間。1923年有一次真正的主要熊市，但只持續了八個月。不要太認真看待目前的指示一個很好的理由是，它們都是在一個極不尋常的短時間內發生的。從今年的高點開始的最嚴重的回落只持續了一個月。考慮到投機活動具有全國性特徵，這似乎是一個極短的時間來推斷大眾情緒完全反轉的任何跡象都是危險的做法。

自9月8日的高點以來，市場走勢出現顯著的一致性。在工業股票下跌過程中，至少有四次反彈，直到確定了明確的新低點，每一次反彈都比上一次弱。道氏總是將這個視為危險的訊號，但在過去三十年來，在討論股市這個商業晴雨表時，一般都會要求一個指數應該印證另一個指數。如果兩個指數不一致，就會被認為是誤導投資人。

華爾街有一些人在做交易，全國各地有許多人從未見過真正的熊市，例如，從1919年10月開始並持續了兩年的熊市，或是從1912年到1914年的熊市，如果當時世界能夠解讀這些跡象預示大戰的爆發就好了。更重要的是，股市確實預測了該國的一般經濟情況。大型牛市得到

了六年的繁榮的確認，如果股市朝另一個方向發展，將來就會發生經濟萎縮，盡管根據目前的跡象，這種萎縮的程度可能很溫和。

一段時間以前，《華爾街日報》的一篇社論中曾經說過，如果股市像政客似乎如此期盼的那樣被迫縮小規模，他們很快就會在其他地方經歷一場更不符合他們喜好的通縮。

《華爾街日報》1929 年 10 月 26 日

就道瓊指數的晴雨表而言，自上週三（10 月 23 日）以來，市場的主要趨勢已明顯轉向下跌。市場會自我調節，因為華爾街自己會進行清算，而且總是會避免出現類似金融災難。除了指示趨勢外，這裡沒有任何預測的想法。條件似乎不預示任何比 1923 年股票活動和商業繁榮暫緩更為嚴重的情況。

認為帳面利潤的消失將減少該國的真實購買力似乎有些牽強附會。

《霸榮周刊》1929 年 11 月 18 日，價格走勢

一位研究股市指數以及道氏設計的解讀股市方法的加拿大讀者整理了一些數據，根據最初二十支工業股票的數據顯示，熊市在牛市的前高約 42% 處止跌。這是任何社論作者都喜歡收到的一封善意的感謝信，如果不是 11 月 11 日星期一工業股的跌勢，否則這個理論算是寫得相當好。

在 11 月 11 日創下新低 220.39 點時，工業股印證了 11 月 6 日鐵路股的新低 145.49 點。11 月 13 日鐵路股進一步下挫至 128.07 點，並不需要強調指數的熊市指示。當這個指示首次在本專欄中被注意到時，是在一篇社論中重印了《華爾街日報》的文章，那時工業股的看跌點比此時的指數高出 100 多點。

人們很可能認為，工業股從 381.17 點跌至 148.69 點，鐵路股從 189.11 點跌至 128.07 點，代表了最過度膨脹的牛市正需要這樣消風一下。但市場有它自己的法則，建立自己的先例，不接受其他的。表示清算未完成；隨著鐘擺在最近一段時間的劇烈振盪之後停止，它會隨著每日運動的幅度可能縮小而進一步發展。至少那些尋求恢復舊牛市的人可以放心，指數中沒有任何跡象顯示下跌已經結束。

但是絕對不要忘記，指數並不能預測整體或任何一支股票走勢可能的持續時間。如果市況不再是必須賣出有行情的股票以保護沒有行情的

技術分析世紀經典——道氏理論

股票，那麼具有特殊性質的股票就很容易逆勢上漲。不用說，這裡沒有討論任何此類內容。

《華爾街日報》1929年12月3日，即將休息

在證交所劇烈的價格波動之後，根據過去的經驗，鐘擺的擺動應該變得更短，而市場需要休息和等待的時間，以衡量支配未來走勢的各種影響。從實際發生的事情我們可以看出一些關於這種可能性的線索。

市場首次突破時，工業股平均價格從381點以上的高點下跌了約50點，一般報紙發現「銀行家正在買進以支撐股價」；但在一次漫不經心的反彈之後，工業平均指數又下跌了130點，大幅跌破200點。

現在可以說，這個過分沉重的市場自行崩潰了。它並不是被外資賣出所擊垮的，因為所有可能的外資出售股票也難以相當於四個交易日內市場上出現的五千萬股的百分之二。證交所的管理委員會也沒有發現任何惡意的空頭行為，是針對牛市進行打壓的。

存在的這種空頭賣出行為可以很容易地解釋為，在太平洋沿岸和其他地方持有股票的外地持有人的訂單，或者在當地銀行抵押，這當然涉及在貸款人群中借貸，以便在實際交付之前的兩天到五天內完成交割。空頭部位本應對市場形成支撐，但這些明顯的空頭行為顯然不是。毫無疑問，交易所的交易員放空，同樣可以確定的是，他們當天都沒有平倉就回家了。

在一個主要的熊市和這次的跌幅大約是相同的，在最糟糕的時候，測量工業指數大約下跌了44%。在過去的三十三年中，這相當穩定，這顯示的是徹底的清算賣出，雖然有些人認為舊的牛市會立即恢復，但這只是一廂情願。從技術上來說部位穩固且令人放心，這應該能滿足那些真心為華爾街利益著想的人。

《華爾街日報》1929年12月10日，威廉‧彼得‧漢彌爾頓

在《華爾街日報》擔任二十多年編輯的威廉‧彼得‧漢彌爾頓的去世，為新聞業留下了巨大的空白。對於那些有幸與他共事或在他手下工作、了解並感受到這個人罕見的勇氣和對目標專注的人來說，這在他們的心中留下了痛苦的空虛感。很少有人能像他一樣，在一天的緊張工作時，對正確的道路保持平靜而充滿活力的信心，或者將敏銳而公正的批判精神運用於溫暖的個人友誼。

美國的報業很少有人像漢彌爾頓先生一樣，將自己的報導或編輯任務與如此豐富多樣的經驗相結合，這種經驗與其天賦的準確觀察力相得益彰。然而，漢彌爾頓先生從來不滿足於只是將所見所聞記錄下來。對他來說，總是存在著更有價值的隱含意義，這比單純的事實更加重要；總是存在著事件與之前發生的事情之間的邏輯關係；總是用人類的期望和失敗的背景，來闡明原本可能很模糊或沒有意義的事情。

他的文學風格既得益於他豐富的心智和精神資源，也從中獲得了色彩和權威。漢彌爾頓先生的社論被廣泛閱讀，有眾多的證據顯示，他們一再發揮了正面而實際的影響。他的社論吸引著男男女女的思想家，或許主要是因為他擅長將剔除無關緊要的事物，直接深入問題核心的能力。這種力量也解釋了他精簡的技巧；他可以在極少的空間裡說出許多內容。但他不只是妙筆生花而已（雖然這是他天生的特性的一部分），直接思考、言論坦率，不浪費時間於與時尚思維的短暫妥協。此外，他超乎常人的才智，再加上一種微妙的幽默感而令人感到輕鬆，這種幽默經常給他的言談和文字思想帶來意想不到的愉快轉折。

漢彌爾頓先生是英國人，終其一生中保持著對英格蘭和英國的愛，這是他的同胞們一直擁有的，但他對美國情況的深入理解，經常令出生在美國的同事既驚訝又獲益良多。對紐約人來說，他的談吐彷彿剛剛走出英國皇室或首相官邸那般優雅，但他卻曾愉快地說道，他母親在他最後一次赴英國探望她時說：「威爾，希望你在我家裡不要使用那種可怕的美國佬口音。」

除了他真誠和勇敢精神的影響外，他的同事將會記得漢彌爾頓先生那種熱情、不吝於幫助他人的精神。

THE DOW THEORY

技術分析世紀經典——道氏理論

新商業周刊叢書 BW0846

技術分析世紀經典
——道氏理論

想學技術分析的人必備的第一本書

原 文 書 名／	The Dow Theory
作　　　者／	羅伯特·雷亞（Robert Rhea）
譯　　　者／	呂佩憶
責 任 編 輯／	黃鈺雯
版　　　權／	吳亭儀、林易萱、江欣瑜、顏慧儀
行 銷 業 務／	周佑潔、林秀津、林詩富、賴正祐、吳藝佳

總　編　輯／陳美靜
總　經　理／彭之琬
事業群總經理／黃淑貞
發　行　人／何飛鵬
法 律 顧 問／台英國際商務法律事務所
出　　　版／商周出版　115台北市南港區昆陽街16號4樓
　　　　　　電話：(02)2500-7008　傳真：(02)2500-7759
　　　　　　E-mail：bwp.service@cite.com.tw
發　　　行／英屬蓋曼群島商家庭傳媒股份有限公司　城邦分公司
　　　　　　115台北市南港區昆陽街16號8樓
　　　　　　電話：(02)2500-0888　傳真：(02)2500-1938
　　　　　　讀者服務專線：0800-020-299　24小時傳真服務：(02)2517-0999
　　　　　　讀者服務信箱：service@readingclub.com.tw
　　　　　　劃撥帳號：19833503
　　　　　　戶名：英屬蓋曼群島商家庭傳媒股份有限公司城邦分公司
香港發行所／城邦(香港)出版集團有限公司
　　　　　　香港九龍土瓜灣土瓜灣道86號順聯工業大廈6樓A室
　　　　　　電話：(852)2508-6231　傳真：(852)2578-9337
　　　　　　E-mail：hkcite@biznetvigator.com
馬新發行所／城邦(馬新)出版集團
　　　　　　Cite (M) Sdn Bhd
　　　　　　41, Jalan Radin Anum, Bandar Baru Sri Petaling, 57000 Kuala Lumpur, Malaysia.
　　　　　　電話：(603)9056-3833　傳真：(603)9057-6622
　　　　　　E-mail：services@cite.my

封 面 設 計／陳文德　　內文排版／無私設計·洪偉傑　　印　　刷／韋懋實業有限公司
經　銷　商／聯合發行股份有限公司　電話：(02)2917-8022　傳真：(02) 2911-0053
　　　　　　地址：新北市231新店區寶橋路235巷6弄6號2樓

ISBN／978-626-390-108-7（紙本）　978-626-390-120-9（EPUB）
定價／460元（紙本）　320元（EPUB）

2024年5月初版

國家圖書館出版品預行編目（CIP）數據

技術分析世紀經典：道氏理論：想學技術分析的人
必備的第一本書／羅伯特.雷亞(Robert Rhea)著；
呂佩憶譯. -- 初版. -- 臺北市：商周出版：英屬蓋
曼群島商家庭傳媒股份有限公司城邦分公司發行，
2024.05
　面；　公分. --（新商業周刊叢書：BW0846）
譯自：The Dow theory
ISBN 978-626-390-108-7（平裝）

1.CST: 道(Dow, Charles Henry, 1851-1902.) 2.CST:
漢彌爾頓(Hamilton, William Peter, 1867-1929.)
3.CST: 道氏理論 4.CST: 證券市場 5.CST: 投資分析

563.5　　　　　　　　　　　　113004558

城邦讀書花園
www.cite.com.tw